MÉTODO do Bandolim Brasileiro
de Afonso Machado

Nº Cat.: MEBAN

Irmãos Vitale Editores Ltda.
vitale.com.br
Rua Raposo Tavares, 85 São Paulo SP
CEP: 04704-110   editora@vitale.com.br   Tel.: 11 5081-9499

© Copyright 2009 by Irmãos Vitale Editores Ltda. - São Paulo - Rio de Janeiro - Brasil.
Todos os direitos autorais reservados para todos os países. *All rights reserved.*

CIP-BRASIL. CATALOGAÇÃO-NA-FONTE
SINDICATO NACIONAL DOS EDITORES DE LIVROS, RJ

M129m

Machado, Afonso, 1954-
   Método do bandolim brasileiro / Afonso Machado. - São Paulo : Irmãos Vitale, 2010.
   192p. : música

   ISBN 978-85-7407-316-3

   1.Bandolim - Instrução e estudo. 2. Bandolim - Métodos. I. Título.

10-6504.   CDD: 787.84
                   CDU: 780.614.11

14.12.10   16.12.10   023303

Capa:
Bruno Liberati e Egeu Laus

Projeto gráfico, composição e diagramação:
Júlio César P. de Oliveira

Copydesk e revisão:
Nerval M. Gonçalves

Coordenação de produção:
Márcia Bortolotto

O AUTOR

Afonso Machado nasceu no Rio de Janeiro em 3 de maio de 1954. Filho de Raul Dodsworth Machado, cientista e violonista, com quem se iniciou musicalmente, Afonso é bandolinista, compositor e arranjador. Fundador do conjunto Galo Preto e da Orquestra de Cordas Brasileiras, ele integra ainda o duo de bandolim e violão com Bartholomeu Wiese.

Acompanhou em *shows* e gravações alguns dos maiores compositores e intérpretes da música brasileira, como Cartola, Radamés Gnattali, Elton Medeiros, Elza Soares, Chiquinho do Acordeom, Nelson Cavaquinho, Raphael Rabello e Hermeto Pascoal, e atuou como solista de concertos para bandolim com diversas orquestras brasileiras (Sinfônica de Campinas, Sinfônica de São Paulo, Rádio MEC e Sinfônica Brasileira).

Professor de música, tem no *Método do Bandolim Brasileiro* um trabalho pioneiro no gênero, que condensa toda a técnica do bandolim tocado no Brasil. Coordenou diversas oficinas de choro realizadas no Rio de Janeiro (Rio-Arte) e em São Paulo (Sesc), além de realizar *workshops* de música brasileira na Europa (Suécia, França e Portugal). Entre seus trabalhos como produtor fonográfico e diretor musical estão os discos do Galo Preto, de Delcio Carvalho, de Paulo César Feital, de Elton Medeiros e de Nelson Sargento.

Em duo com o violonista Bartholomeu Wiese, tem se apresentado, desde 1996, em importantes teatros da Europa, como o Ateneo de Madri e Centro Cultural del Reloj (Espanha), Centro Cultural Belém e EXPO 98 (Portugal), Universidade de Malmoe e Escola de Música de Estocolmo (Suécia), Centro Cultural Loriol, Saint Ettiene, Annecy e Paris (França), Teatro Savoy (Finlândia), além de festivais de música, como o de Antony (França), o de Gryfice (Polônia), o de Lausanne (Suíça) e o de Madri (Espanha).

"[...] Queria mesmo a música popular, ou seja, a música do povo inteiro, música generosa, música acessível a todos, que a todos embriaga, que vai de alma em alma, comunicando uma mesma e religiosa emoção. Mas eu queria tocar um instrumento qualquer. E foi o bandolim a primeira coisa que toquei. E que toquei com alma, com unção, no desejo ingênuo de sublimar os sons todos que se desprendiam do instrumento. Sim, estreei com um bandolim. Eu tocava bandolim horas esquecidas, em um encantamento progressivo. Nada me parecia mais belo; nada parecia exprimir uma doçura mais penetrante. Era um instrumento encantado, do qual eu arrancava, com os meus dedos inexpertos, efeitos maravilhosos. Eu me embevecia como se nas cordas do bandolim cantasse, de fato, o meu sonho de menino.

Foi graças ao bandolim que eu experimentei, pela primeira vez, a sensação de importância. Tocava e logo se reuniam, ao redor, maravilhados com a minha habilidade, os guris de minhas relações. A menina do lado cravava em mim uns olhos rasgados de assombro. Então eu me sentia completamente importante. Ao bandolim confiava, sem reservas, os meus desencantos e sonhos de garoto que começava a espiar a vida."

Noel Rosa
(do livro *Sambistas e Chorões*, de Lúcio Rangel)

Bandolim, bandolim, bandolim
Diz que não, diz talvez, diz que sim
Não diz coisa com coisa pra mim
Diz que a vida anda assim, assim
E me conta os anseios tristonhos
Que teus sons de cristal põem nos sonhos
Das mulheres do porto às princesas do reino
Veneno, discórdia

Quero sim, quero não, ai de mim
Não traí, traí sim, bandolim
Tua voz me alicia em cetim
Riso cínico em céu de jasmim

Bandolim, se você me ensinasse
Bandolim, você sabe o disfarce
Entre o rei e o bobo, a comédia da arte
o todo, a parte

E um dia, na hora do fim
Diz, juntinho de mim, bandolim
Tintim por tristeza
O elã de beleza
Que há na corda arrebentada
Quero sim...

Bandolim, bandolim, bandolim recorda
Bandolim, bandolim, bandolim discorda

Aldir Blanc (letra da canção *Cordas*, de Guinga)

ÍNDICE

INTRODUÇÃO *7*

ORIGENS DO BANDOLIM *8*

O BANDOLIM BRASILEIRO *9*

PARTE I

Afinação e Extensão do Bandolim *13*

Anatomia do Bandolim *14*

Postura e Posição das Mãos no Bandolim *15*

Exercícios Preliminares de Adaptação da Mão Esquerda ao Instrumento *18*

Pequenos Exercícios para Fortalecimento e Elasticidade dos Dedos *20*

Exercício para o Trêmulo *22*

Exercícios Rítmicos para a Mão Direita *23*

Exercícios com Todas as Combinações Possíveis *26*

Estudos Sugeridos pelo Maestro Guerra-Peixe *32*

A Escala Cromática *35*

Dedilhados de Escala Cromática Sugeridos pelo Maestro Guerra-Peixe *36*

Tom de Sol Maior *38*

Trinta Exercícios em Sol Maior *39*

Observações Sobre a Mão Esquerda *50*

Observações Sobre as Palhetadas *50*

Estudo dos Tons Maiores *51*

Estudo dos Tons Menores *62*

Resumo das Escalas e Arpejos *72*

Ornamentos e Efeitos *76*

PARTE II

As Posições e as Mudanças de Posição *83*

Observações Sobre o Uso das Sete Posições *94*

Escalas de Duas Oitavas em Todos os Tons e em Várias Posições *96*

Arpejos de Duas Oitavas em Todos os Tons e em Várias Posições *99*

Escalas Cromáticas em Várias Posições *101*

Acordes Para o Acompanhamento *102*

Digitações-padrão Para os Acordes *106*

Acordes Diminutos *108*

Observações Sobre os Acordes *110*

Exercícios Para a Fixação dos Tons *111*

Arpejos dos Acordes com Sétima Menor Preparando Para um Acorde Maior *112*

Dicionário de Acordes *113*

PARTE III

IMPLORANDO	*151*
MEDROSA	*152*
LEMBRANÇAS DE RECIFE	*153*
FLOR AMOROSA	*154*
RITINHA	*156*
CHORO LIGADO	*158*
ENTÃO CHORA, BANDOLIM	*160*
A LUA E O CONHAQUE	*161*
BELÉM DO PARÁ	*162*
DEIXA FALAR	*163*
CHORO DO BIP	*164*
CLAUDIONOR	*166*
DEPOIS DOS ARCOS	*168*
BOÊMIO (DEPOIS DOS ARCOS II)	*169*
PELA NOITE (DEPOIS DOS ARCOS III)	*170*
FOLHA RASGADA (DEPOIS DOS ARCOS IV)	*171*
SOMBRA DE MIM (DEPOIS DOS ARCOS V)	*172*
DEPOIS DOS ARCOS VI	*173*
GALO PRETO	*174*
JOÃO-TEIMOSO	*176*
PT SAUDAÇÕES	*177*
PINHO E FAIA	*178*
URIAN	*180*
VALSA PARA LUCIANA	*182*
VERMELHINHO	*184*

INTRODUÇÃO

Apesar de muito antigo e de origem européia, o bandolim adquiriu no Brasil uma característica particular, podendo se dizer que existe uma escola brasileira deste instrumento totalmente diferente da escola tradicional.

Apesar disso, até então não existia uma escola de música no Brasil onde se ensinasse o bandolim, nem tampouco o "jeito brasileiro" de tocá-lo. A grande maioria dos bandolinistas brasileiros é autodidata e aprendeu a tocar "ouvindo" e "vendo" outros instrumentistas mais experientes. Além disso, os métodos existentes – apenas estrangeiros – ajudam a vencer certas dificuldades técnicas, mas não se adaptam à realidade brasileira.

Este método pretende dar o "pontapé inicial" para suprir a escassez de material existente para o estudo do bandolim brasileiro e é apresentado em três partes.

As duas primeiras procuram abranger toda a parte técnica do instrumento, desde a postura, posicionamento correto das mãos e exercícios para iniciantes, passando pelo estudo de todas as tonalidades e acordes e chegando até o estudo das posições e mudanças de posição que permite ao estudante o uso de toda a extensão do bandolim.

A terceira parte contém músicas brasileiras de diversos tipos, que são também excelentes estudos de bandolim e dão oportunidade ao estudante de ter contato com diversos tipos de dificuldades que podem aparecer na execução do instrumento. As músicas estão harmonizadas e permitem ao solista tocar com o acompanhamento de outros instrumentos.

Afonso Machado

ORIGENS DO BANDOLIM

O bandolim tem origem na Europa. É descendente da mandola, instrumento da família do alaúde, que era tocado por volta do século XII.

Com o correr do tempo, e à medida que se popularizava, ele foi passando por diversas transformações quanto ao formato, tamanho, número de cordas e maneira de tocar.

Na Itália, por exemplo, onde se tornou muito popular no século XVI, havia o bandolim milanês, que tinha cinco cordas duplas, e o bandolim napolitano, com o fundo abaulado em forma de cuia – semelhante ao do alaúde – e com quatro cordas duplas afinadas como as do violino (sol, ré, lá, mi), afinação que se usa atualmente.

Já o modelo alemão apresenta o mesmo formato e tamanho do napolitano, com a diferença do fundo, que é reto (sem a "cuia").

Mais tarde, essas transformações e os conseqüentes aperfeiçoamentos sonoros do instrumento despertaram o interesse e a imaginação de compositores como Vivaldi, Pergolesi, Beethoven e Hasse, que lhe dedicaram vários concertos.

Em Portugal, onde era muito usado no acompanhamento de modinhas no início do século XIX, sofreu novas transformações, adquirindo o formato de uma pêra.

Atualmente, como é usado no Brasil, onde chegou trazido pelos colonizadores portugueses, possui a caixa mais ampla e arredondada, idéia talvez inspirada na guitarra portuguesa, o que proporciona uma sonoridade maior e mais brilhante.

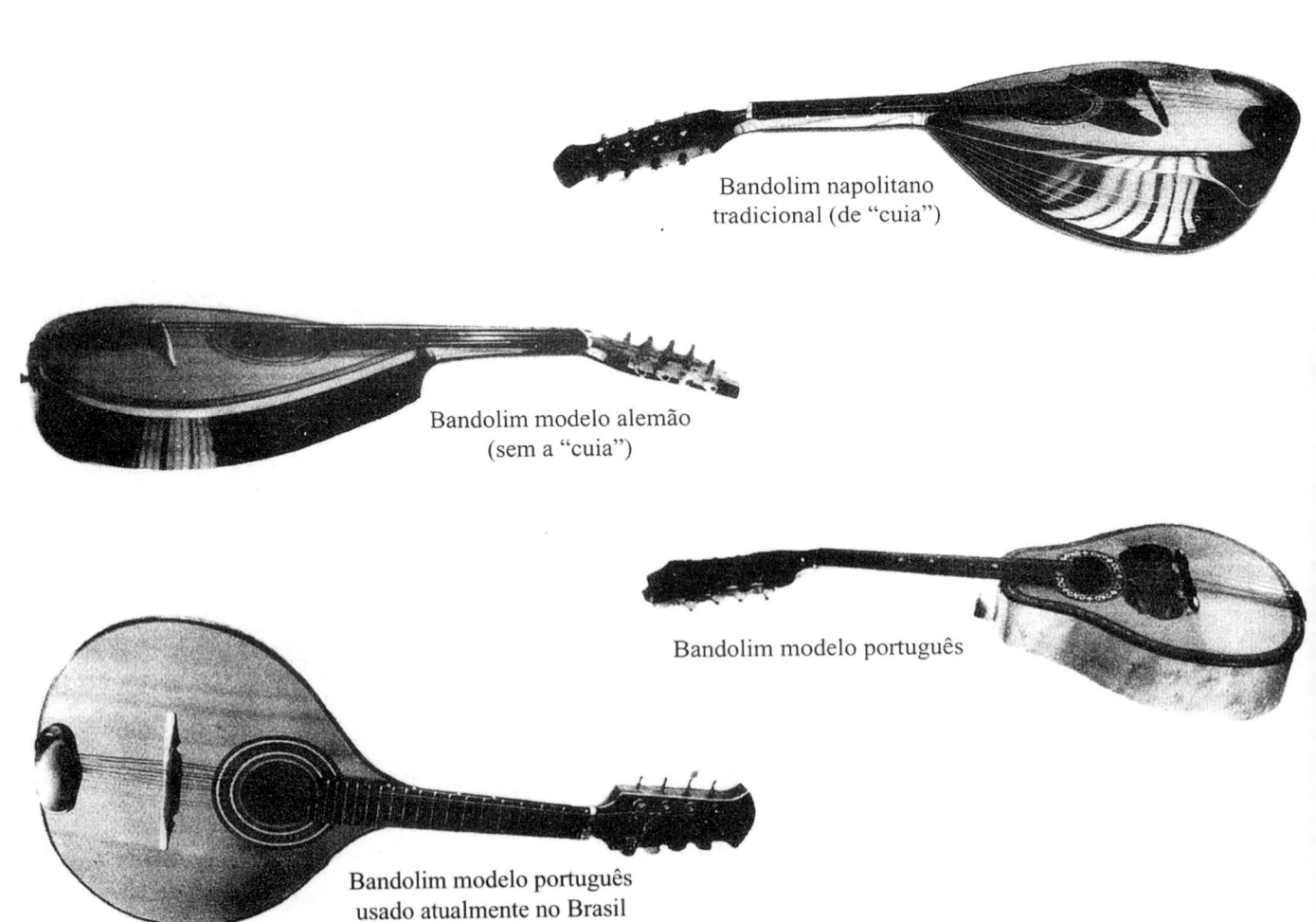

Bandolim napolitano tradicional (de "cuia")

Bandolim modelo alemão (sem a "cuia")

Bandolim modelo português

Bandolim modelo português usado atualmente no Brasil

O BANDOLIM BRASILEIRO

Tem-se notícia de bandolinistas brasileiros do começo do século XX, mas o bandolim era normalmente usado apenas como instrumento de acompanhamento. Sem dúvida nenhuma, ele só veio a ganhar relevância na música brasileira a partir de dois solistas que podem ser considerados como as duas grandes escolas do bandolim no Brasil: Luperce Miranda (1904-1977) e Jacob Bittencourt (1918-1969).

Luperce Miranda era dono de uma técnica aprimorada e de uma grande agilidade. Começou a tocar aos 8 anos de idade, tendo aprendido as primeiras notas com o pai. Nascido no Recife, veio para o Rio, em 1928, a convite de Pixinguinha e João Pernambuco, começando aí suas atividades profissionais. Trabalhou em *shows* e gravações com quase todos os nomes famosos da música brasileira e possui cerca de 900 gravações como músico.

Contratado da Casa Edison, Luperce tornou-se, além de executante, solicitado professor de música – o que foi até o fim da vida –, tendo fundado uma escolinha no subúrbio carioca de Marechal Hermes. Como compositor, sua obra também é extensa – cerca de 500 músicas, entre choros, frevos, valsas e canções. Entre os melhores discos como solista estão dois lançados pelo Museu da Imagem e do Som e um pelo selo Marcus Pereira.

Jacob Bittencourt ou Jacob do Bandolim foi o criador do "jeito brasileiro" de tocar o instrumento. Autodidata, criou uma técnica própria, sempre com a preocupação de aprimorar a sonoridade do bandolim, que acabou por se tornar inconfundível e a sua principal característica.

Começou a tocar com cerca de 12 anos e, a partir de 1934, passou a se apresentar nas rádios acompanhando diversos cantores e compositores da época. Possui inúmeras gravações também como acompanhador. Como solista, gravou discos memoráveis, com destaque para o LP *Vibrações* e para os LPs em companhia de Elizeth Cardoso, Zimbo Trio e Época de Ouro, gravados ao vivo de um *show* realizado em 1968 no Teatro João Caetano.

Pesquisador e colecionador de música popular brasileira, principalmente instrumental, seu arquivo é um dos mais completos do gênero, hoje fazendo parte do acervo do Museu da Imagem e do Som do Rio. Como compositor, Jacob tem cerca de 150 músicas, entre choros, valsas, polcas etc., grande parte delas presença obrigatória no repertório de qualquer bandolinista brasileiro, constituindo-se inclusive em excelentes estudos para o instrumento.

Temos hoje grandes bandolinistas brasileiros que se inspiraram numa dessas escolas ou em ambas antes de definir seu estilo.

PARTE I

AFINAÇÃO E EXTENSÃO DO BANDOLIM

O bandolim possui quatro cordas duplas de aço. Cada duas cordas tem o mesmo som, que corresponde às seguintes notas:

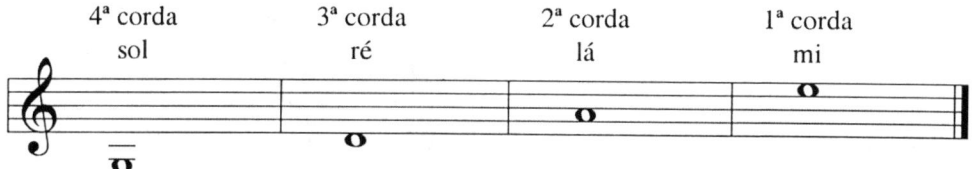

Toca-se com uma palheta, que deve alternar os movimentos em cada corda dupla: para baixo na corda de cima e para cima na corda de baixo.

∧ – palhetada para baixo
v – palhetada para cima

Para se afinar o bandolim, deve-se igualar as duas cordas lá à nota lá padrão dada por qualquer diapasão (instrumento para afinação). Em seguida, pressionar o dedo na 7ª casa dessa mesma corda, cujo som (mi) deve ser igual ao da 1ª corda. O mesmo deve ser feito nas outras cordas: na 7ª casa da corda ré o som deve ser igual ao da corda lá e na 7ª casa da corda sol o som deve ser igual ao da corda ré.
Para conferir:
Na 5ª casa da corda ré o som corresponde à nota sol, uma oitava acima da corda sol solta.
Na 5ª casa da corda lá o som corresponde à nota ré, uma oitava acima da corda ré solta.
Na 5ª casa da corda mi o som corresponde à nota lá, uma oitava acima da corda lá solta.
O bandolim possui uma extensão de três oitavas e meia:

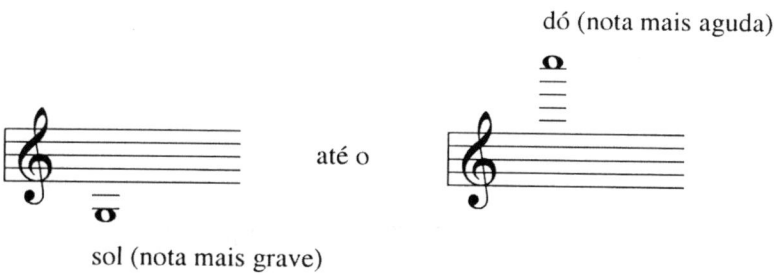

Veja adiante o quadro com todas as notas que o bandolim pode dar.

ANATOMIA DO BANDOLIM

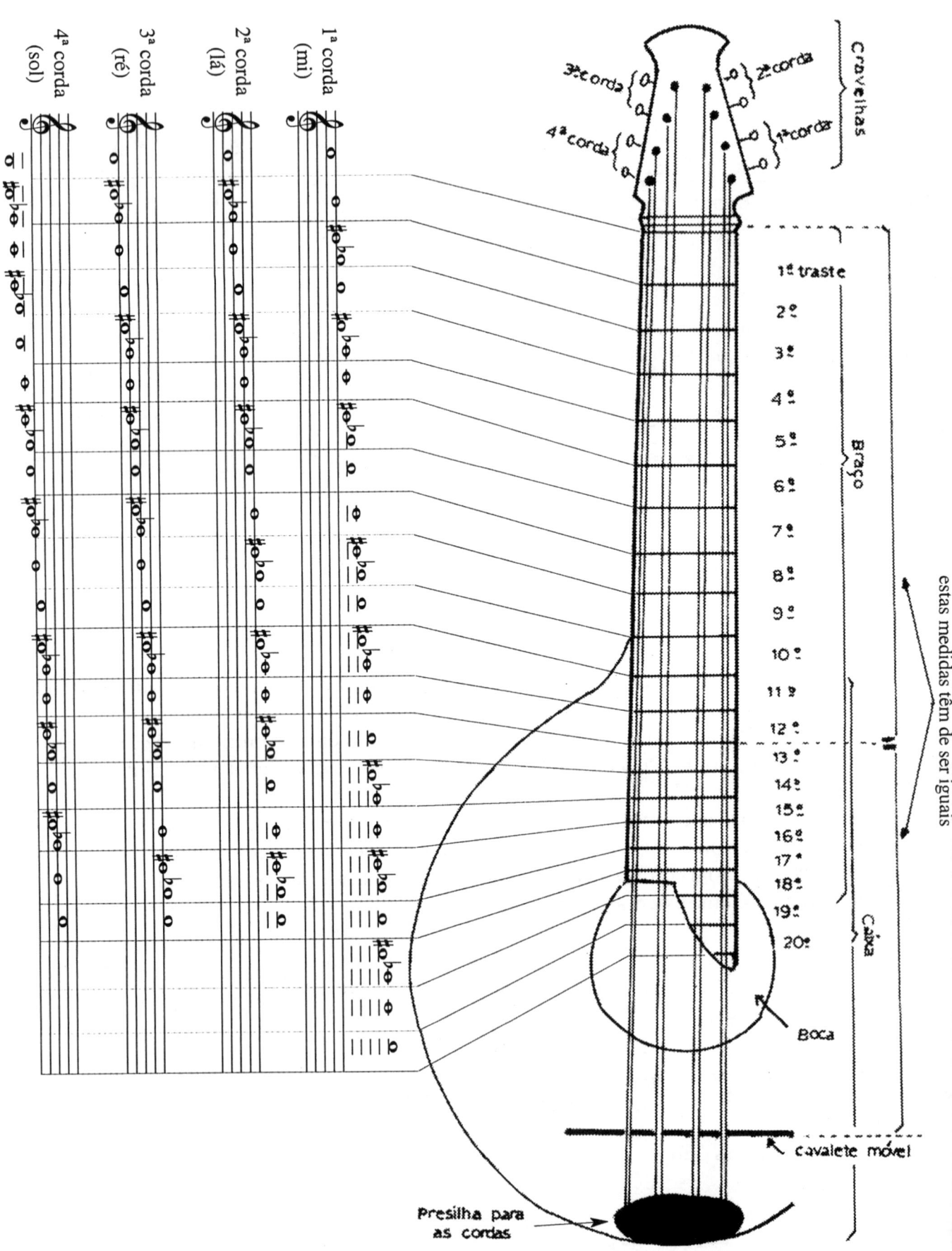

POSTURA E POSIÇÃO DAS MÃOS NO BANDOLIM

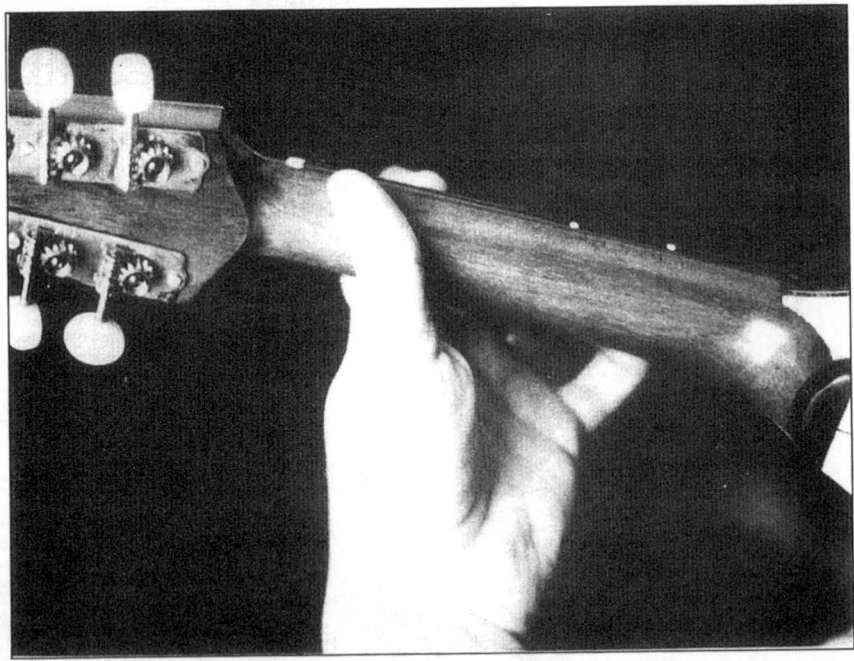

A mão esquerda deve permanecer sempre reta, de maneira que os dedos pressionem as cordas perpendicularmente. Adiante veremos exercícios de adaptação ao instrumento que servirão para "moldar" a mão esquerda ao braço do bandolim.

Deve-se apoiar no instrumento apenas o antebraço direito, que deve se manter paralelo ao braço do bandolim e à altura da presilha que prende as cordas. Muitos bandolinistas preferem também encostar levemente o dedo mínimo direito na caixa do instrumento, o que permite maior segurança nas palhetadas. Segura-se a palheta entre o polegar e o indicador. A palheta não deve ser muito dura nem muito mole, e o seu tamanho fica a critério do executante.

EXERCÍCIOS PRELIMINARES DE ADAPTAÇÃO DA MÃO ESQUERDA AO INSTRUMENTO

Exercício 1

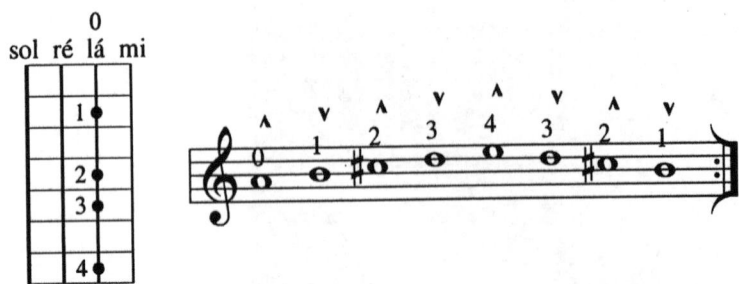

– Fazer esta escala com os dedos nas posições indicadas:

    0 - corda solta
    1 - dedo indicador
    2 - dedo médio
    3 - dedo anular
    4 - dedo mínimo

– Repetir várias vezes.
– Quando estiver subindo na escala, manter os dedos anteriores presos à corda.
– Alternar as palhetadas a cada nota.
– Repetir esse mesmo movimento nas outras cordas.

corda sol

corda ré

corda mi

Exercício 2

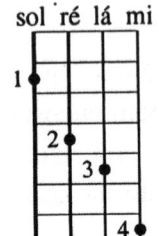
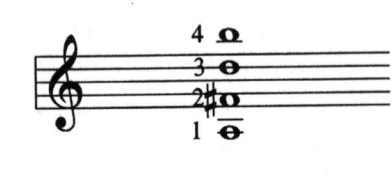

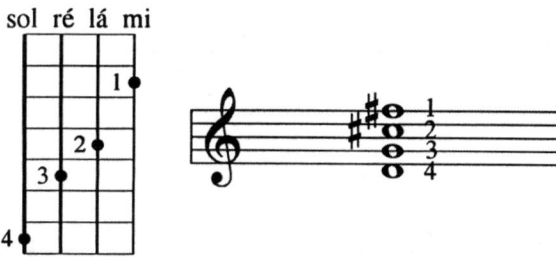

- Fixar os dedos nas posições indicadas.
- Soltar o dedo 1 da corda correspondente e recolocá-lo rapidamente no mesmo lugar, mantendo os outros dedos em seus respectivos lugares.
- Repetir esse movimento várias vezes.
- Fazer a mesma coisa com os dedos 2, 3 e 4.
- Procure tirar um som limpo de cada nota.

PEQUENOS EXERCÍCIOS PARA FORTALECIMENTO E ELASTICIDADE DOS DEDOS

1ª série

2ª série

3ª série

4ª série

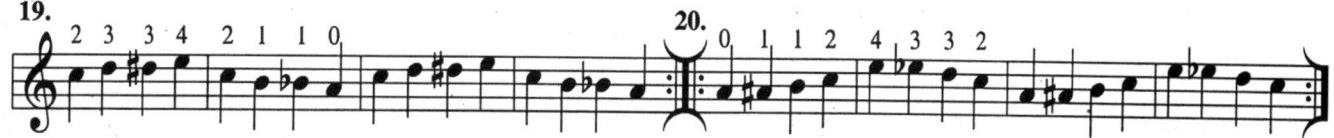

5ª série

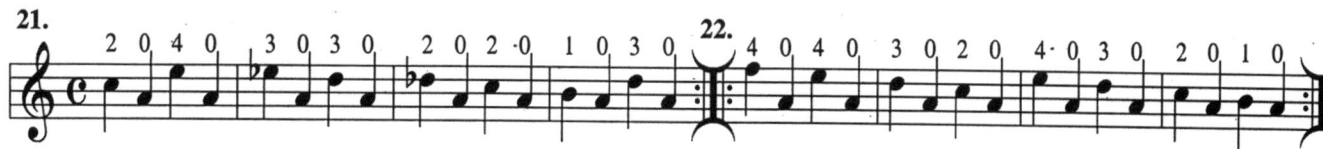

6ª série

– Repetir cada exercício várias vezes.
– Alternar as palhetadas.
– Tirar um som limpo de cada nota, preocupando-se mais com a sonoridade do que com a velocidade.
– Só aumentar a velocidade de interpretação do exercício quando estiver conseguindo boa sonoridade em todas as notas.
– Repetir o movimento de cada exercício nas outras cordas.
– Quando estiver subindo na escala, manter os dedos anteriores presos à corda.

EXERCÍCIOS PARA O TRÊMULO

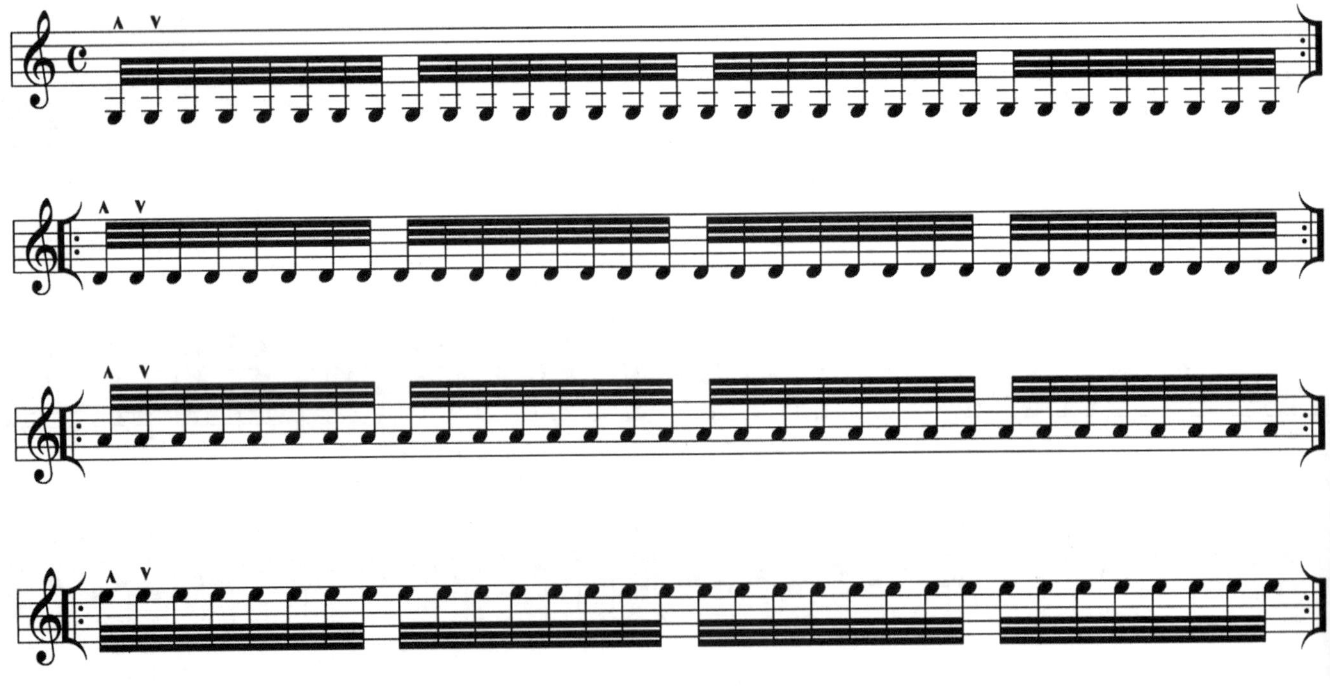

- Alternar as palhetadas.
- Aumentar gradativamente a velocidade, procurando tirar sempre um som limpo e uniforme, sem esbarrar nas cordas que não estiverem sendo tocadas.
- O trêmulo é uma das características do bandolim. Como a vibração das notas desse instrumento é de pouca duração, quando se quer uma nota mais longa sustentada por mais tempo usa-se geralmente este recurso.

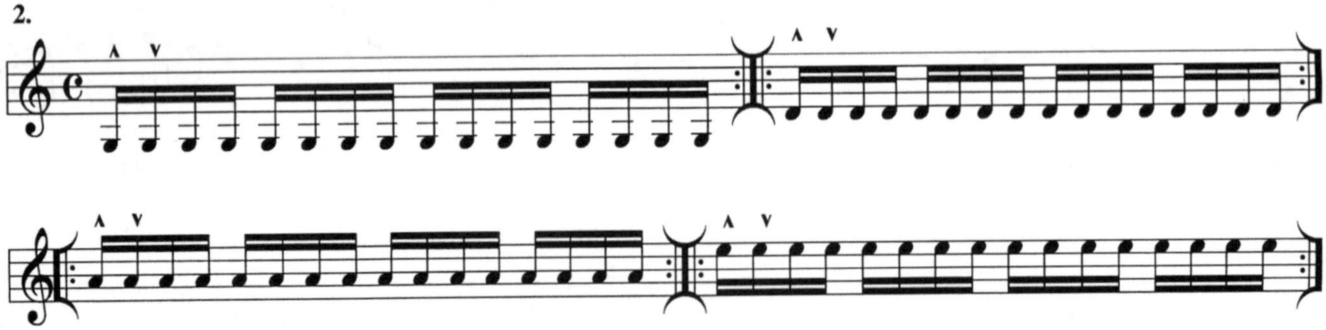

- A notação do trêmulo na partitura é:

EXERCÍCIOS RÍTMICOS PARA A MÃO DIREITA COM DIVERSAS VARIAÇÕES DE PALHETADAS

– Prender as cordas com a mão esquerda de maneira a abafar o som.
– Repetir cada exercício várias vezes.
– Manter a mão direita e a palheta nas posições corretas (ver página 17).
– Aumentar gradativamente a velocidade quando estiver com segurança, respeitando cada movimento de palheta indicado.

3ª série

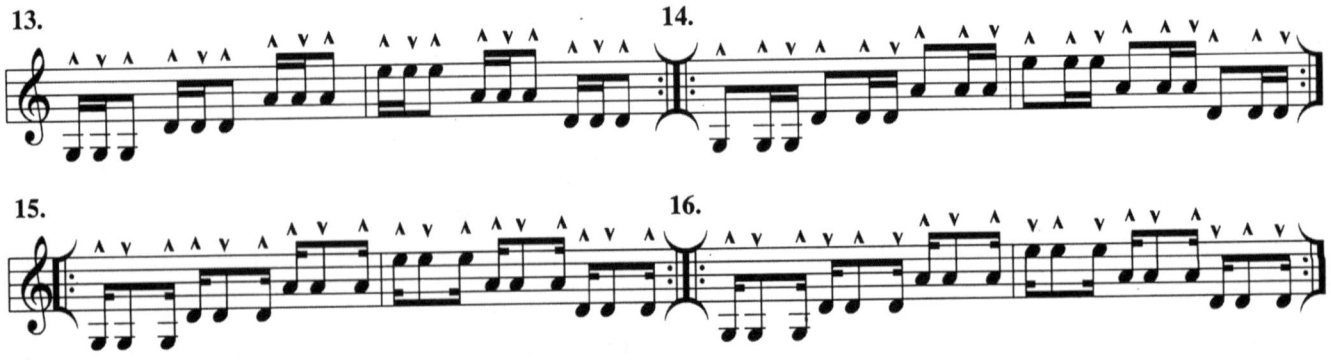

4ª série

5ª série

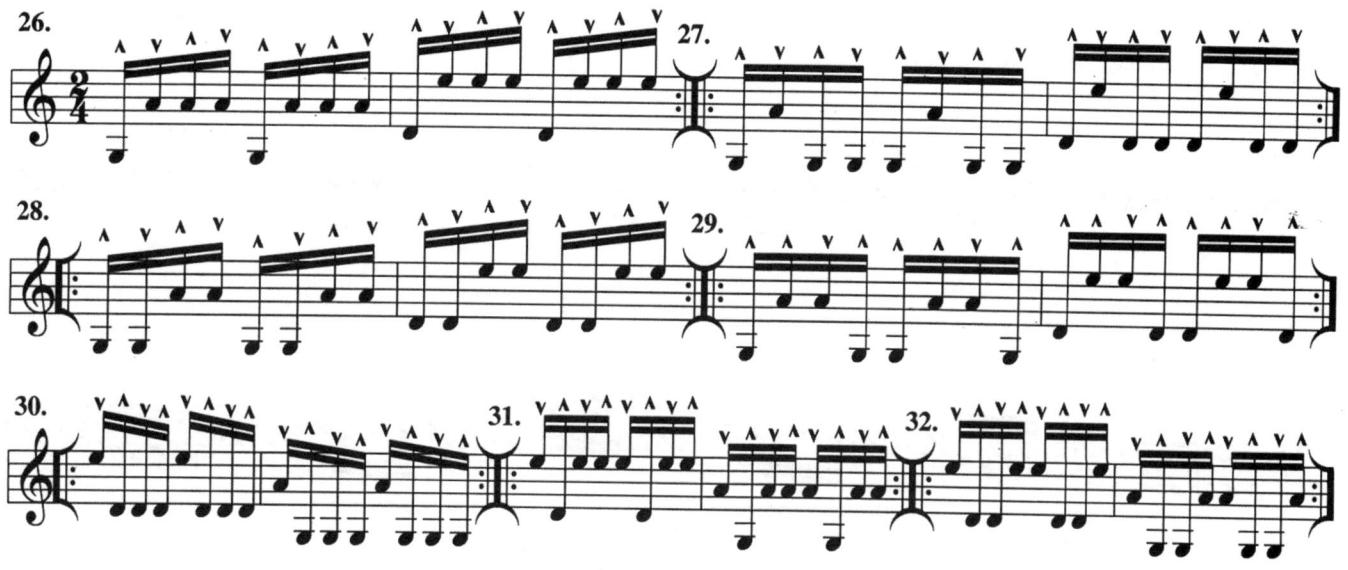

6ª série

EXERCÍCIOS COM TODAS AS COMBINAÇÕES POSSÍVEIS

1ª série: combinações de dois dedos

— Fazer também os movimentos inversos:

    a) 12 - 21
    b) 13 - 31
    c) 14 - 41
    d) 23 - 32
    e) 24 - 42
    f) 34 - 43

- Fazer também em outras regiões do instrumento.

2ª série: combinações de três dedos

Utilizar todos os movimentos e combinações possíveis:

   a) 123 - 132 - 213 - 231 - 312 - 321
   b) 124 - 142 - 214 - 241 - 412 - 421
   c) 134 - 143 - 314 - 341 - 413 - 431
   d) 234 - 243 - 324 - 342 - 423 - 432

Fazer também em outras regiões do instrumento.

3ª série: combinações de quatro dedos

8.

– Utilizar todos os movimentos e combinações possíveis:

    a) 1234 - 1243 - 1324 - 1342 - 1423 - 1432
    b) 2134 - 2143 - 2314 - 2341 - 2413 - 2431
    c) 3124 - 3142 - 3214 - 3241 - 3412 - 3421
    d) 4123 - 4132 - 4213 - 4231 - 4312 - 4321

– Fazer também em outras regiões do instrumento.

ESTUDOS SUGERIDOS PELO MAESTRO GUERRA-PEIXE*

Exercícios para violino atualmente em uso na Rússia

Observar que nos três primeiros fragmentos o <u>semitom</u> muda de lugar.

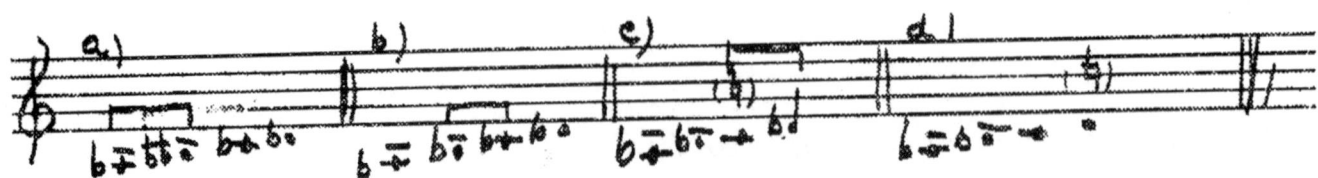

1)
– O fragmento inicial é um princípio, mas o executante pode variá-lo.
– Cabe ao executante adaptar os ritmos.
– A velocidade é uma opção.
– Repetir cada fragmento várias vezes.

Pára aqui e muda para a 3ª corda; mas também pode emendar sem parada alguma.

* Manuscritos do maestro Guerra-Peixe na ocasião em que teve aulas de bandolim com o autor deste método, em março de 1987.

2)

— Na adaptação para bandolim, as palhetadas podem ser variadas:

    a) duas palhetadas, uma para baixo (∧) e outra para cima (v); três palhetadas; quatro; seis; oito etc. E por que não experimentar <u>cinco</u> e <u>sete</u> palhetadas em ritmo sempre igual?

b) por fim, o trêmulo cerrado mesmo
c) <u>crescendo</u> e <u>decrescendo</u>, em todas as formas
d) da combinação de ritmos e palhetadas, podem surgir idéias de grande proveito.

3)

– O mesmo exercício descendo

A ESCALA CROMÁTICA

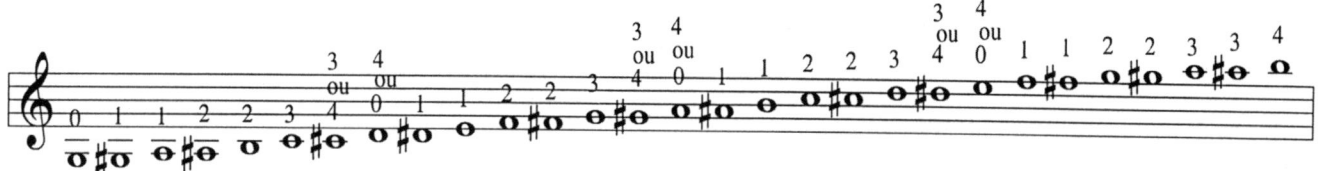

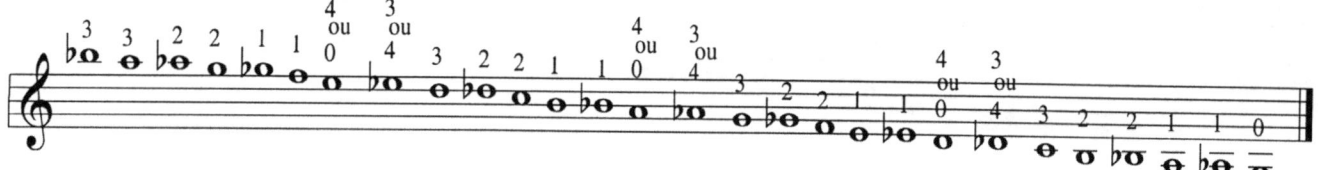

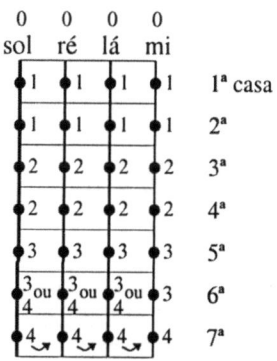

— Esta é a regra geral (salvo exceções que veremos adiante) a ser respeitada no uso de todas as notas do bandolim até a 7ª casa. Exemplos: Sempre que aparecer uma nota na 2ª casa deve-se usar o dedo 1; para uma nota na 3ª casa, o dedo 2 e assim por diante, conforme está indicado no desenho.
— Fazer a escala das duas maneiras indicadas, embora, na prática, o uso das cordas soltas sempre facilite a execução.

DEDILHADOS DE ESCALA CROMÁTICA SUGERIDOS PELO MAESTRO GUERRA-PEIXE

Dedilhados (violino) de escala cromática chamados "dedilhados de piano", porque usam um dedo para cada nota, exceto cordas soltas. As notas valem pelo som.

Executar em ritmo variado.

Para execução a notas mais agudas.

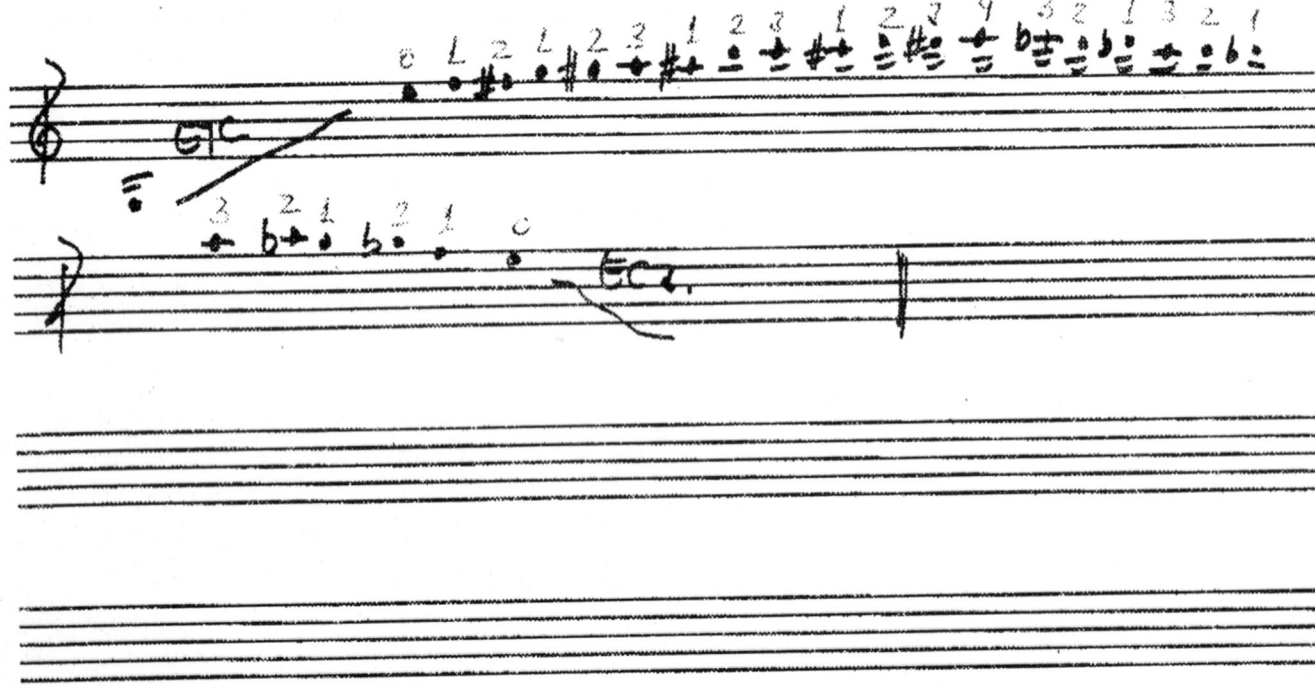

Dedilhado de Paganini

Sugestões para a execução de quintas justas. O dedilhado pode variar segundo as circunstâncias.

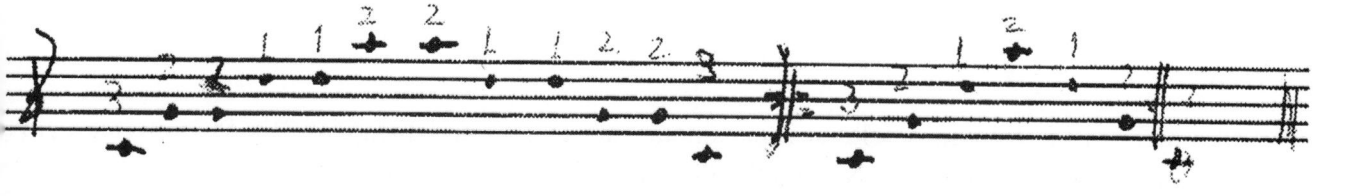

TOM DE SOL MAIOR (G)

Escala de uma oitava:

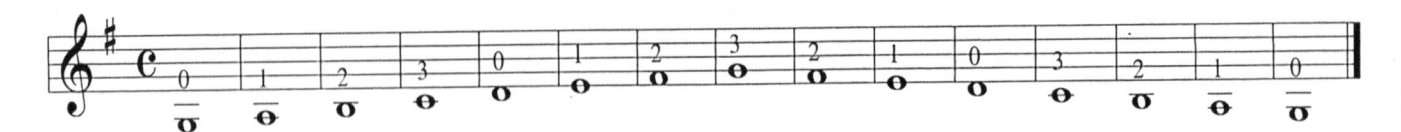

Arpejo de uma oitava:

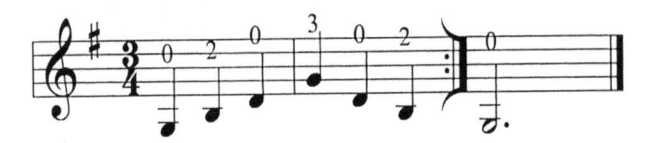

Escala de duas oitavas:

Arpejo de duas oitavas:

Acordes:

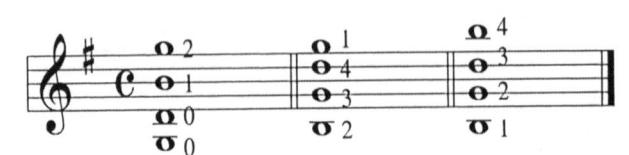

Observação:

Os acordes maiores são formados pelas seguintes notas da escala: Fundamental – 3ª – 5ª (com intervalo de 2 tons entre a fundamental e a 3ª). No tom de sol maior as notas serão: sol – si – ré.

TRINTA EXERCÍCIOS EM SOL MAIOR*
Variações em torno da escala

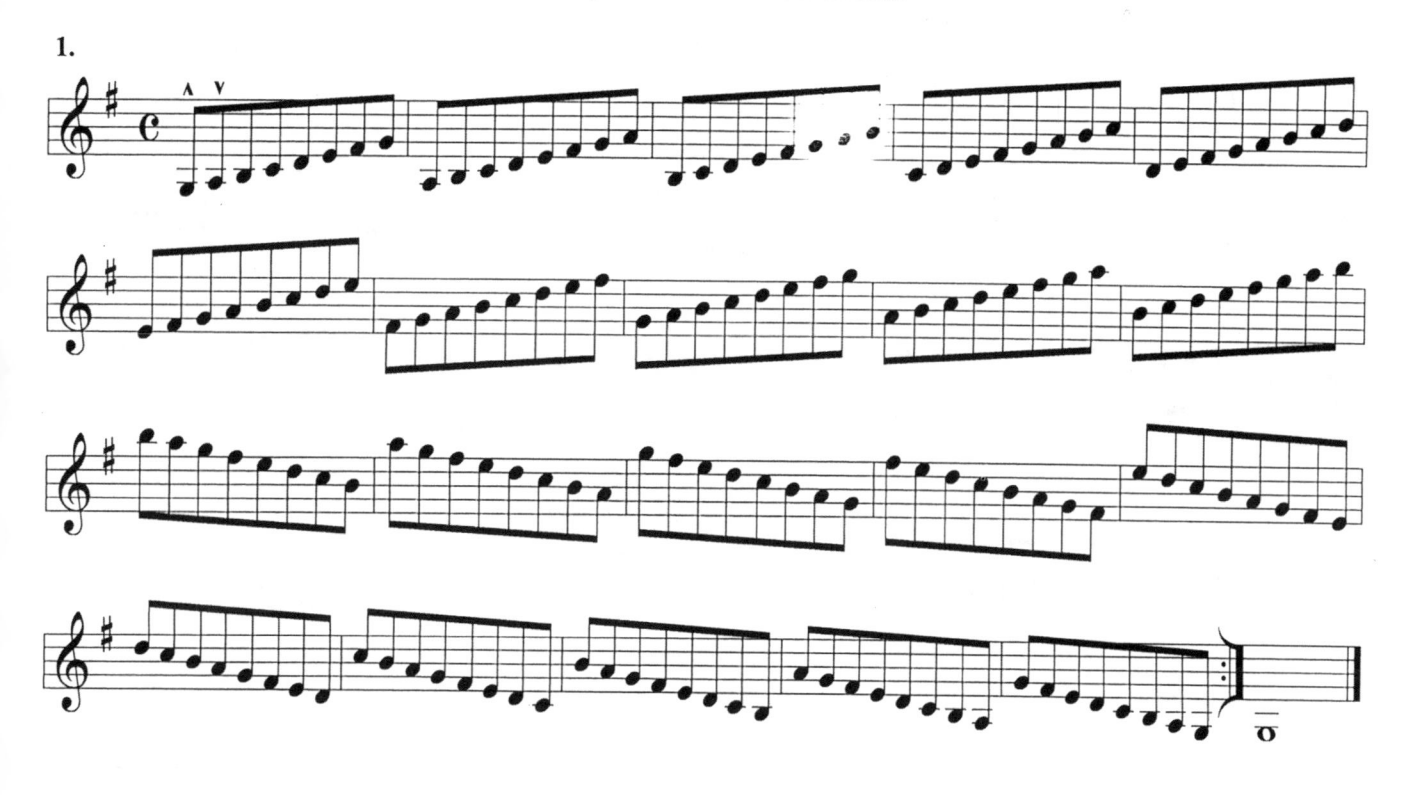

1.

2.

* Ver observações no fim da série de exercícios (página 49).

3.

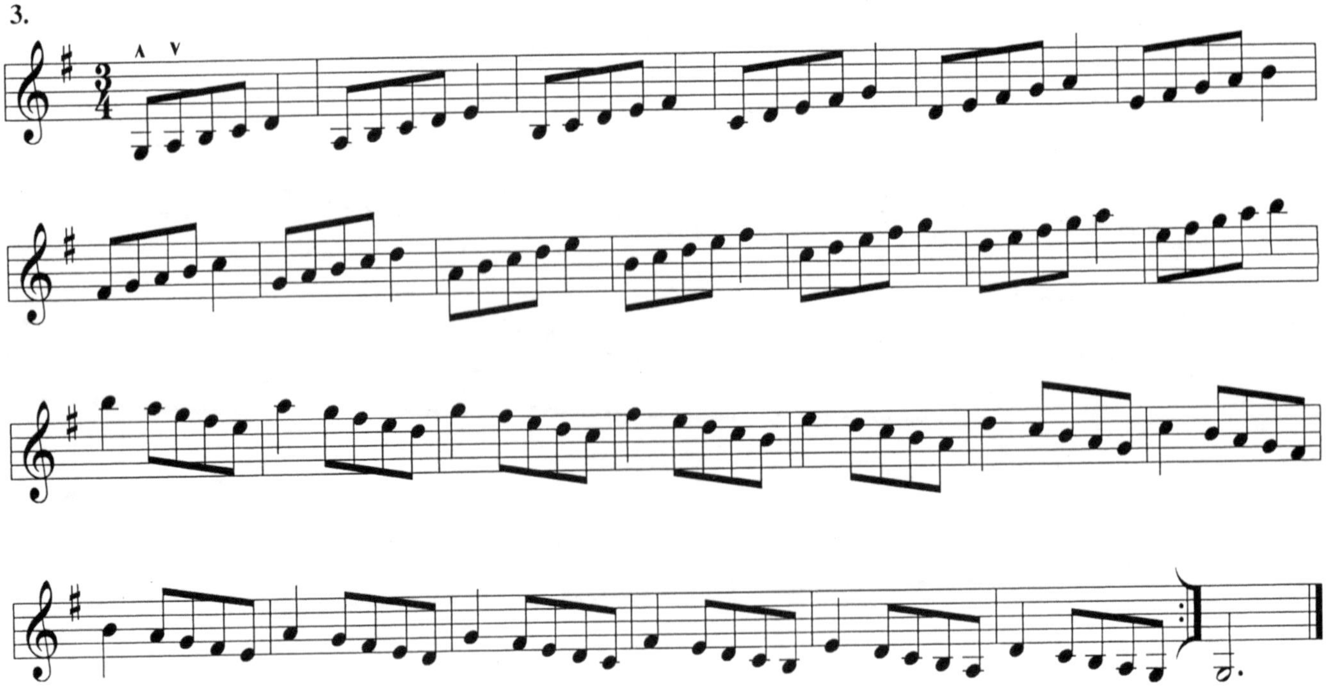

4.

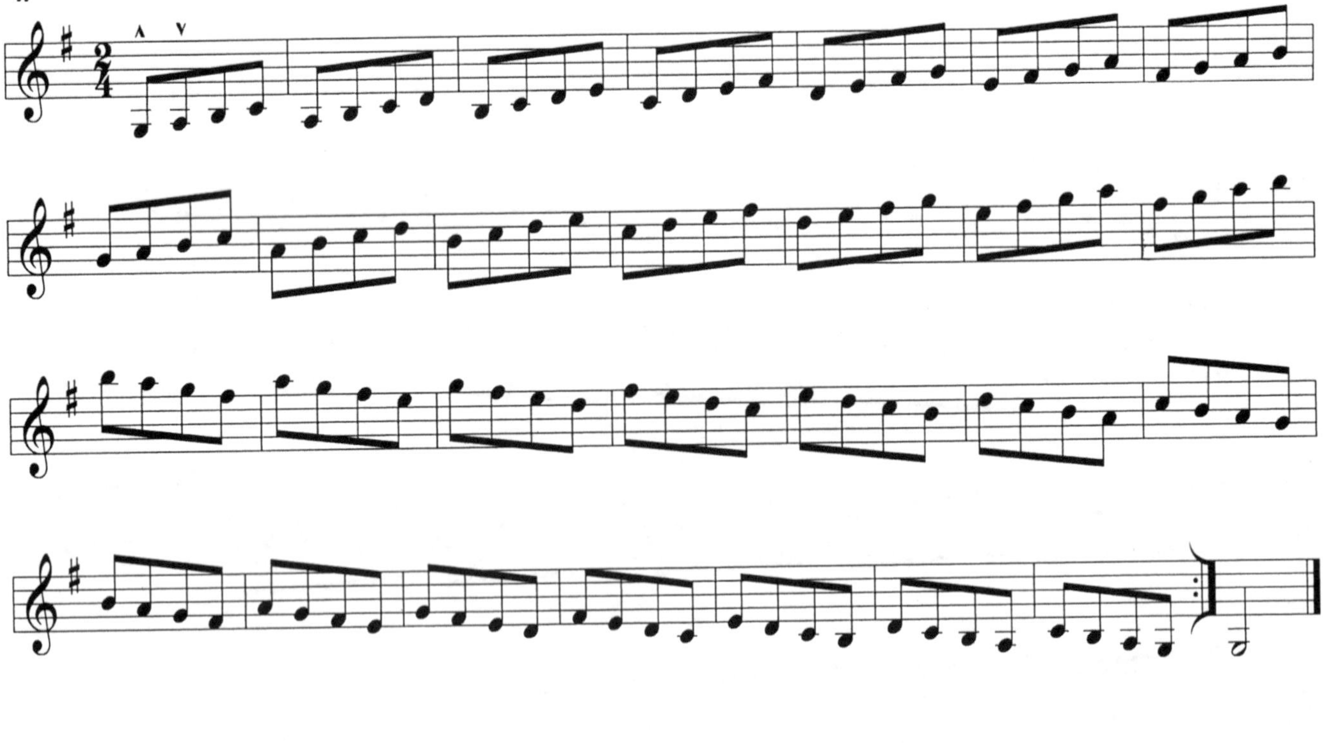

5.

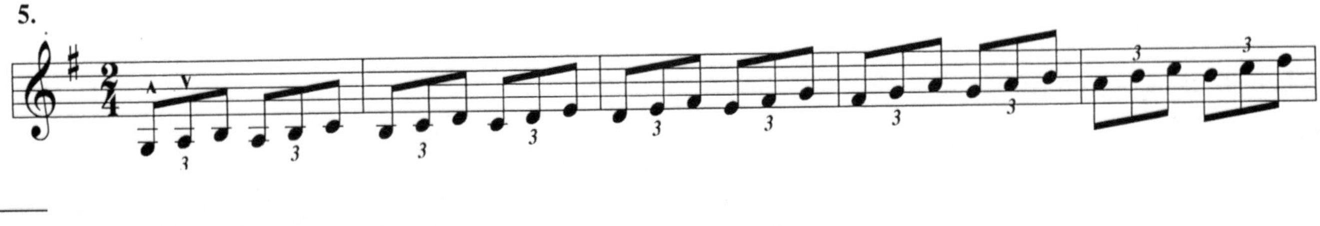

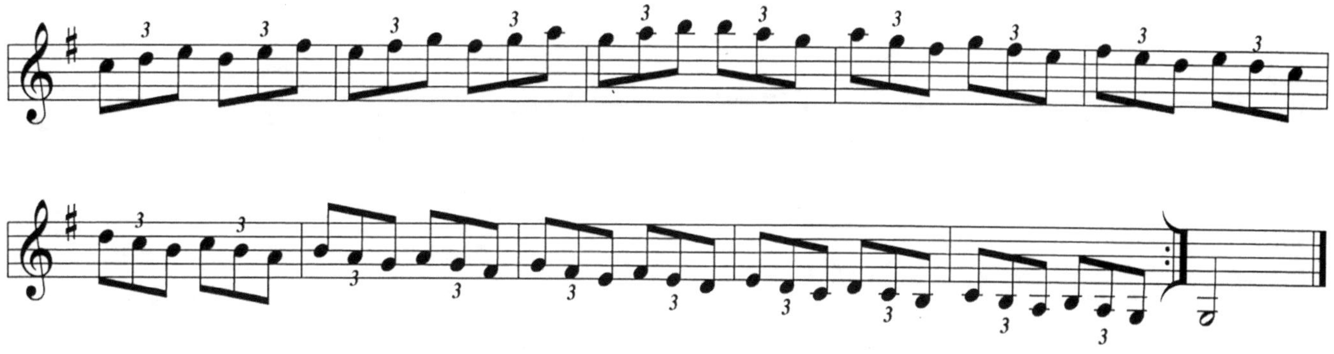

6.

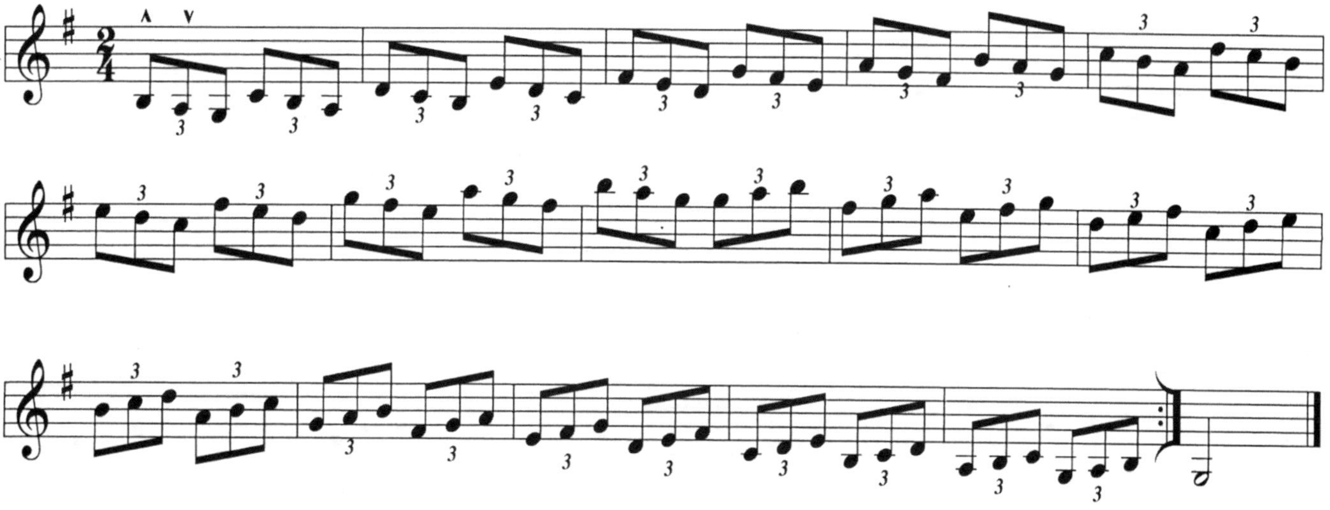

7.

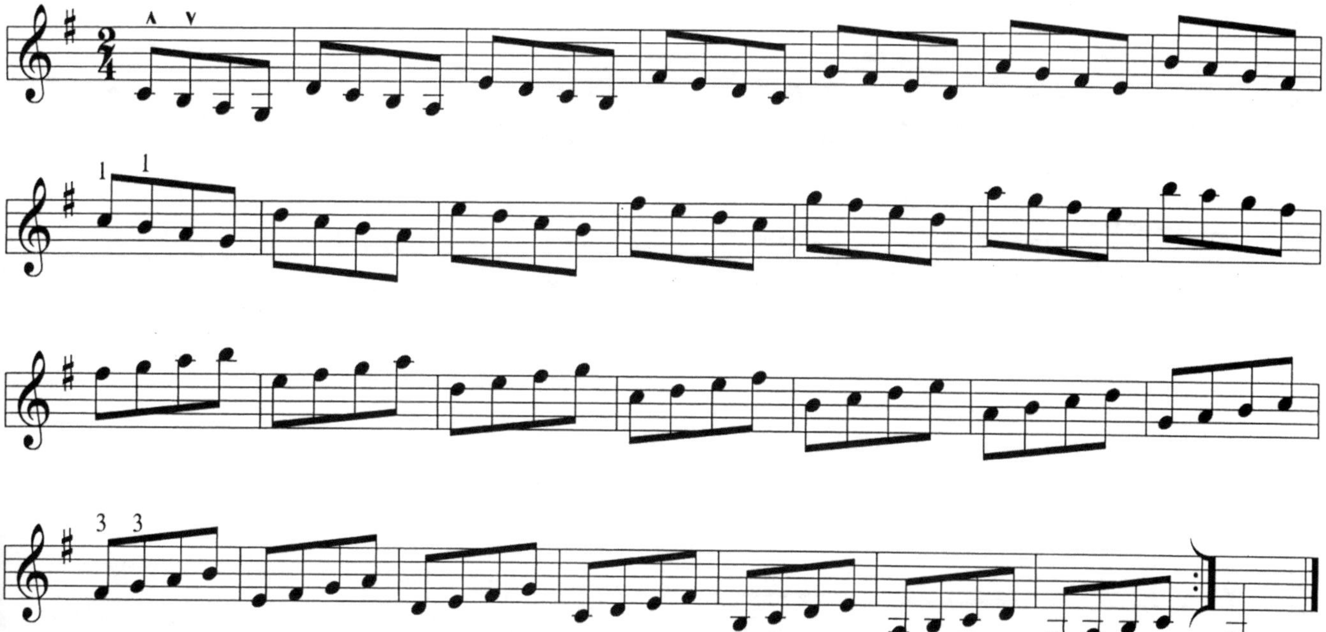

8.

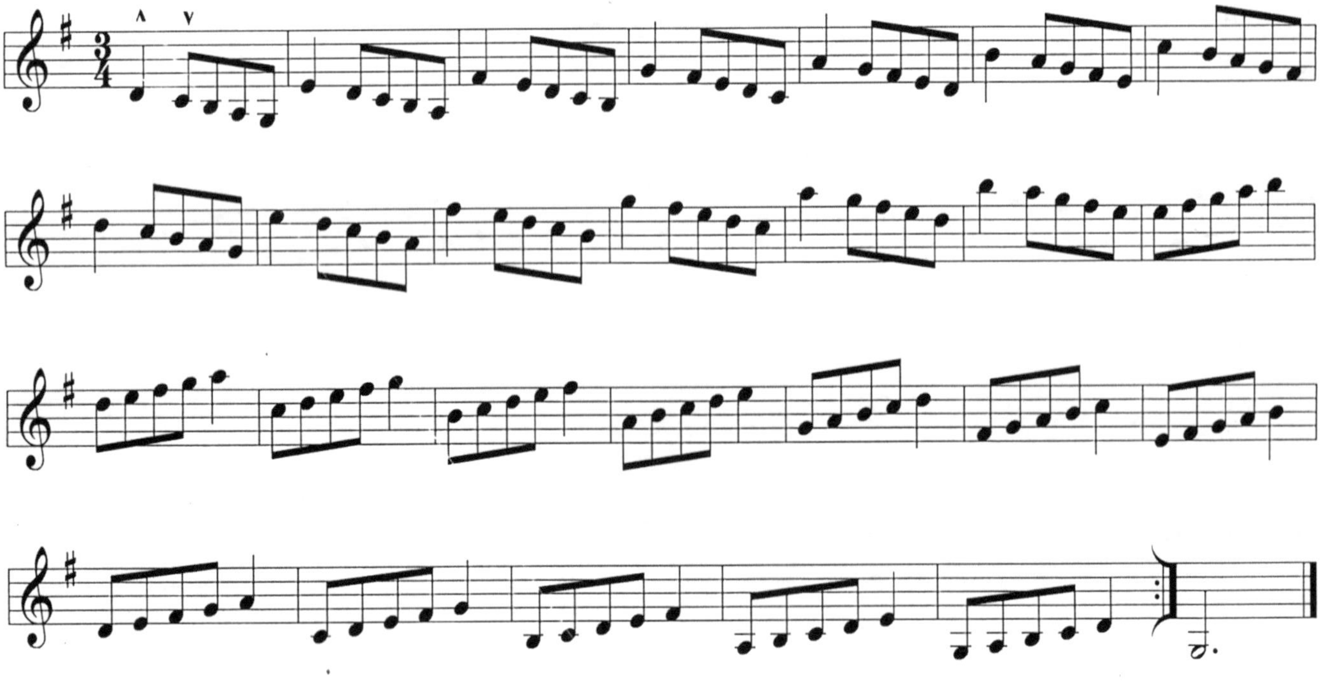

9.

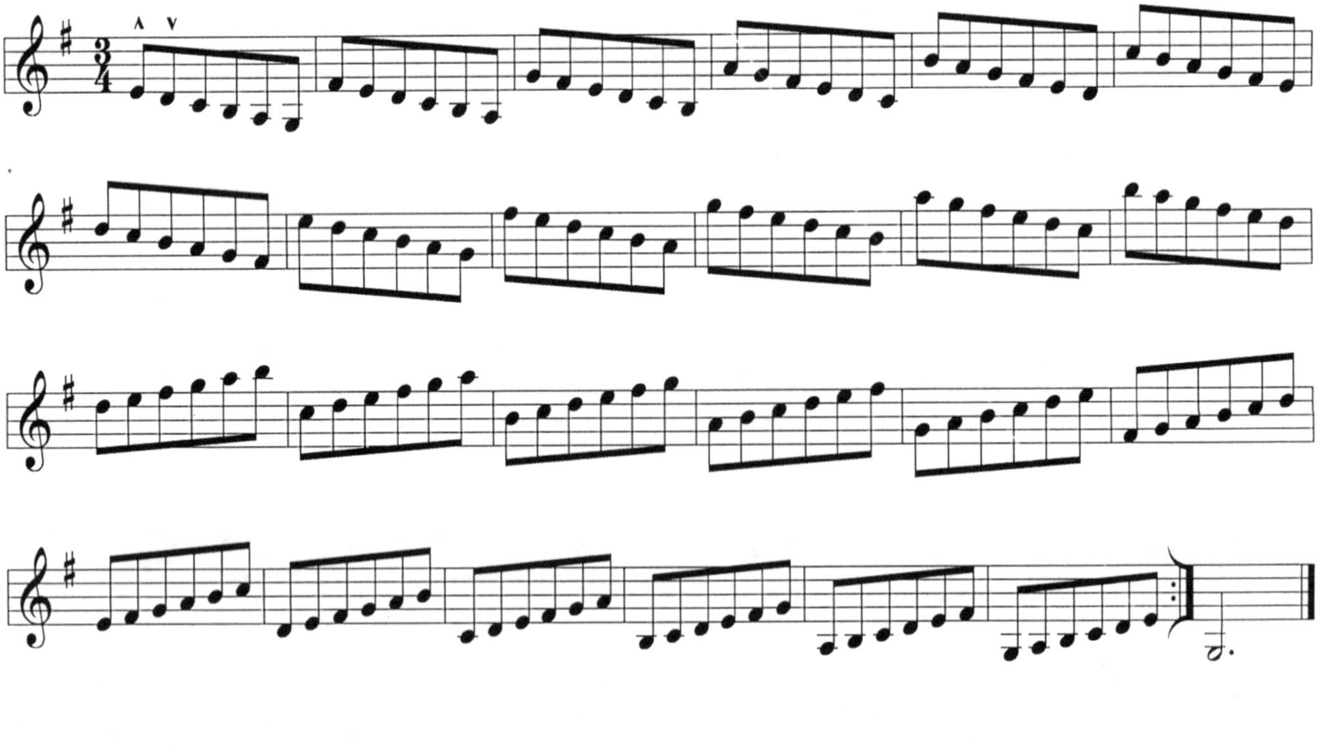

10.

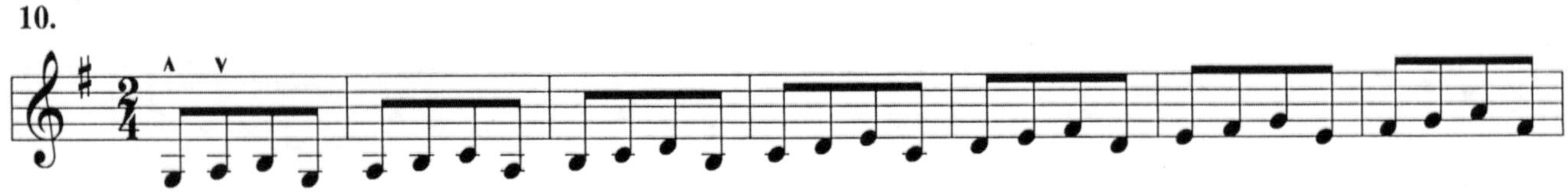

MÉTODO DO BANDOLIM BRASILEIRO

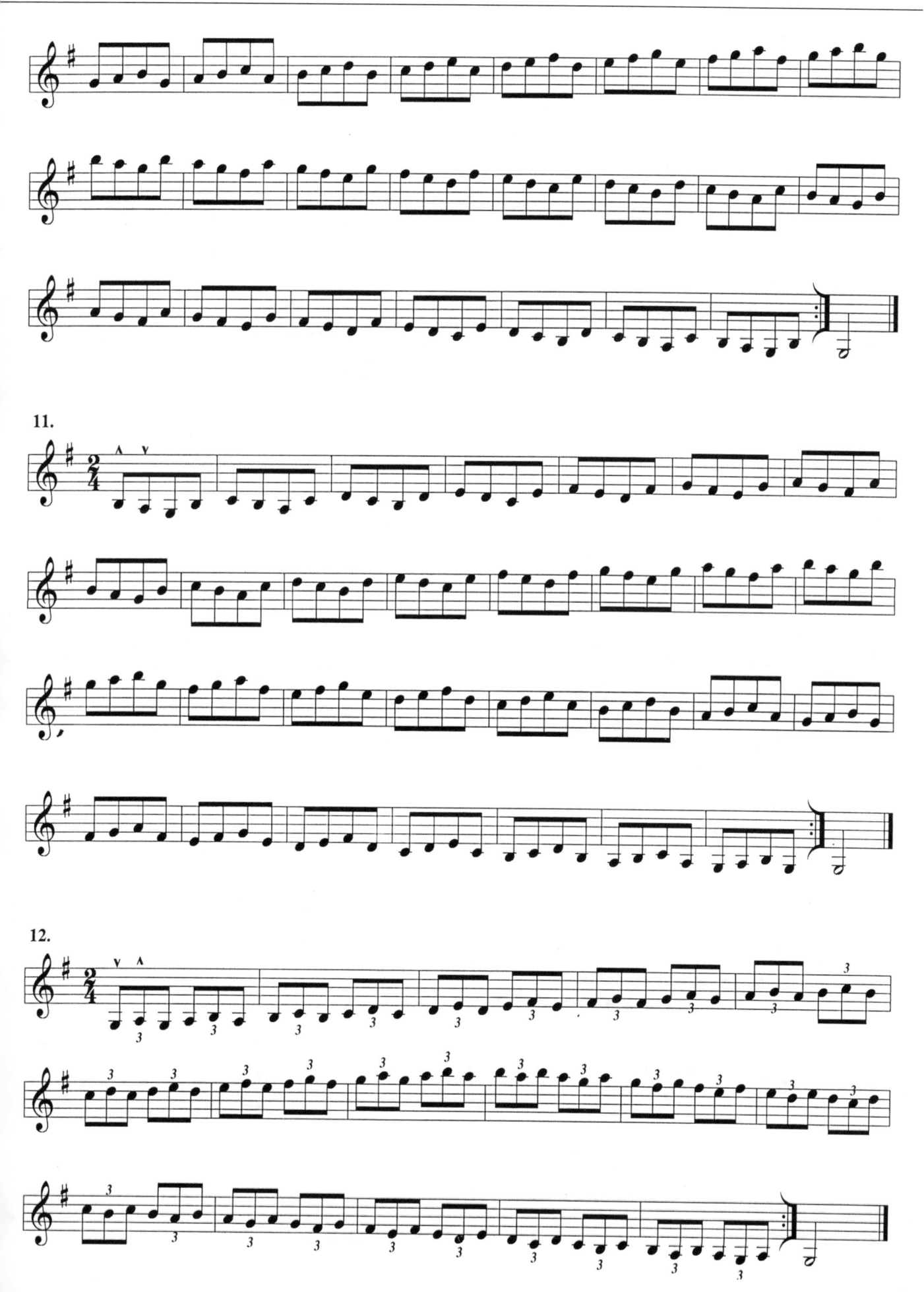

11.

12.

Exercícios com palhetadas duplas, triplas e quádruplas

16.

Escalas em intervalos de terças, quartas e quintas

17.

18.

Escalas em intervalos de sextas, sétimas e oitavas

Exercícios para as palhetadas

23.

24.

25.

Exercícios em arpejos

26.

27.

28.

29.

30.

Observações para todos os exercícios:

– Repetir cada exercício várias vezes.
– Tirar um som limpo de cada nota.
– Só aumentar a velocidade quando estiver conseguindo boa sonoridade em todas as notas.
– Alternar as palhetadas sempre que possível.
– Ver outras observações na página seguinte.

OBSERVAÇÕES SOBRE A MÃO ESQUERDA

Os intervalos de quintas justas devem ser tocados com o mesmo dedo, na maioria dos casos, podendo-se usar uma pequena pestana, isto é, a pressão de um mesmo dedo sobre as duas cordas ao mesmo tempo. Exemplos:

(com o dedo 3)   (com o dedo 2)   (com o dedo 1)   (Ver exercício 2 da página 39.)

Deve-se evitar, sempre que possível, e principalmente em trechos rápidos, o cruzamento de dedos. No intervalo exemplificado abaixo fica mais fácil usar o dedo 1 na nota dó do que repetir o dedo 2, o que provocaria o cruzamento que deve ser evitado:

O mesmo vale para o intervalo a seguir, e sempre que aparecer um caso semelhante:

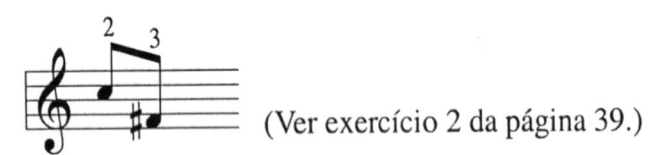

(Ver exercício 2 da página 39.)

OBSERVAÇÕES SOBRE AS PALHETADAS

Normalmente se começa um trecho musical com a palhetada para baixo (∧), mas em alguns casos a execução é facilitada se se começar com a palhetada para cima (∨). (Ver exercício 12 da página 43.)

Quando se tem de fazer um movimento rápido em duas cordas diferentes, deve-se dar preferência às palhetadas por fora das cordas. Exemplos:

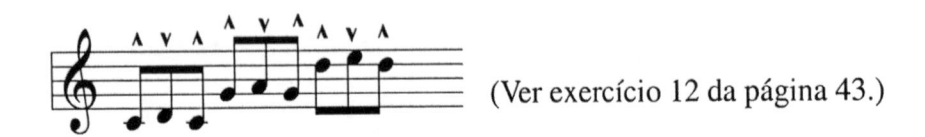

(Ver exercício 12 da página 43.)

Pode-se, às vezes, repetir um mesmo movimento de palheta se isto facilitar a execução. (Ver exercícios 18, 19, 20, 21 e 22 das páginas 45 e 46.)

ESTUDOS DOS TONS MAIORES

Para facilitar o estudo dos tons, vamos analisá-los em grupos de dois ou três que, graças à afinação do bandolim (em intervalos de quintas justas – sol-ré-lá-mi), possuem uma digitação semelhante, absolutamente simétrica entre eles. Sempre o 2º tom obedecerá exatamente ao mesmo "desenho dos dedos" do 1º, só que na corda seguinte (uma quinta acima).

TONS DE DÓ MAIOR (C) E SOL MAIOR (G)

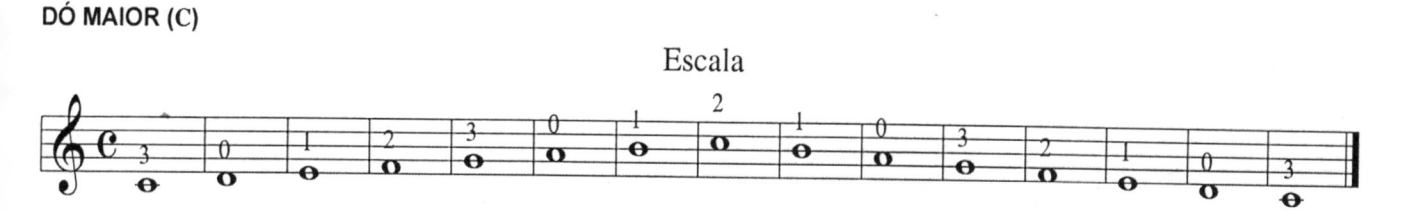

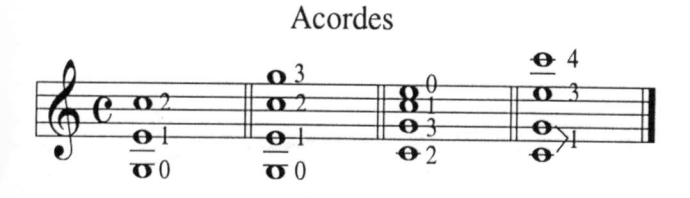

DÓ MAIOR (C)

Escala

Arpejo

Acordes

Exercícios (Para serem transportados para todos os tons maiores que virão a seguir.)

1.

2.

3.

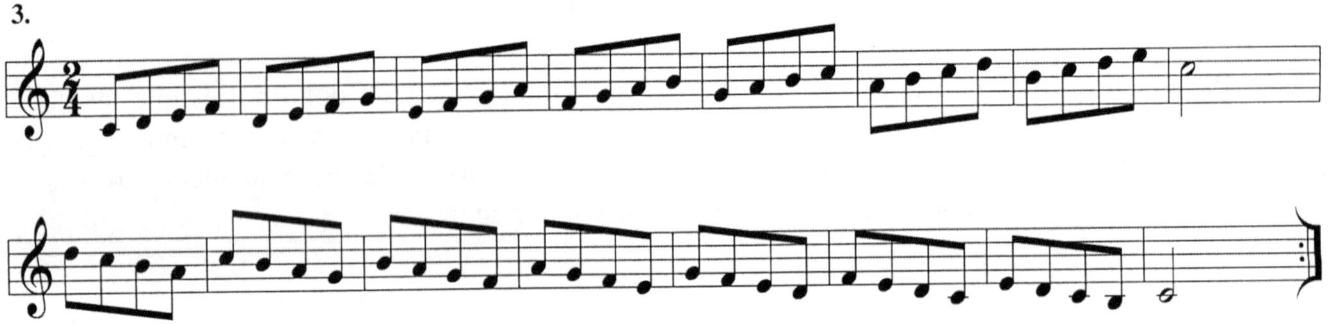

4.

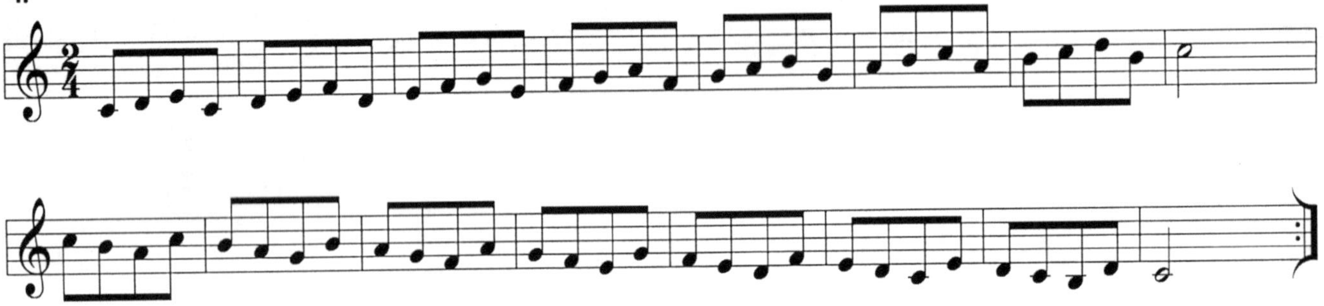

5.

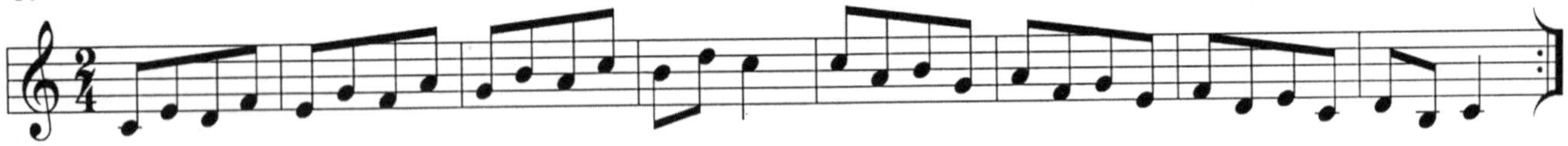

6.

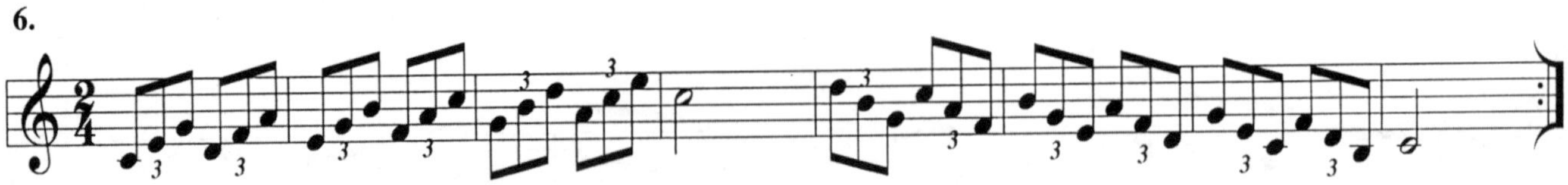

7.

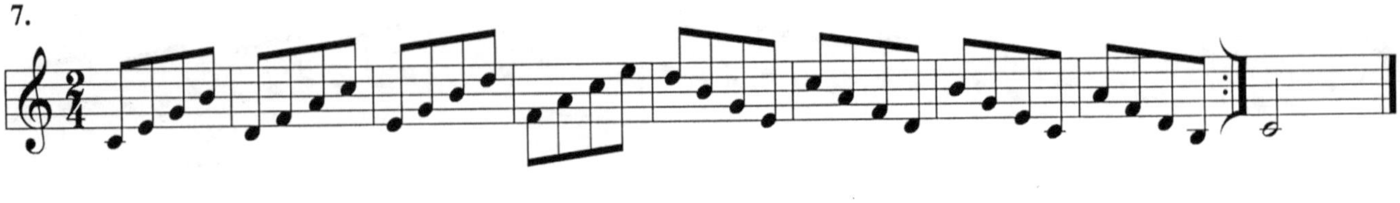

SOL MAIOR (G)

Apesar de já ter sido estudado, repetiremos suas escalas e arpejos para que seja observada a "simetria" entre este tom e o tom de dó maior.

Escala

Arpejo

Fazer os mesmos exercícios de dó maior agora em sol maior, observando a semelhança entre as duas digitações.

1.

2.

3.

4.

5.

6.

7.

Exercícios para a fixação dos tons

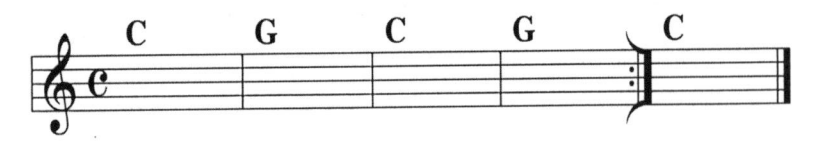

1) Fazer os arpejos de cada tom nos compassos indicados. Exemplos:

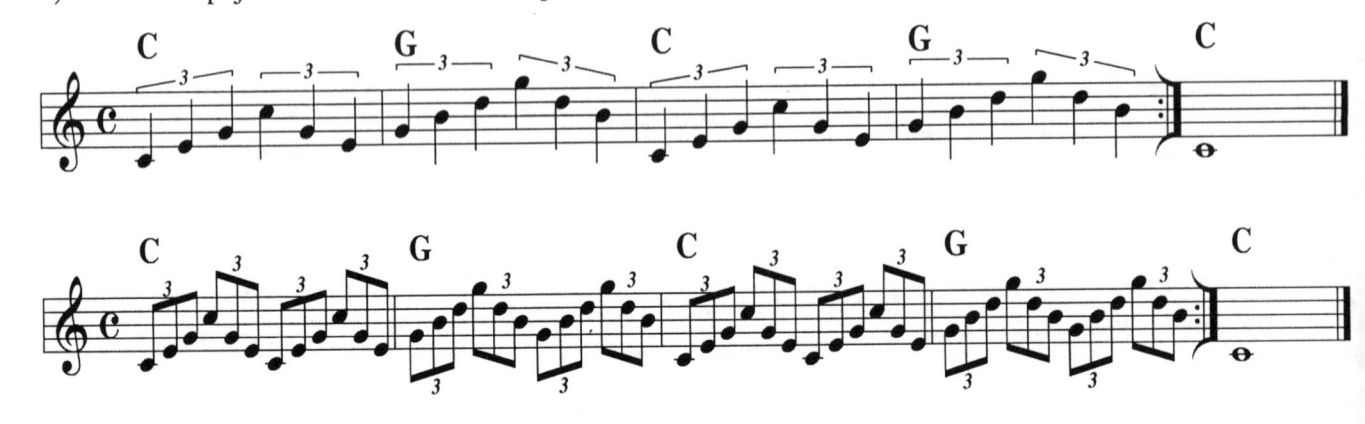

2) Fazer os acordes arpejados de cada tom nos compassos indicados. Exemplos:

TONS DE SOL MAIOR (G), RÉ MAIOR (D) E LÁ MAIOR (A)

SOL MAIOR (G) (uma oitava abaixo)

Escala

Arpejo

RÉ MAIOR (D)

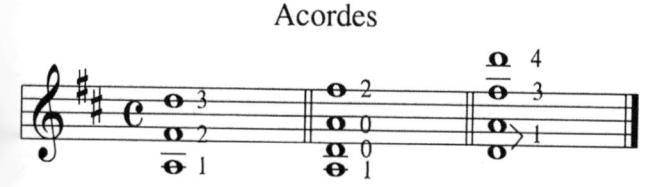

Escala

Arpejo

Acordes

LÁ MAIOR (A)

Escala

Arpejo

Acordes

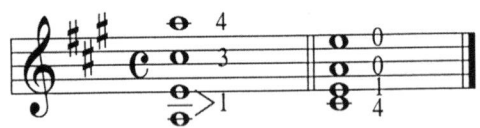

– Transportar para sol maior uma oitava abaixo* e ré maior os exercícios das páginas 51 e 52.
– Exercícios para a fixação dos tons (semelhantes aos das páginas 54 e 55)

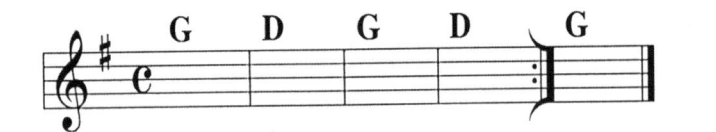

* Nos exercícios em sol maior uma oitava abaixo, encontraremos uma nota que o bandolim não pode dar: o _____ . Vamos substituí-la por um _____ para que o exercício possa ser feito.

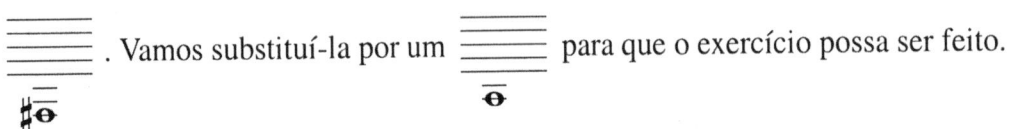

TONS DE LÁ MAIOR (A), MI MAIOR (E) E SI MAIOR (B)

LÁ MAIOR (A) (uma oitava abaixo)

Escala

Arpejo

MI MAIOR (E)

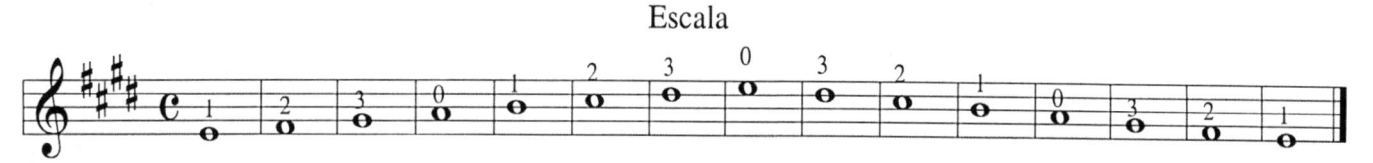

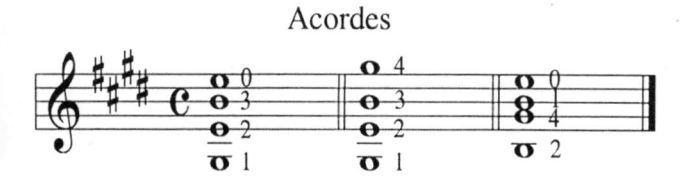

Escala

Arpejo

Acordes

SI MAIOR (B)

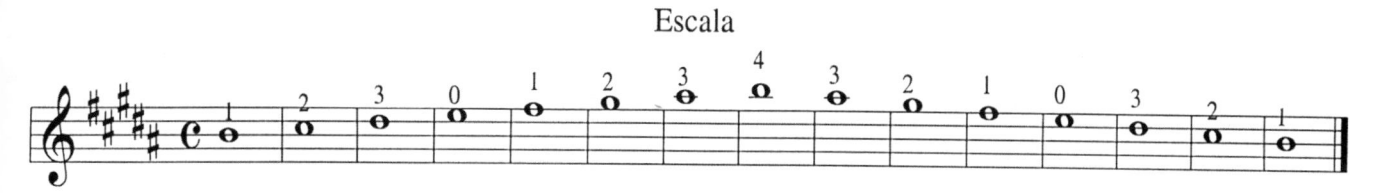

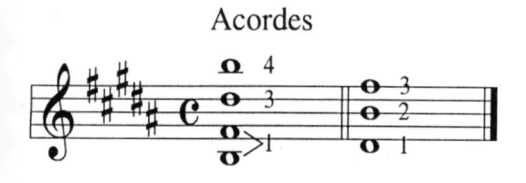

Escala

Arpejo

Acordes

— Transportar para lá maior uma oitava abaixo e mi maior os exercícios das páginas 51 e 52.
— Exercícios para a fixação dos tons (semelhantes aos das páginas 54 e 55)

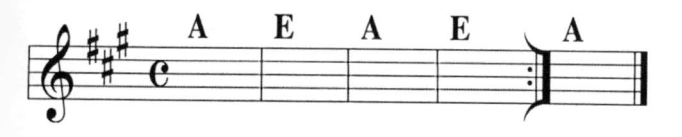

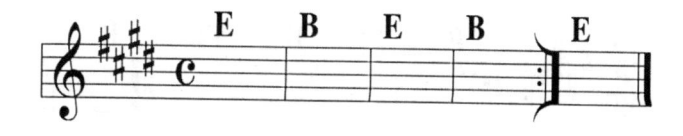

A E A E A   E B E B E

TONS DE SI MAIOR (B) E FÁ SUSTENIDO MAIOR (F#)*

SI MAIOR (B) (uma oitava abaixo)

Escala

Arpejo

FÁ# MAIOR (F#)

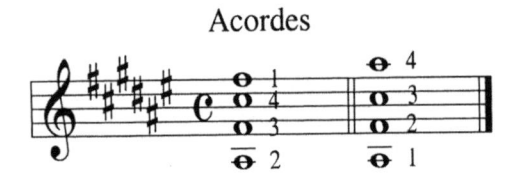

Escala

Arpejo

Acordes

* O tom de fá# maior é semelhante ao de solb maior

– Transportar para si maior uma oitava abaixo e fá# maior os exercícios das páginas 51 e 52.
– Exercícios para a fixação dos tons (semelhantes aos das páginas 54 e 55)

B F# B F# B

TONS DE RÉ BEMOL MAIOR (D♭)* E LÁ BEMOL MAIOR (A♭)

RÉ♭ MAIOR (D♭)

Escala

Arpejo

Acordes

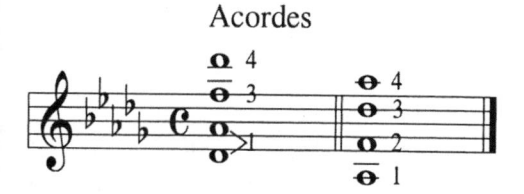

LÁ♭ MAIOR (A♭)

Escala

Arpejo

Acordes

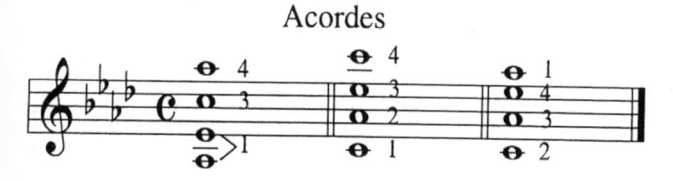

– Transportar para ré♭ maior os exercícios das páginas 51 e 52.
– Exercícios para a fixação dos tons (semelhantes aos das páginas 54 e 55)

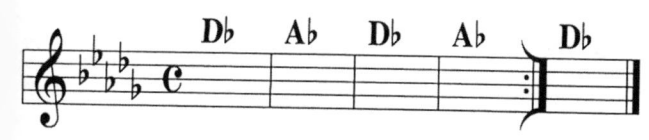

D♭ A♭ D♭ A♭ D♭

* O tom de ré♭ maior é semelhante ao de dó♯ maior

TONS DE LÁ BEMOL MAIOR (A♭), MI BEMOL MAIOR (E♭) E SI BEMOL MAIOR (B♭)

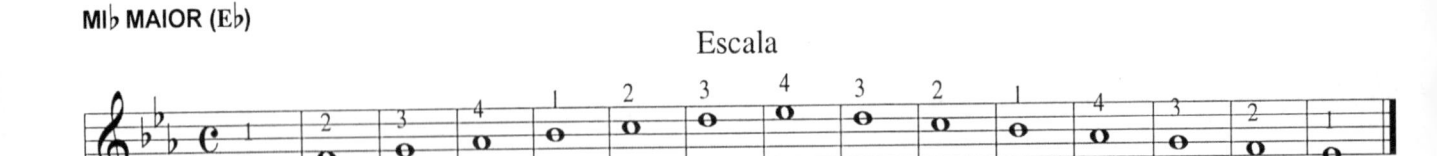

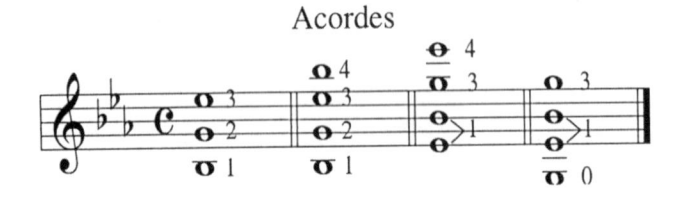

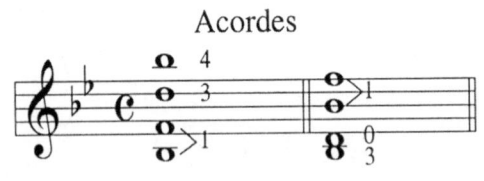

LÁ♭ MAIOR (A♭) (uma oitava abaixo)

Escala

Arpejo

MI♭ MAIOR (E♭)

Escala

Arpejo

Acordes

SI♭ MAIOR (B♭)

Escala

Arpejo

Acordes

– Transportar para láb maior uma oitava abaixo e mib maior os exercícios das páginas 51 e 52.
– Exercícios para a fixação dos tons (semelhantes aos das páginas 54 e 55)

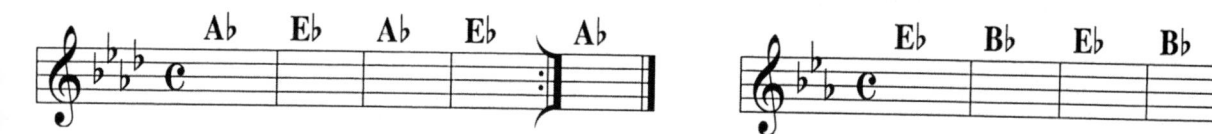

TONS DE SI BEMOL MAIOR (B♭) E FÁ MAIOR (F)

SI♭ MAIOR (B♭) (uma oitava abaixo)

Escala

Arpejo

FÁ MAIOR (F)

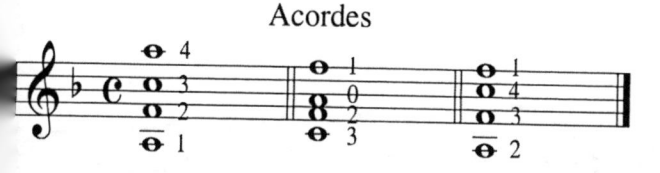

Escala

Arpejo

Acordes

– Transportar para sib maior uma oitava abaixo e fá maior os exercícios das páginas 51 e 52.
– Exercícios para a fixação dos tons (semelhantes aos das páginas 54 e 55)

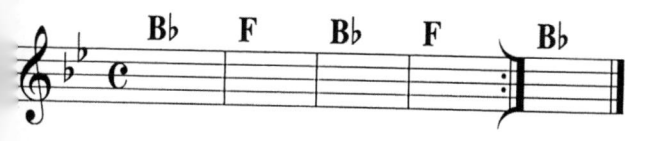

ESTUDOS DOS TONS MENORES

TONS DE LÁ MENOR (Am), MI MENOR (Em) E SI MENOR (Bm)

LÁ MENOR (Am) (relativo de dó maior)

Escala

Arpejo

Acordes

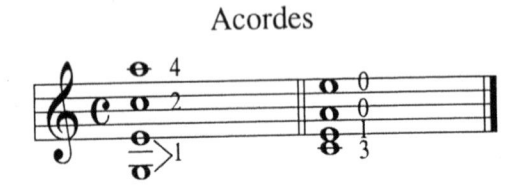

Exercícios (Para serem transportados para todos os tons menores que virão a seguir.)

1.

2.

MÉTODO DO BANDOLIM BRASILEIRO

MI MENOR (Em) (relativo de sol maior)

Escala

Arpejo

Acordes

SI MENOR (Bm) (relativo de ré maior)

Escala

Arpejo

Acordes

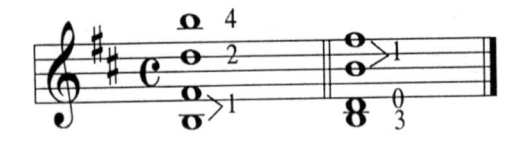

– Transportar para mi menor os exercícios de lá menor (páginas 62 e 63).
– Exercícios para a fixação dos tons (semelhantes aos das páginas 54 e 55)

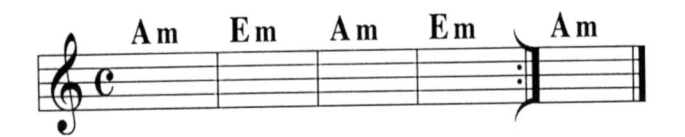

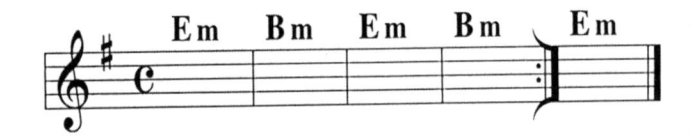

| Am | Em | Am | Em | Am |

| Em | Bm | Em | Bm | Em |

Observação:

Os acordes menores são formados pelas seguintes notas da escala: Fundamental – 3ª – 5ª (com intervalo de 1 e 1/2 tons entre a fundamental e a 3ª). No tom de lá menor as notas serão: lá – dó – mi.

TONS DE SI MENOR (Bm) E FÁ SUSTENIDO MENOR (F♯m)

SI MENOR (Bm) (relativo de ré maior)
(uma oitava abaixo)

Escala

Arpejo

FÁ♯ MENOR (F♯m) (relativo de lá maior)

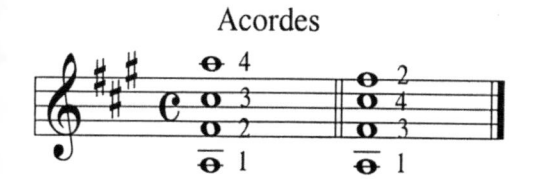

Escala

Arpejo

Acordes

– Transportar para si menor uma oitava abaixo e fá♯ menor os exercícios das páginas 62 e 63.
– Exercícios para a fixação dos tons (semelhantes aos das páginas 54 e 55)

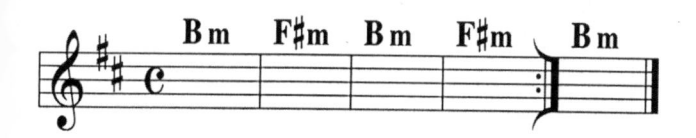

TONS DE DÓ SUSTENIDO MENOR (C♯m) E SOL SUSTENIDO MENOR (G♯m)

DÓ♯ MENOR (C♯m) (relativo de mi maior)

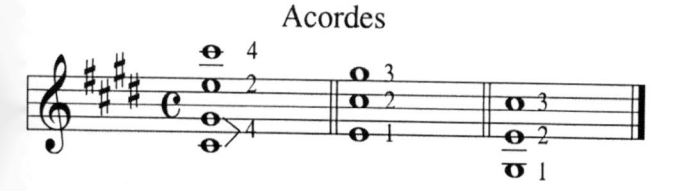

Escala

Arpejo

Acordes

SOL♯ MENOR (G♯m) (relativo de si maior)

Escala

Arpejo

Acordes

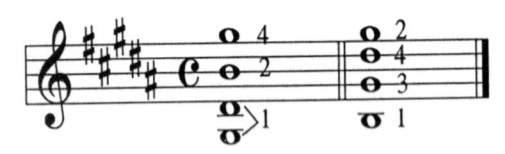

– Transportar para dó♯ menor e sol♯ menor os exercícios das páginas 62 e 63.
– Exercícios para a fixação dos tons (semelhantes aos das páginas 54 e 55)

C♯m   G♯m   C♯m   G♯m   C♯m

TONS DE SOL SUSTENIDO MENOR (G♯m), RÉ SUSTENIDO MENOR (D♯m)* E SI BEMOL MENOR (B♭m)**

SOL♯ MENOR (G♯m) (relativo de si maior)
(uma oitava abaixo)

Escala

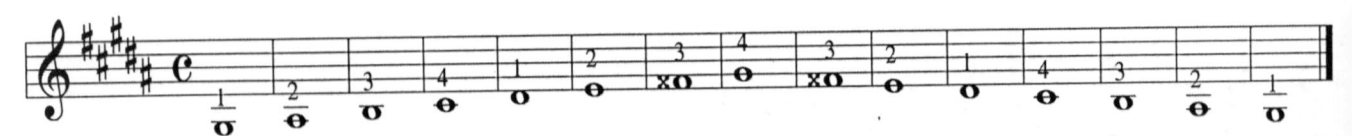

Arpejo

RÉ# MENOR (D#m) (relativo de fá# maior)

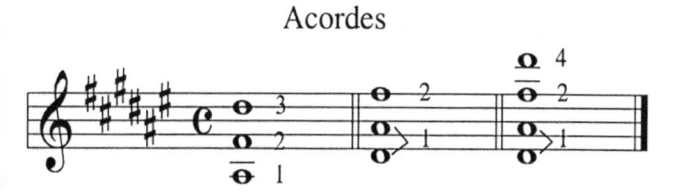

Escala

Arpejo

Acordes

SIb MENOR (Bbm) (relativo de réb maior)

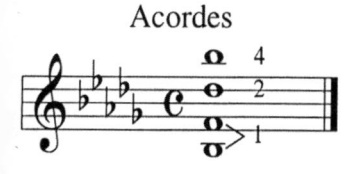

Escala

Arpejo

Acordes

* O tom de ré# menor é semelhante ao de mib menor

** O tom de sib menor é semelhante ao de lá# menor

— Transportar para sol♯ menor uma oitava abaixo e ré♯ menor os exercícios das páginas 62 e 63.
— Exercícios para a fixação dos tons (semelhantes aos das páginas 54 e 55)

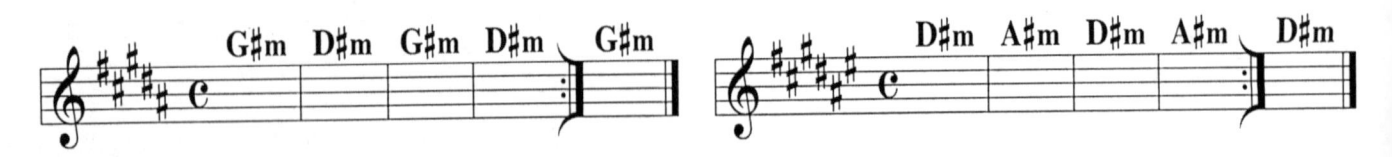

TONS DE SI BEMOL MENOR (B♭m) E FÁ MENOR (Fm)

SI♭ MENOR (B♭m) (relativo de ré♭ maior)
(uma oitava abaixo)

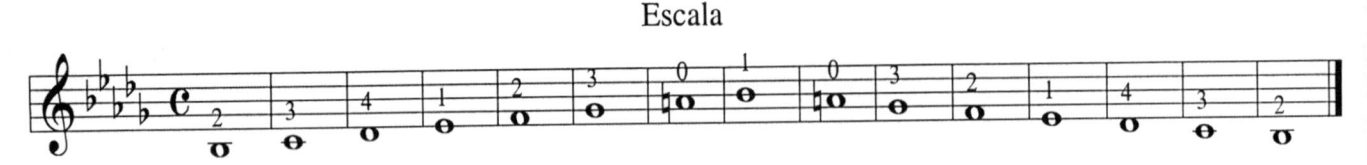

Escala

Arpejo

FÁ MENOR (Fm) (relativo de lá♭ maior)

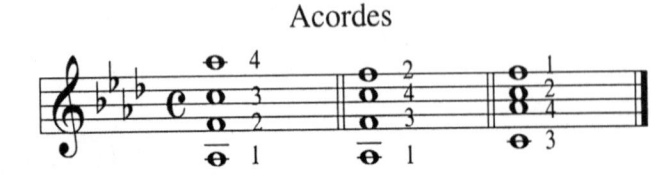

Escala

Arpejo

Acordes

— Transportar para si♭ menor uma oitava abaixo e fá menor os exercícios das páginas 62 e 63.
— Exercícios para a fixação dos tons (semelhantes aos das páginas 54 e 55)

TONS DE DÓ MENOR (Cm) E SOL MENOR (Gm)

DÓ MENOR (Cm) (relativo de mi♭ maior)

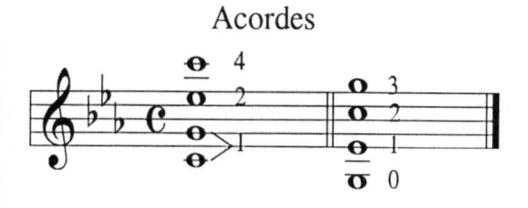

Escala

Arpejo

Acordes

SOL MENOR (Gm) (relativo de si♭ maior)

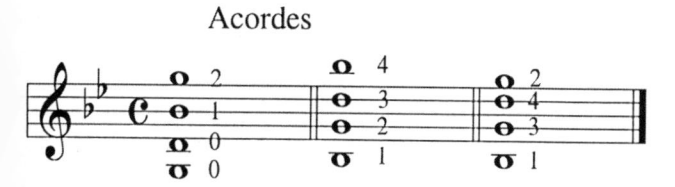

Escala

Arpejo

Acordes

— Transportar para dó menor e sol menor os exercícios das páginas 62 e 63.
— Exercícios para a fixação dos tons (semelhantes aos das páginas 54 e 55)

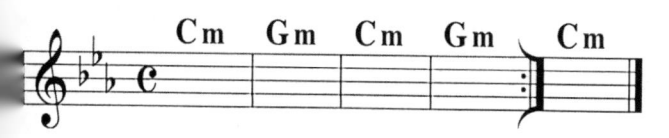

Cm Gm Cm Gm Cm

TONS DE SOL MENOR (Gm), RÉ MENOR (Dm) E LÁ MENOR (Am)

SOL MENOR (Gm) (relativo de si♭ maior)
(uma oitava abaixo)

Escala

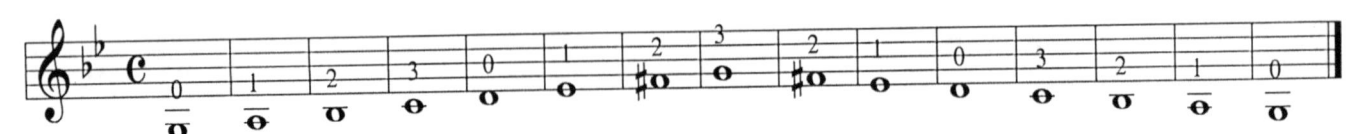

Arpejo

RÉ MENOR (Dm) (relativo de fá maior)

Escala

Arpejo

Acordes

LÁ MENOR (Am) (relativo de dó maior)
(uma oitava acima)

Escala

Arpejo

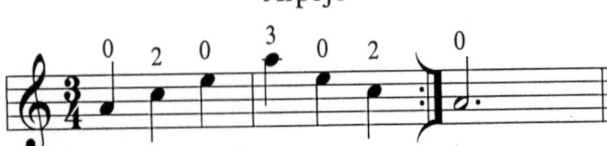

– Transportar para sol menor uma oitava abaixo* e ré menor os exercícios das páginas 62 e 63.
– Exercícios para a fixação dos tons (semelhantes aos das páginas 54 e 55)

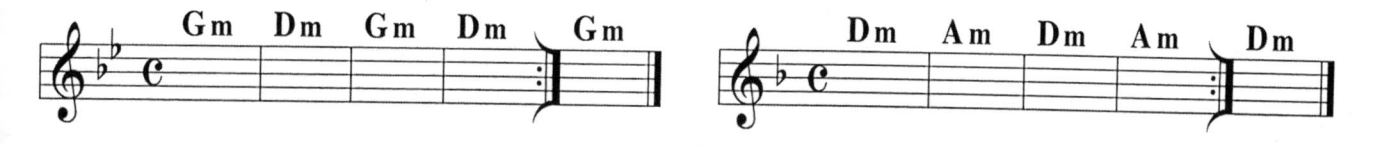

*Nos exercícios em sol menor uma oitava abaixo, encontraremos uma nota que o bandolim não pode dar: ♯○ . Vamos substituí-la por um ○ para que o exercício possa ser feito.

RESUMO DAS ESCALAS E ARPEJOS

Resumo das escalas maiores

Resumo dos arpejos maiores

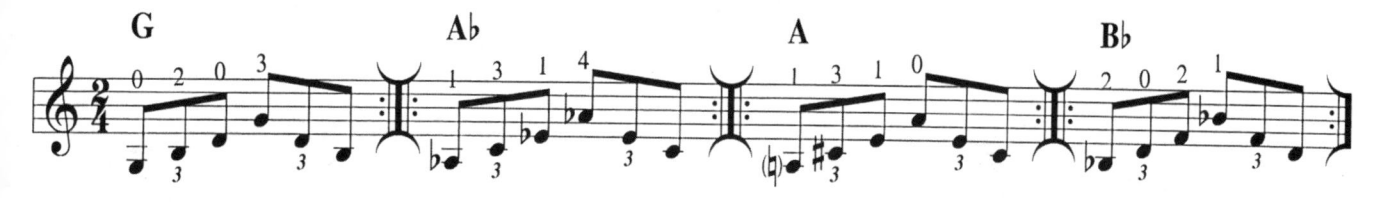

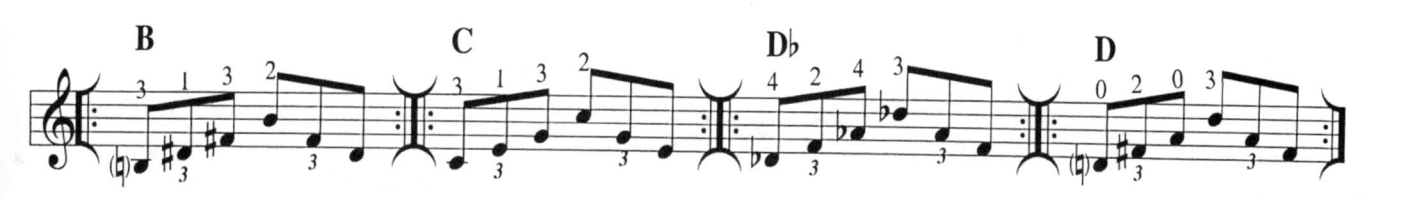

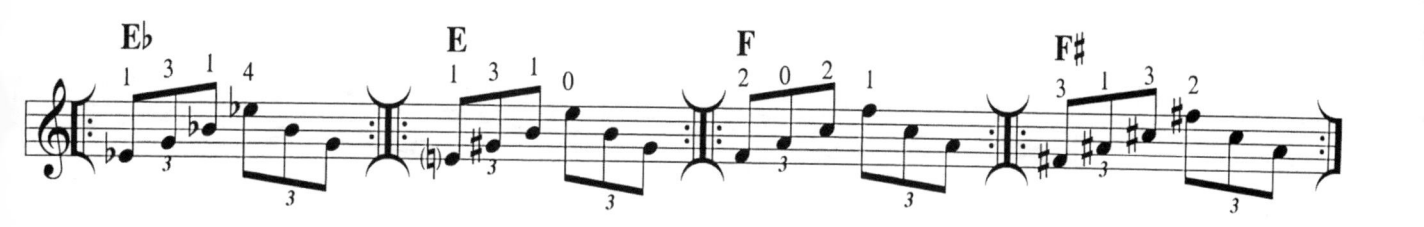

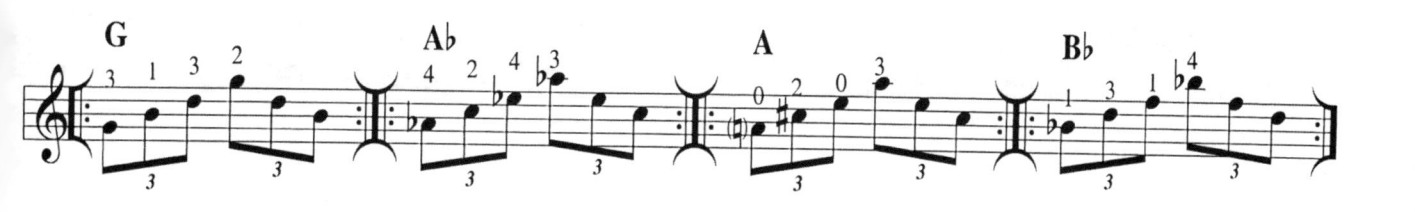

Resumo das escalas menores

Resumo dos arpejos menores

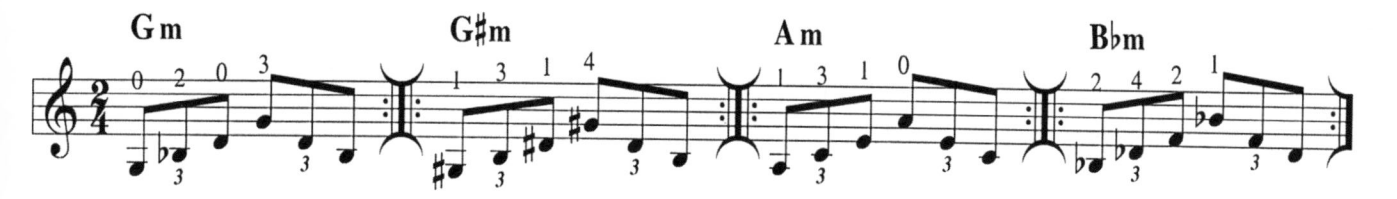

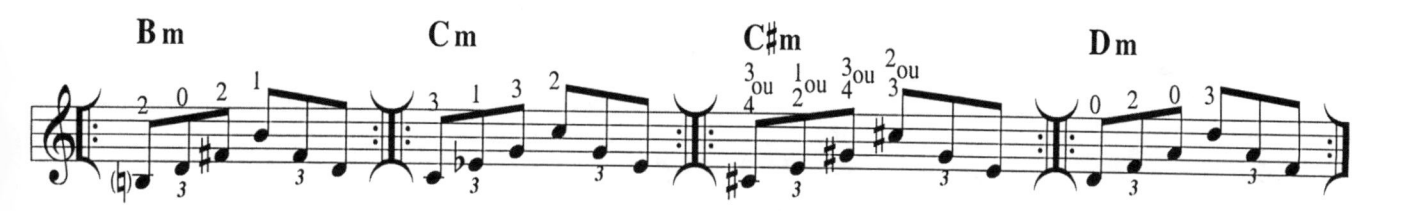

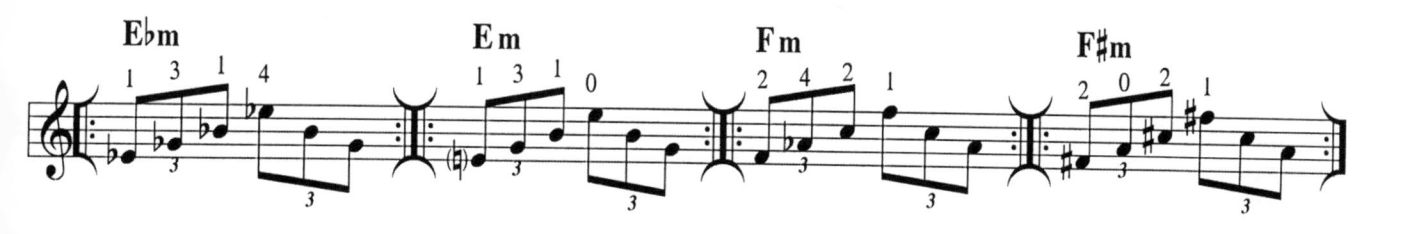

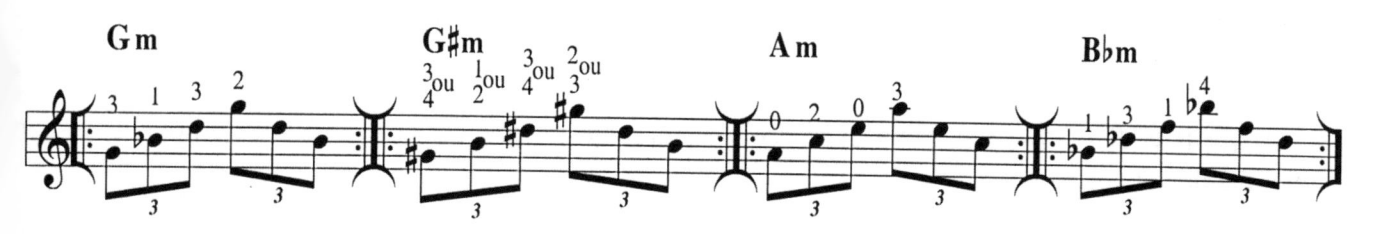

ORNAMENTOS E EFEITOS*

APOJATURA – É uma pequena nota colocada antes da nota principal que deve ser executada rapidamente.

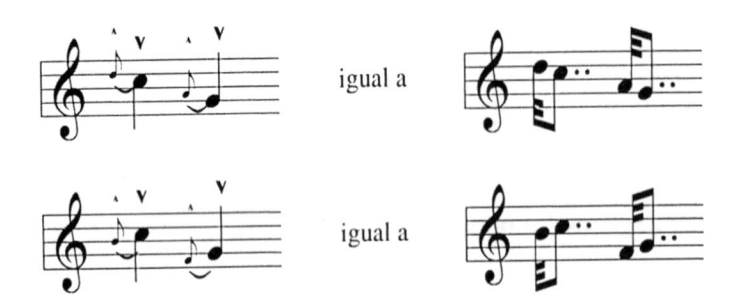

Pode ser executada com uma palhetada para cada nota (conforme indicado acima) ou com uma só palhetada para as duas notas.

MORDENTE – São duas pequenas notas colocadas antes da nota principal que devem ser executadas rapidamente. A primeira dessas duas pequenas notas deve ser igual à nota principal.

Pode ser executado com uma palhetada para cada nota (três palhetadas) ou com uma só palhetada para as três notas. O mordente também pode ser representado pelos sinais:

mordente superior

mordente inferior

APOJATURA DUPLA – A mesma definição do mordente, só que a primeira das duas notas deve ser diferente da nota principal.

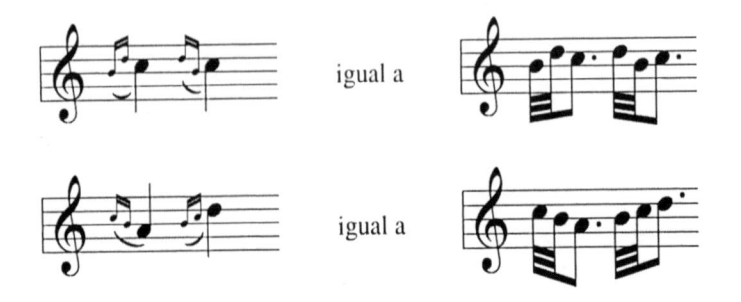

* Geralmente vêm escritos na partitura, mas o intérprete também pode usá-los conforme o seu gosto, se quiser embelezar determinado trecho de uma música.

Pode ser executada com uma palhetada para cada nota (três palhetadas) ou com uma só palhetada para as três notas.

GRUPETO – São três ou quatro pequenas notas colocadas antes da nota principal que devem ser executadas rapidamente.

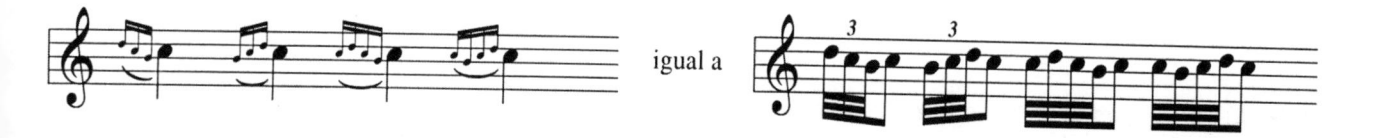

igual a

Para obtermos um bom resultado do grupeto, devemos palhetar todas as notas.

GLISSANDO – É o efeito conseguido quando se muda de uma nota para outra numa mesma corda, sem interromper o som, ou seja, escorregando o dedo de uma nota a outra sem levantá-lo da corda. Pode ser efetuado com o mesmo dedo ou com dedos diferentes. É muito usado nas mudanças de posição, que estudaremos a seguir.

HARMÔNICOS – São sons delicados produzidos pelo contato suave do dedo (geralmente o 4º) em determinados pontos do instrumento. Se apenas encostarmos (sem apertar) o dedo 4 entre a 12ª e a 13ª casas em qualquer corda, teremos um harmônico correspondente à oitava acima da nota da corda que se tocou.

na corda sol   na corda ré   na corda lá   na corda mi

Teremos outros harmônicos entre a 7ª e a 8ª casas, entre a 5ª e a 6ª e entre a 4ª e a 5ª, em qualquer corda.

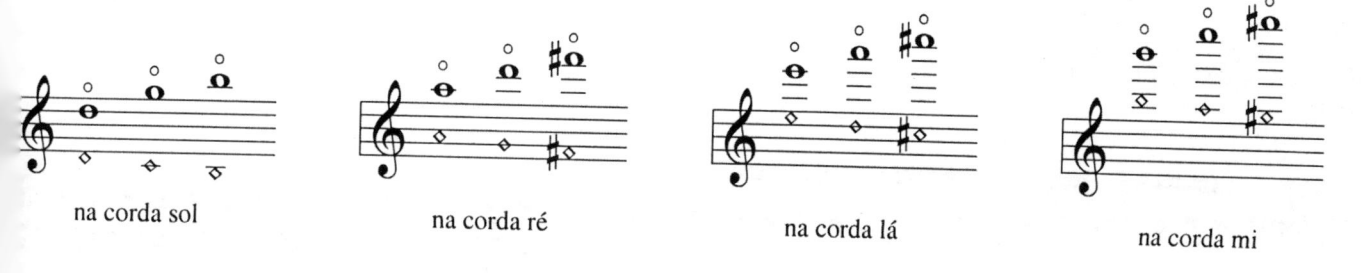

na corda sol   na corda ré   na corda lá   na corda mi

A nota mais grave (em forma de losango) é a que teríamos se apertássemos normalmente a corda. A nota mais aguda (com um pequeno círculo acima) indica o som do harmônico a ser ouvido.

PIZICATO – É um efeito muito usado no violino, quando se fere as cordas com um dedo da mão direita em vez de usar o arco. Pode ser imitado no bandolim abafando-se as cordas com a mão direita bem próximo do cavalete.

STACCATO – É o efeito conseguido quando se toca determinadas notas retirando com rapidez o dedo de cima delas. O valor das notas fica reduzido aproximadamente à metade. O *staccato* é representado por um ponto colocado acima ou abaixo da nota. Exemplo:

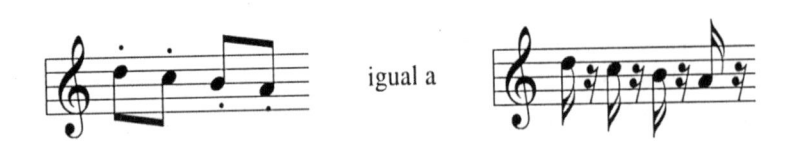

VIBRATO – É o efeito conseguido quando se mantém o dedo apertado em determinada nota, executando um movimento rápido de vaivém (para a direita e para a esquerda), fazendo esta nota vibrar o máximo de tempo possível com uma só palhetada.

TRINADO (OU TRILO) – É o efeito conseguido quando se toca rápida e alternadamente duas notas diferentes na mesma corda. É representado pelas letras *tr* colocadas acima da nota. É um dos efeitos mais difíceis de se conseguir no bandolim, pois é necessária uma coordenação perfeita entre as palhetadas e o movimento dos dedos da mão esquerda. Exemplos de trinados:

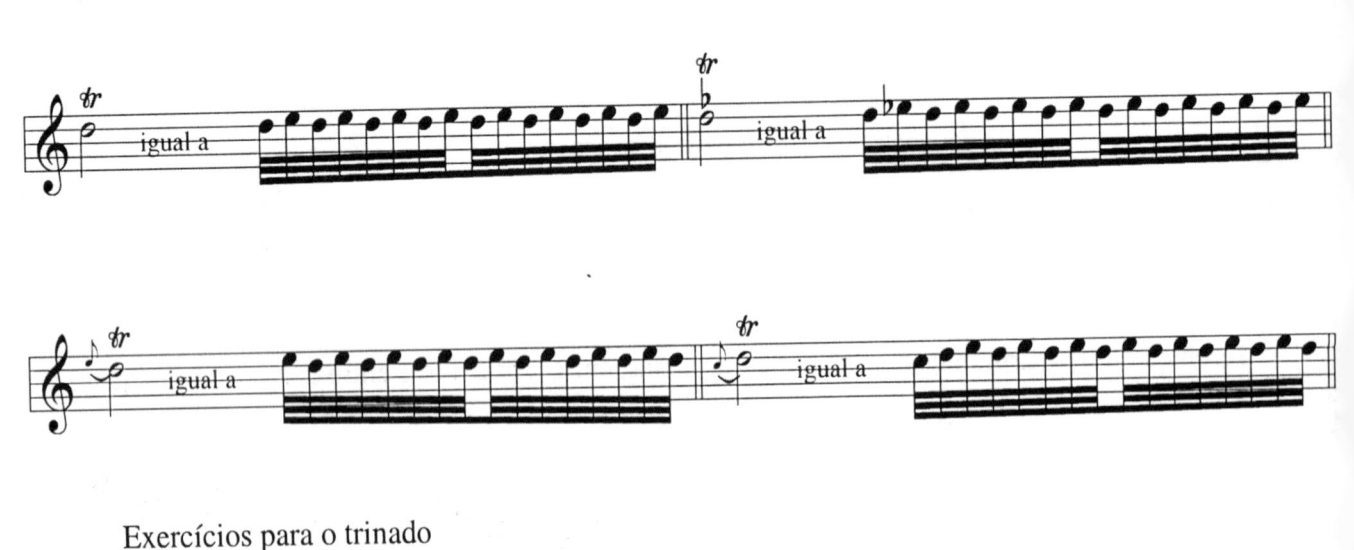

Exercícios para o trinado

– Aumentar gradativamente a velocidade até conseguir tocar bem rápido e com boa sonoridade.
– Fazer os mesmos movimentos nas outras cordas.

EFEITO DO INTERVALO DE 2ª MENOR – É o efeito conseguido quando se toca simultaneamente as notas:

EFEITO DA CORDA SOLTA – É o efeito conseguido quando se dá uma palhetada rápida na corda solta, entre duas notas presas nessa mesma corda. Exemplo:

Quando se tem um trecho assim:

E se toca assim:

É usado geralmente em trechos rápidos.

Esses dois últimos efeitos são característicos dos bandolinistas brasileiros, principalmente na interpretação de choros.

PARTE II

AS POSIÇÕES E AS MUDANÇAS DE POSIÇÃO

Já vimos no começo deste método a extensão do bandolim:

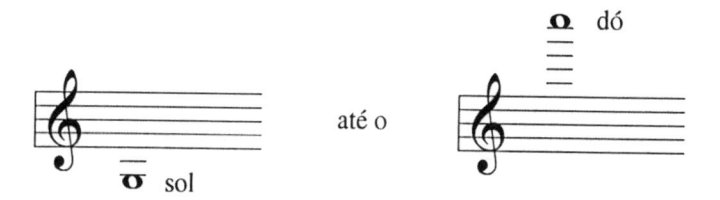

[partitura: sol] até o [partitura: dó]

Para facilitar a execução do instrumento em toda a sua extensão, divide-se o braço nas sete posições que vamos estudar a seguir.

Tudo o que tocamos até agora está na 1ª POSIÇÃO, que abrange a região entre as notas sol e si:

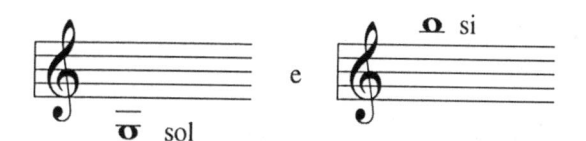

[partitura: sol] e [partitura: si]

eventualmente estendendo-se até a nota dó [partitura: dó] com o dedo 4, o que é chamado de extensão do 4º dedo.

Vamos passar agora ao estudo das outras posições que nos permitem atingir as notas mais agudas do bandolim.

Quadro das posições (região que cada uma abrange)

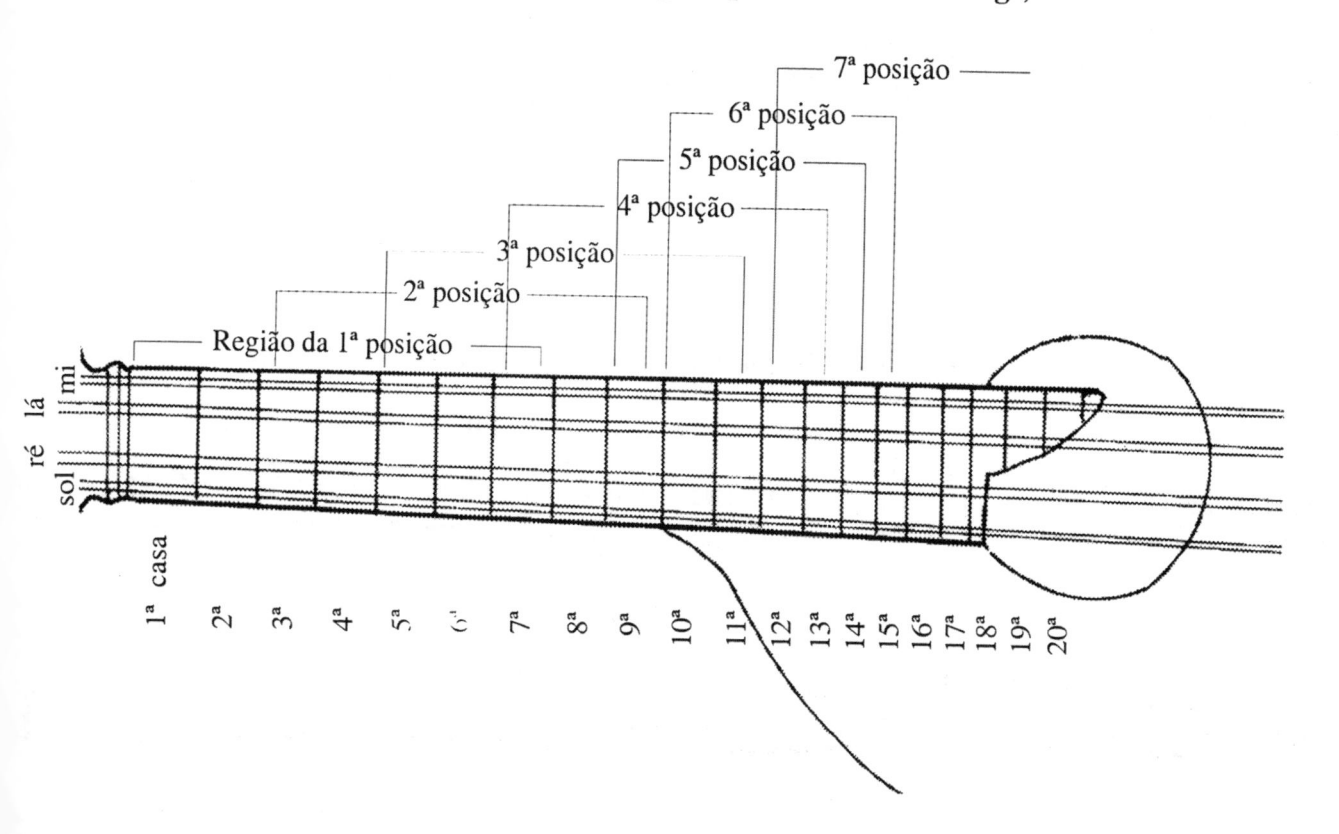

2ª posição

Abrange a região entre as notas (com o dedo 1) si bemol e dó sustenido

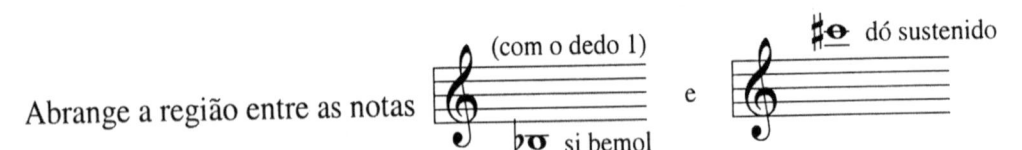

Exercício (Semelhante ao exercício 2 da página 18.)

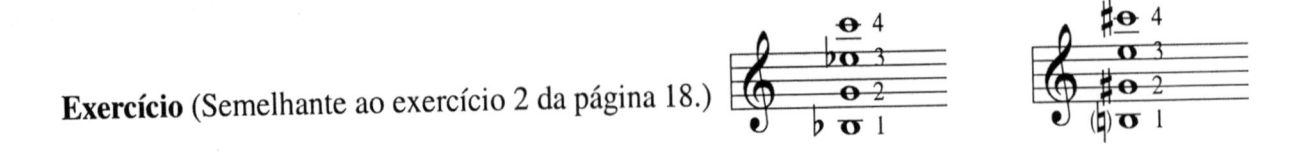

Escalas na 2ª posição

Bb

B

C

Exercícios de mudança de posição (1ª e 2ª)

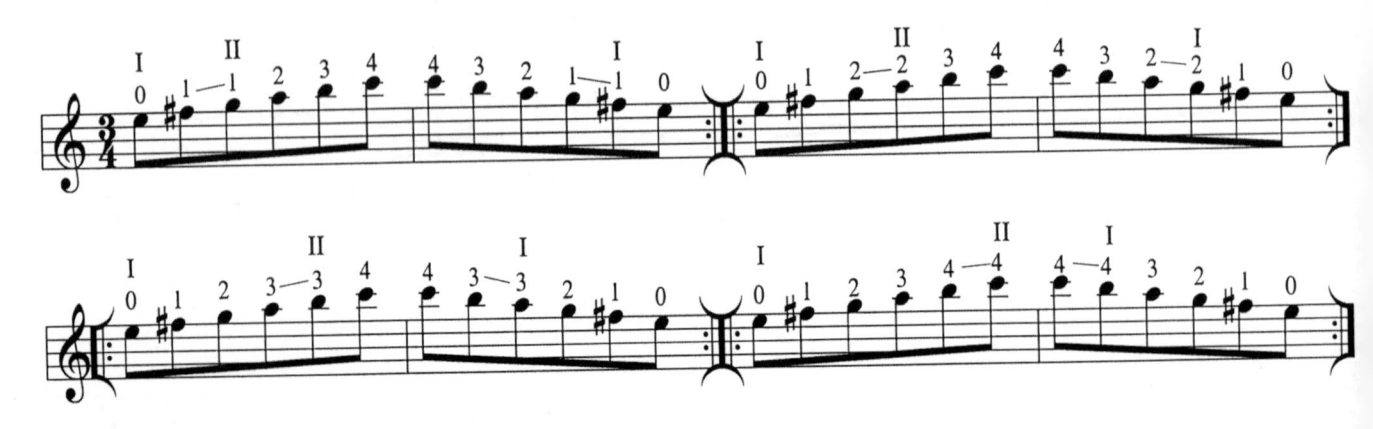

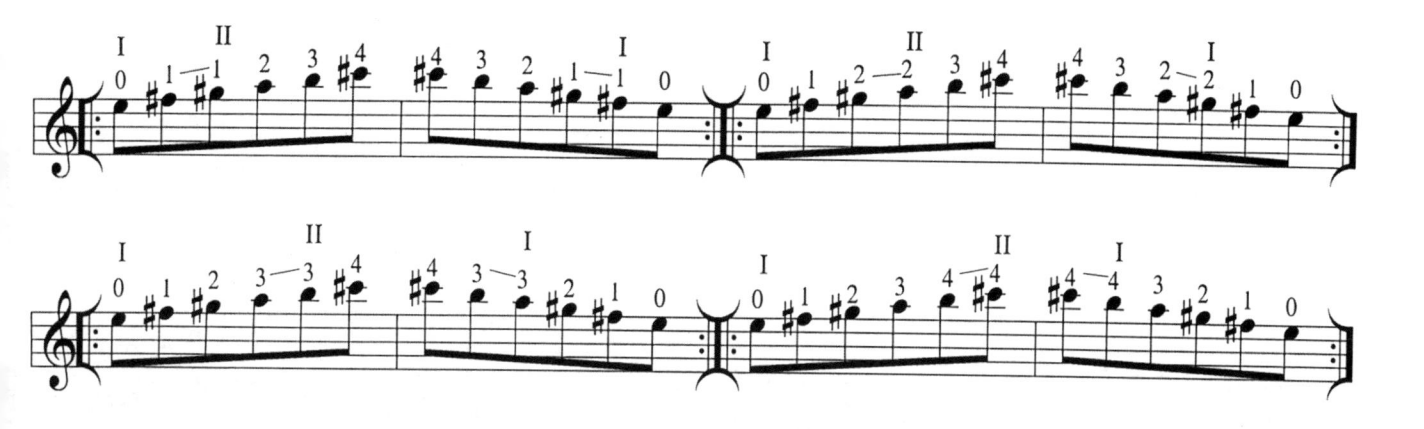

– As posições são representadas por algarismos romanos e as mudanças pelo sinal: ⌢
– Na mudança de posição, o dedo polegar da mão esquerda deve se mover com os outros dedos, de maneira que a mão permaneça reta em torno do braço do bandolim.
– Fazer o mesmo movimento desses exercícios nas outras cordas.

3ª posição

Abrange a região entre as notas [dó] e [mi bemol]

Exercício (Semelhante ao da 2ª posição.)

Escalas na 3ª posição

C

D♭

D

Exercícios de mudança de posição (1ª e 3ª)

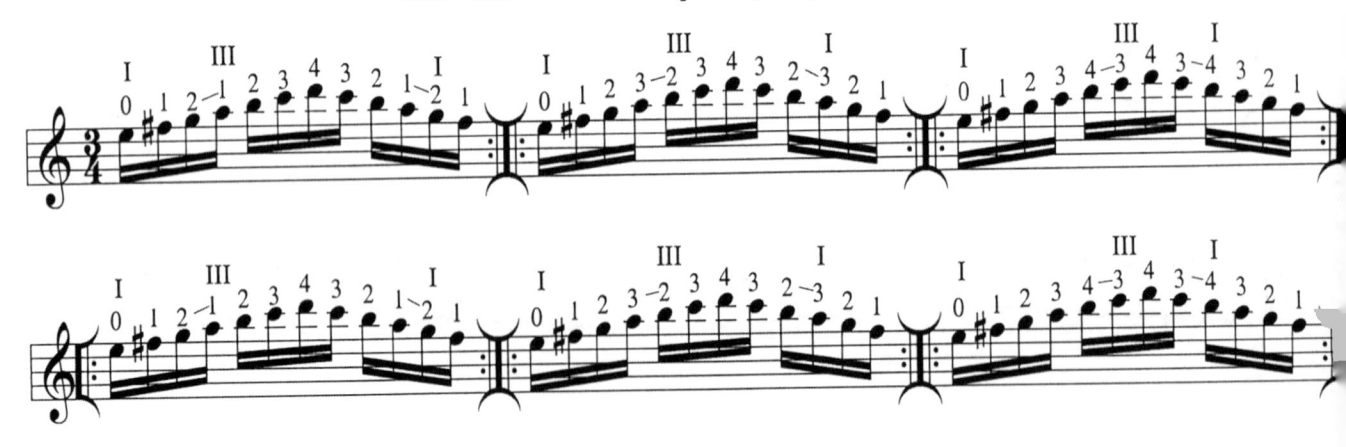

– Fazer o mesmo movimento desses exercícios nas outras cordas.

4ª posição

Abrange a região entre as notas [ré] e [fá]

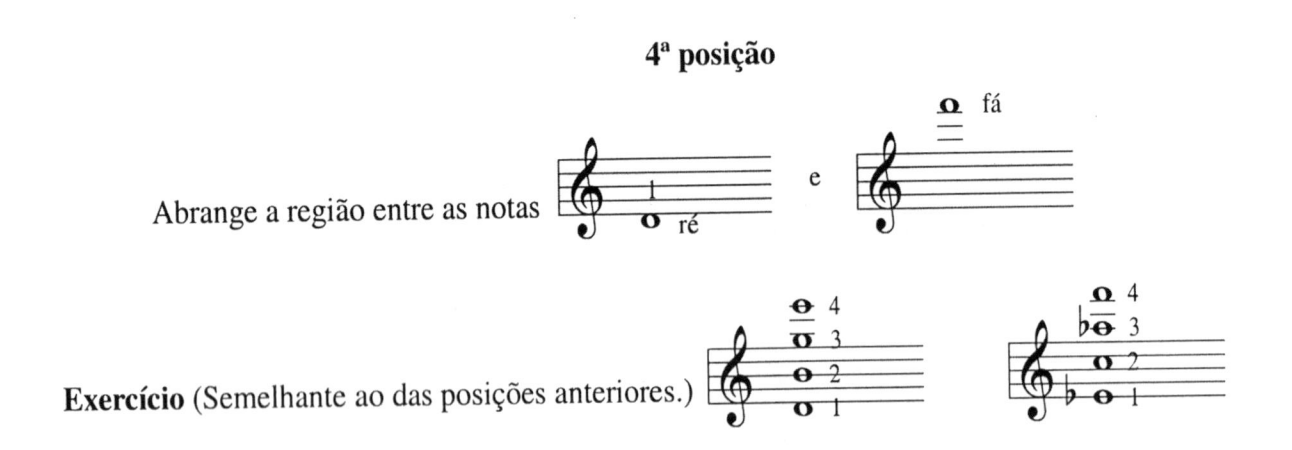

Exercício (Semelhante ao das posições anteriores.)

Escalas na 4ª posição

D

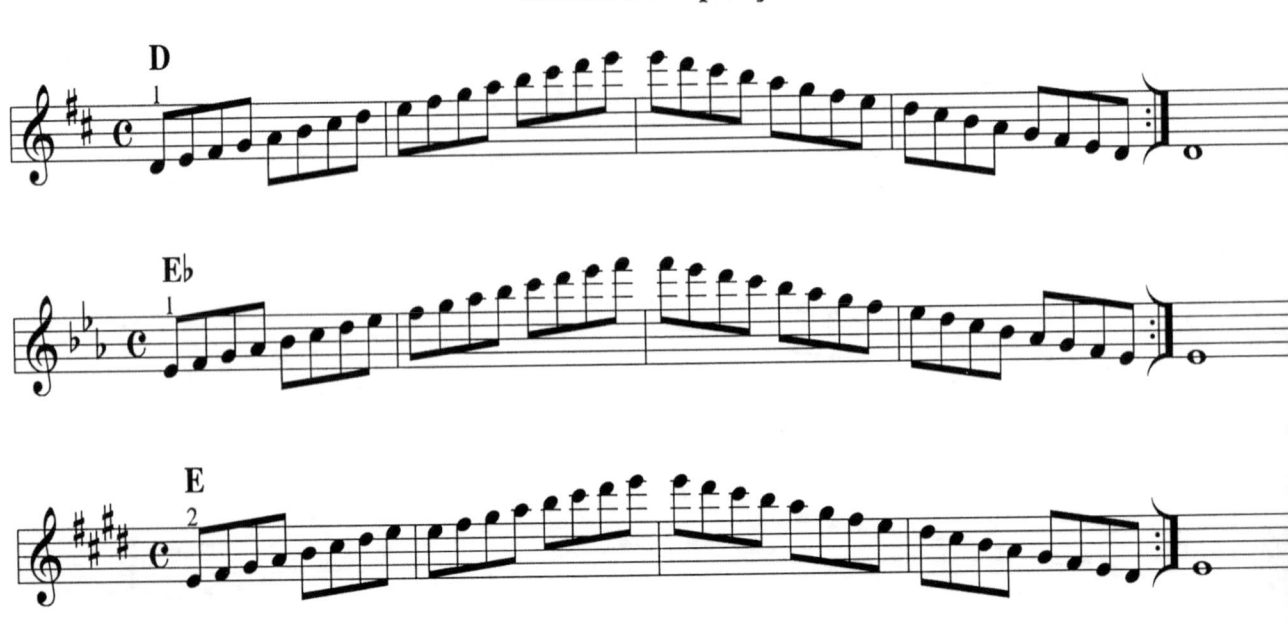

E♭

E

Exercícios de mudança de posição (1ª, 2ª e 4ª)

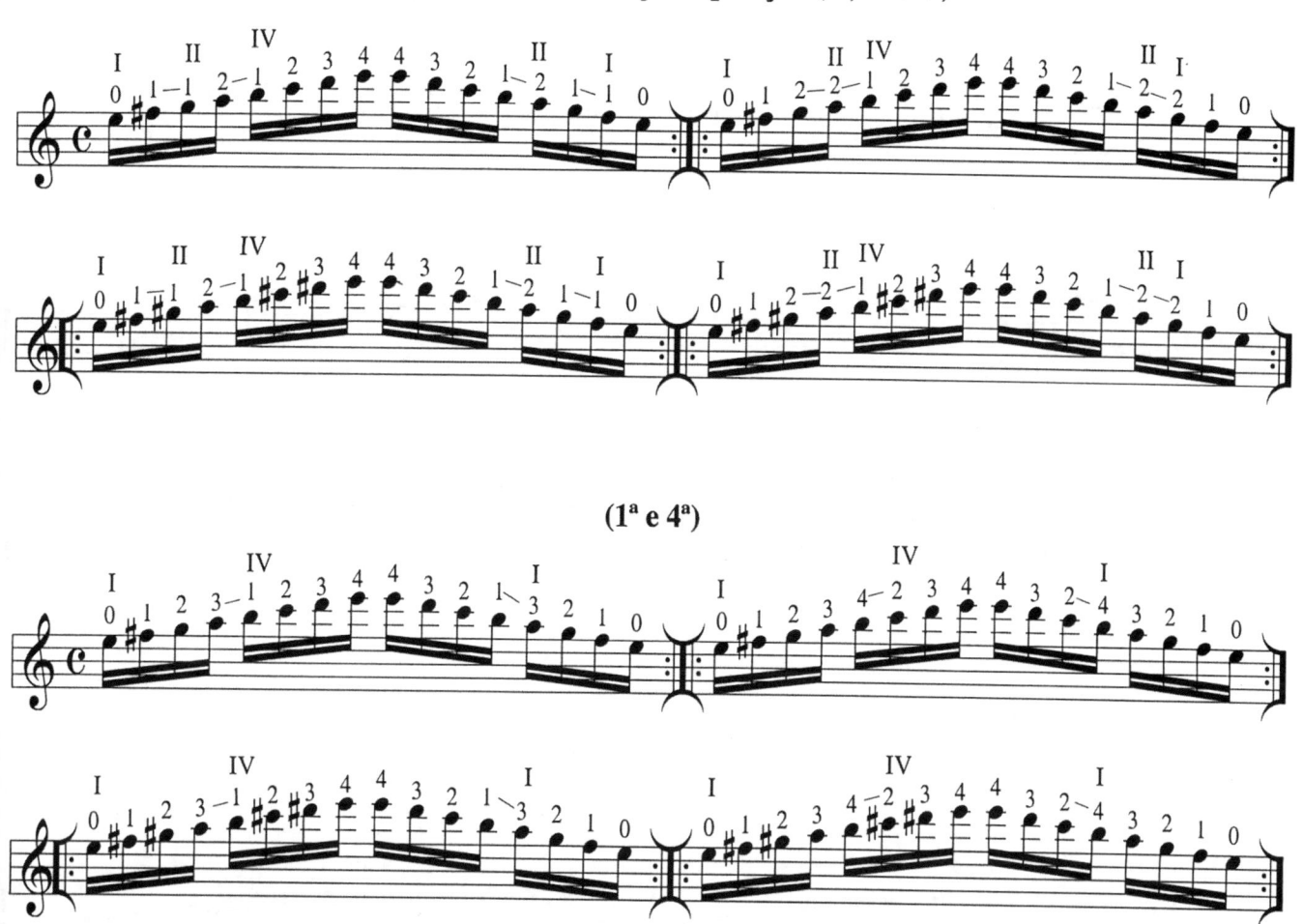

(1ª e 4ª)

– Fazer o mesmo movimento desses exercícios nas outras cordas.

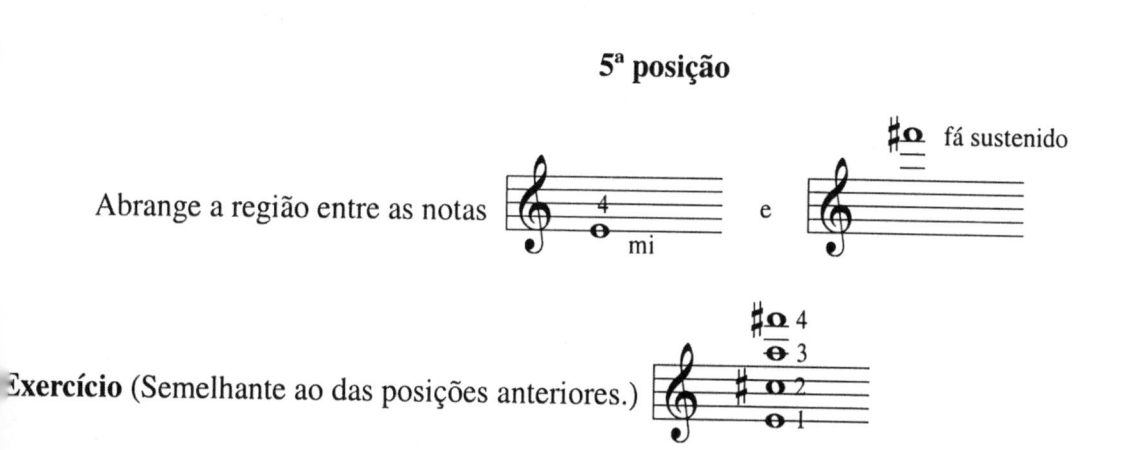

5ª posição

Abrange a região entre as notas mi e fá sustenido

Exercício (Semelhante ao das posições anteriores.)

Escalas na 5ª posição

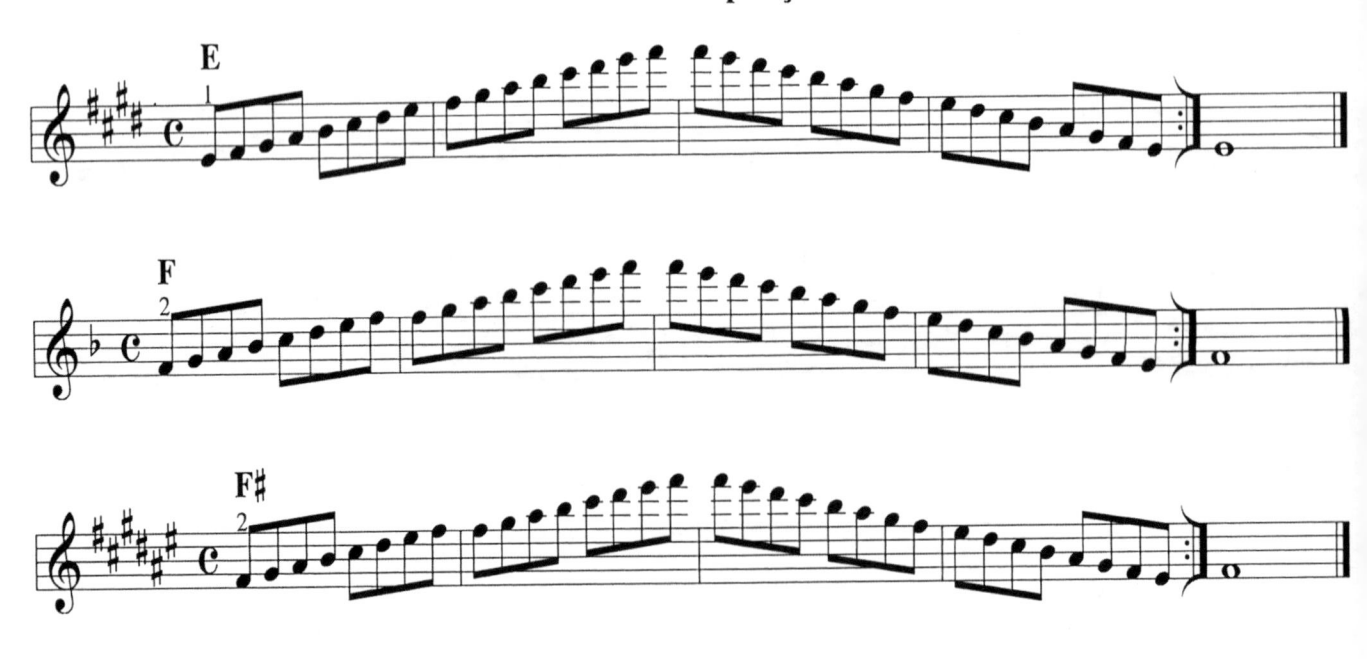

Exercícios de mudança de posição (1ª, 3ª e 5ª)

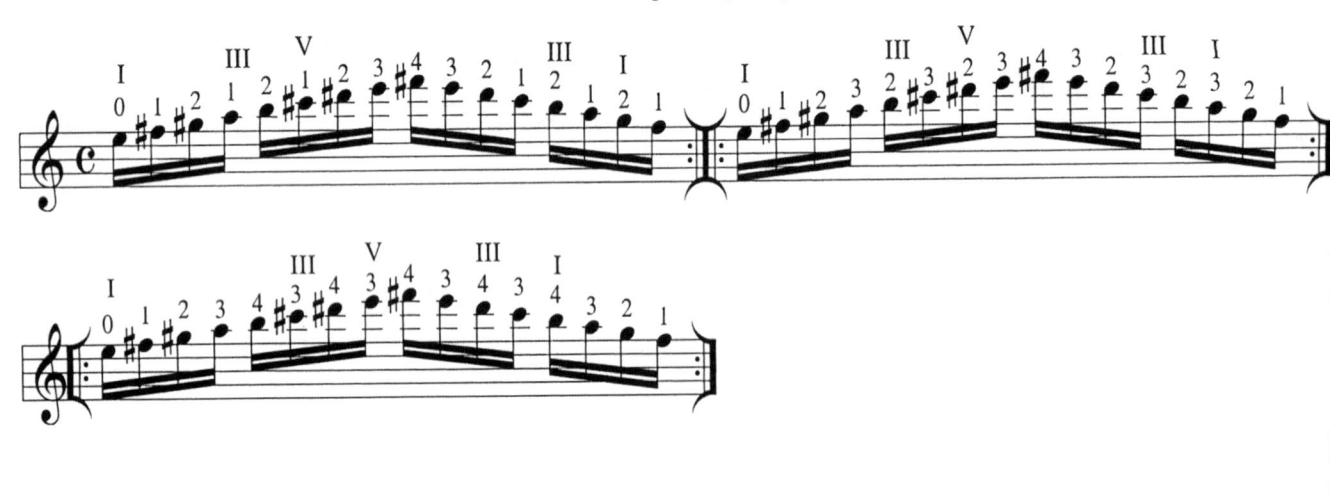

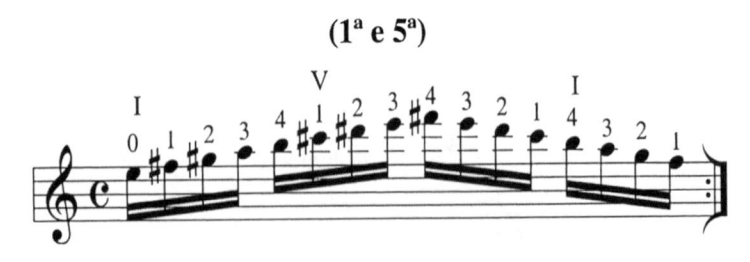

(1ª e 5ª)

– Fazer o mesmo movimento destes exercícios nas outras cordas.

6ª posição

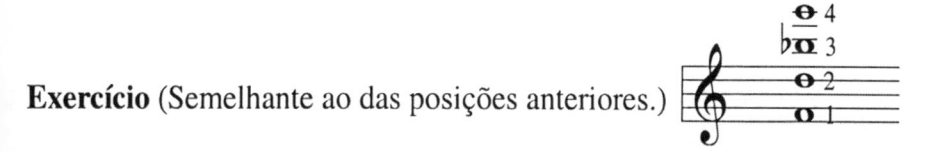

Abrange a região entre as notas (fá) e (sol)

Exercício (Semelhante ao das posições anteriores.)

Escalas na 6ª posição

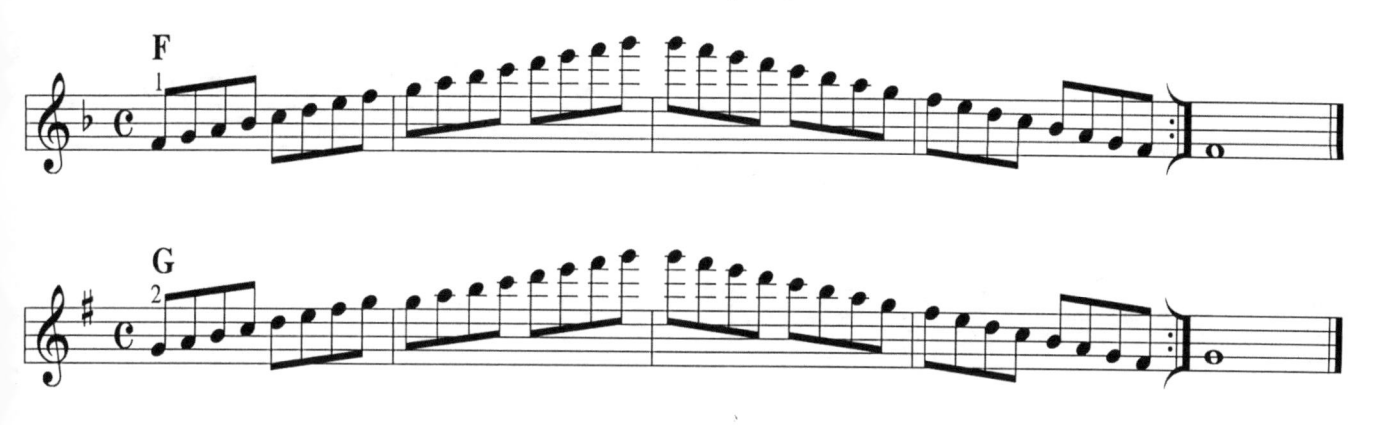

F

G

Exercícios de mudança de posição (2ª, 4ª e 6ª)

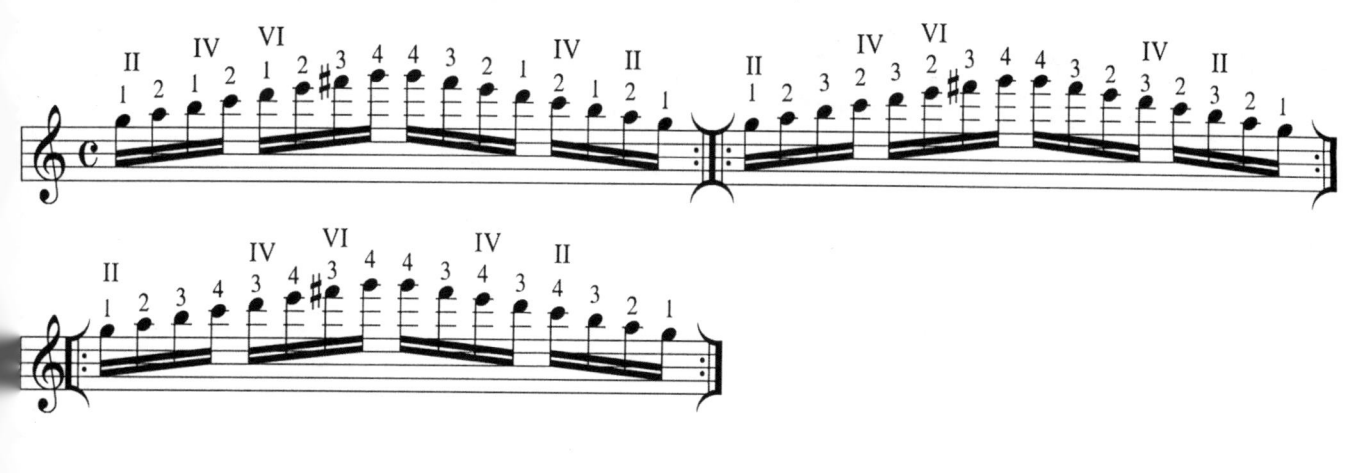

(2ª e 6ª)

- Fazer o mesmo movimento destes exercícios nas outras cordas.

Várias maneiras de se mudar de posição numa mesma escala (sol maior em três oitavas)*

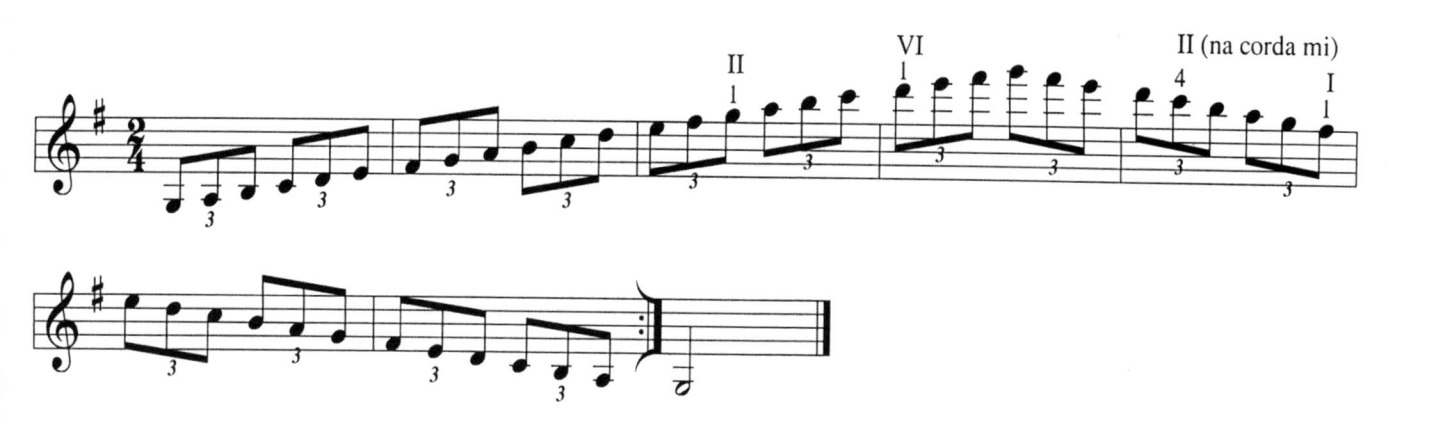

Arpejos de sol maior e sol menor em três oitavas

* As mudanças de posição mais convenientes ficam a critério do executante.

7ª posição

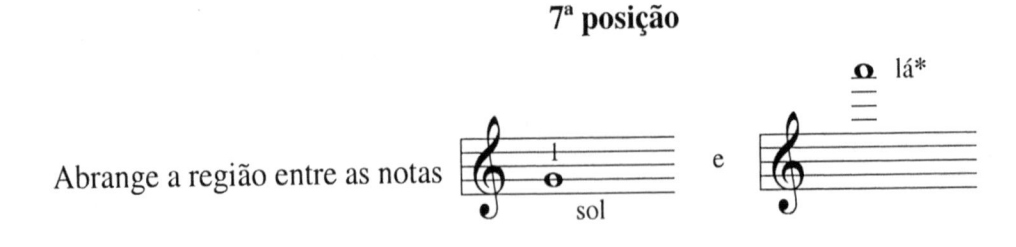

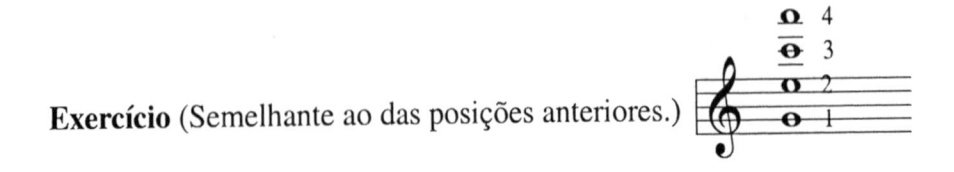

Abrange a região entre as notas [sol] e [lá*]

Exercício (Semelhante ao das posições anteriores.)

Várias maneiras de se mudar de posição numa escala até a 7ª posição (lá maior em três oitavas)

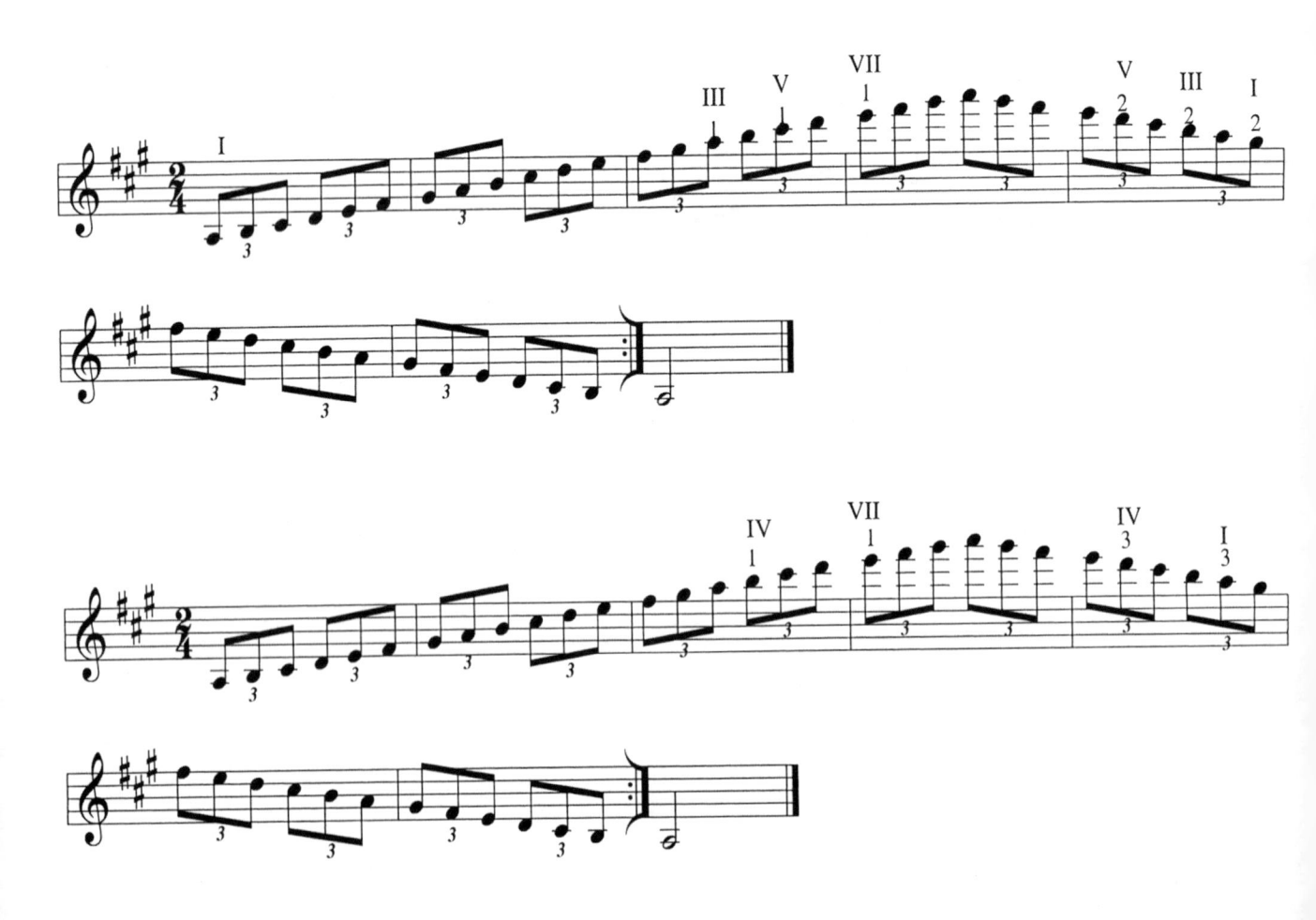

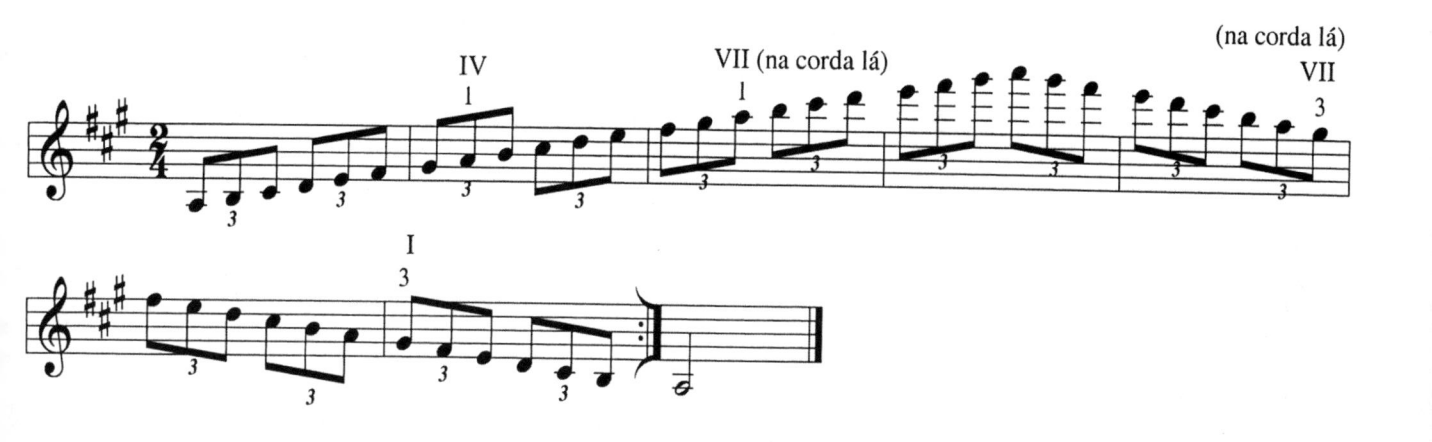

Arpejos de lá maior e lá menor em três oitavas

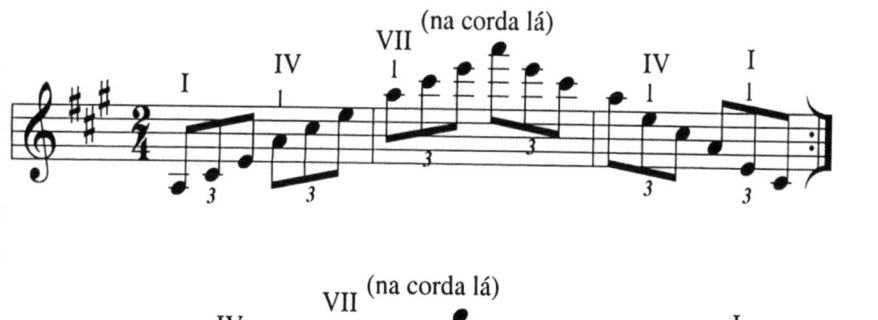

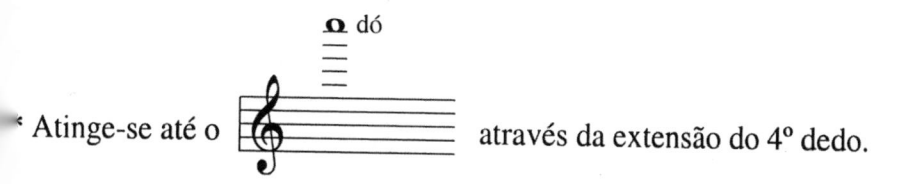

* Atinge-se até o dó através da extensão do 4º dedo.

OBSERVAÇÕES SOBRE O USO DAS SETE POSIÇÕES

1) Uma mesma escala (ou arpejo) de determinado tom pode ser executada em posições diferentes. Exemplo:

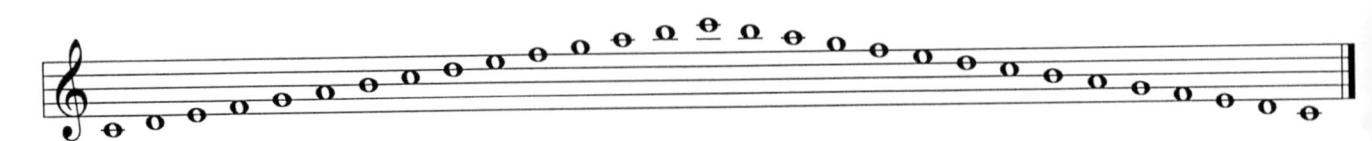

Esta escala de dó maior pode ser executada na 1ª, 2ª ou 3ª posições. Verifique esta observação em outros tons e arpejos.

2) Existem digitações-padrão (lugar dos dedos) para todas as escalas e todos os arpejos.

a) Teremos sempre uma escala de **tom maior** se fizermos esta digitação em qualquer lugar do instrumento e tomarmos por base o **dedo 1**, que deve ser colocado na **tônica** da escala que se quer.

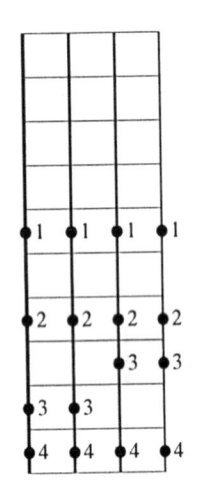

b) Se colocarmos o **dedo 2** na **tônica**, teremos esta digitação-padrão para escalas maiores.

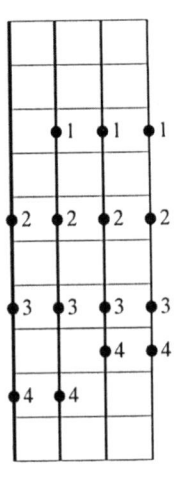

c) Digitação-padrão com o dedo 1 na tônica para arpejos maiores.

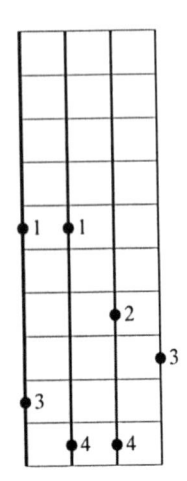

d) Digitação-padrão com o dedo 2 na tônica para arpejos maiores.

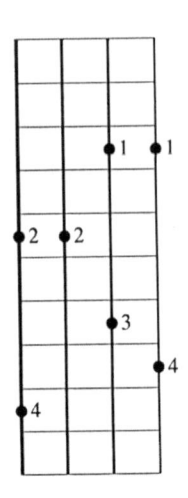

e) Digitação-padrão com o dedo 1 na tônica para arpejos menores.

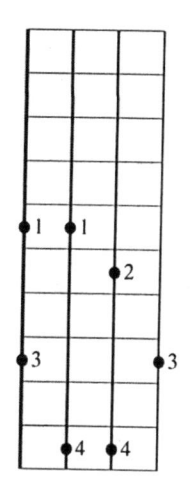

f) Digitação-padrão com o dedo 2 na tônica para arpejos menores.

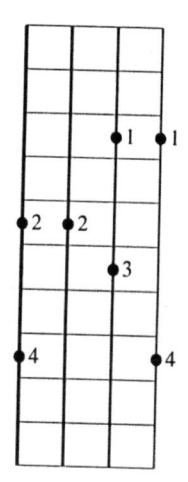

g) Digitação-padrão com o dedo 3 na tônica e com uma mudança de posição para arpejos maiores.

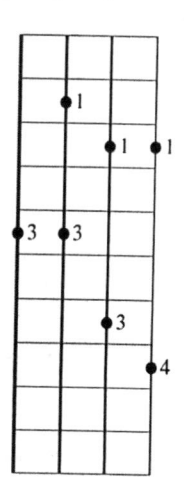

h) Digitação-padrão com o dedo 3 na tônica e com uma mudança de posição para arpejos menores.

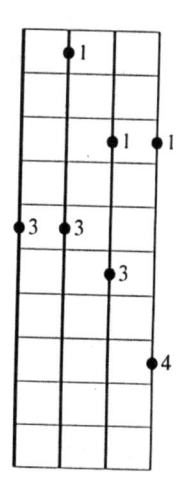

– Fazer estas escalas e arpejos em todos os tons.

3) O intérprete deve procurar sempre a maneira mais simples e lógica para mudar de posição quando for preciso. Uma das maneiras de se proceder corretamente é verificar qual a nota mais aguda do trecho musical onde há necessidade de mudança. Deve-se, então, mudar para a posição que tenha esta nota mais aguda como limite.

4) Muitas vezes, a mudança de posição fica mais fácil quando existem uma ou mais notas que podem ser tocadas com cordas soltas do bandolim. Nesses casos, a mudança deve ser feita imediatamente depois que se toca a nota com corda solta. Ver exemplo adiante no arpejo de fá maior em duas oitavas (página 00).

ESCALAS DE DUAS OITAVAS EM TODOS OS TONS E EM VÁRIAS POSIÇÕES

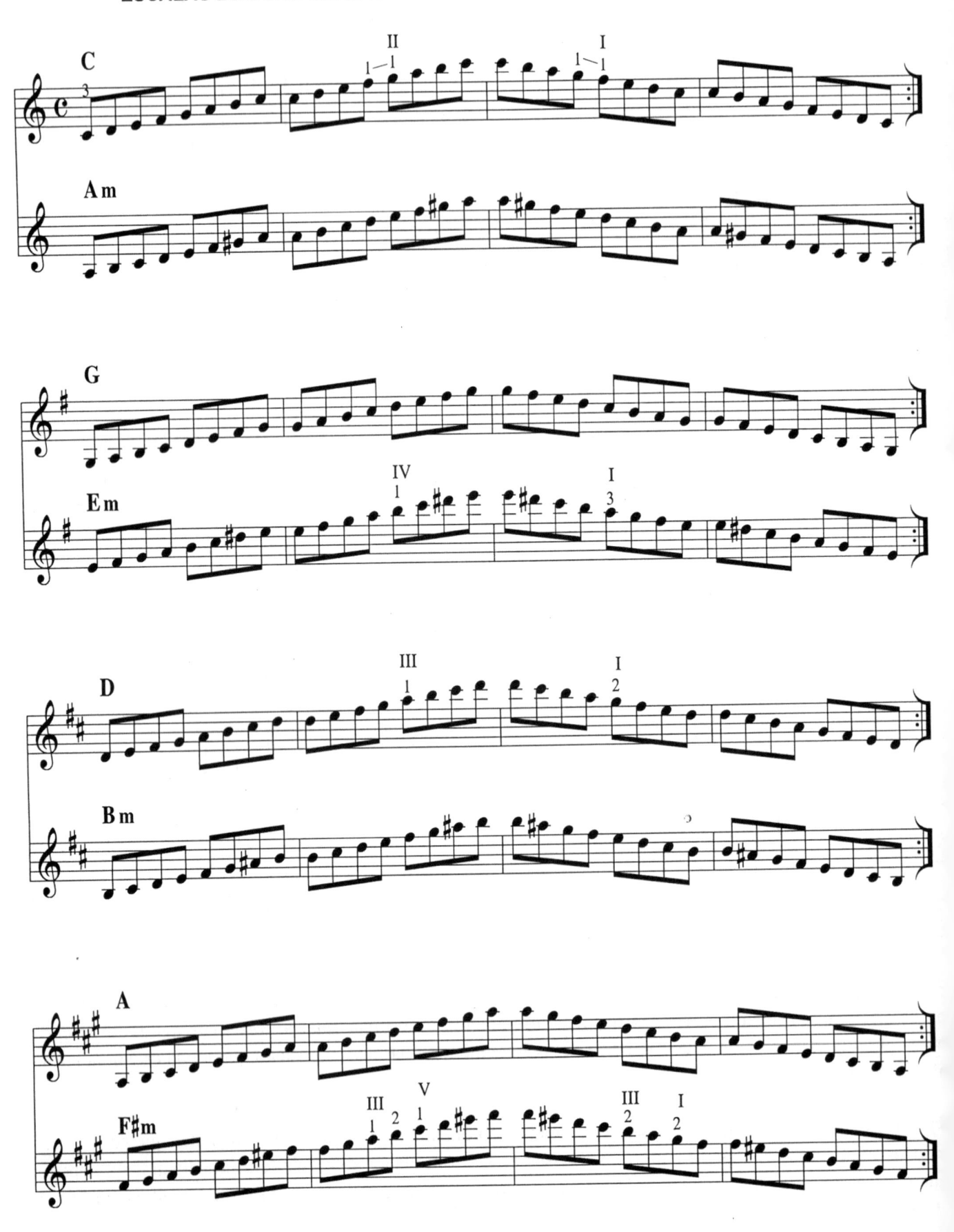

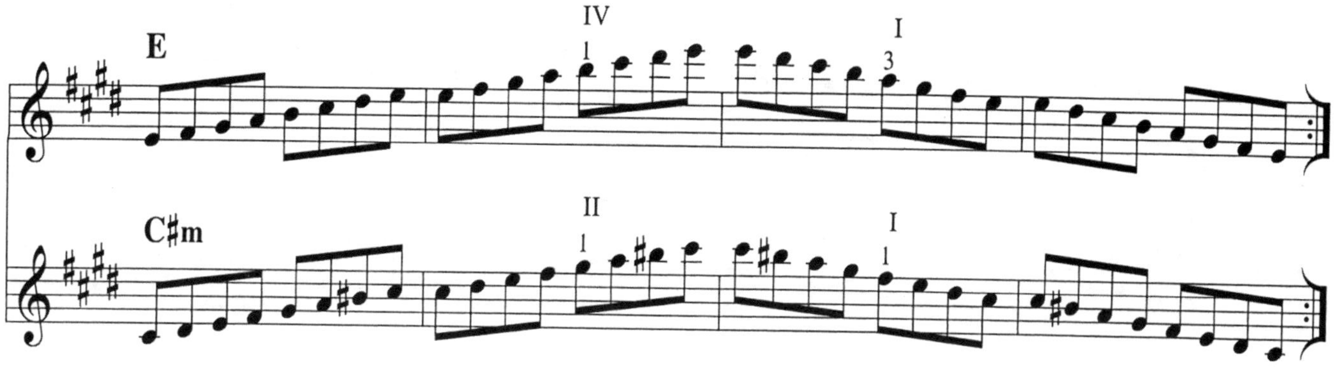
E
IV
1
I
3
C♯m
II
1
I
1

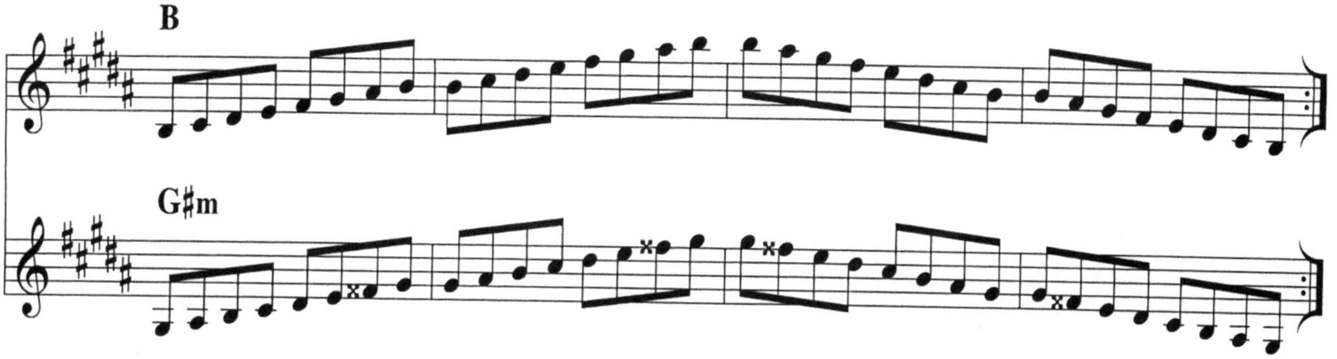
B
G♯m

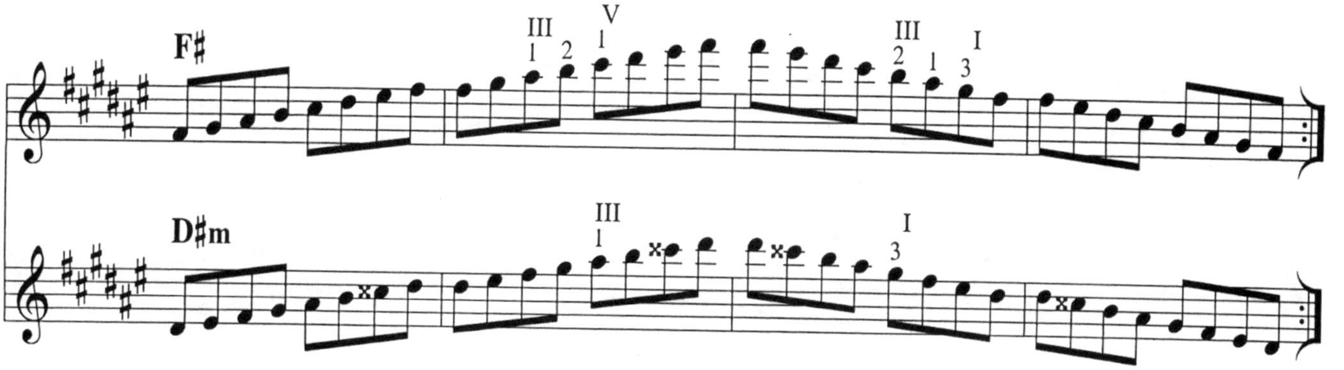
F♯
III
1 2
V
1
III
2 1
I
3
D♯m
III
1
I
3

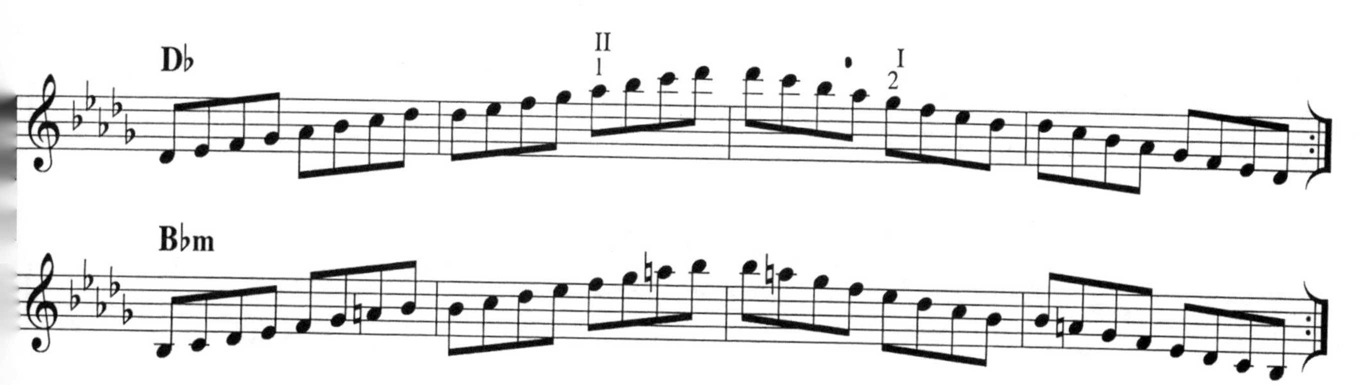
D♭
II
1
I
2
B♭m

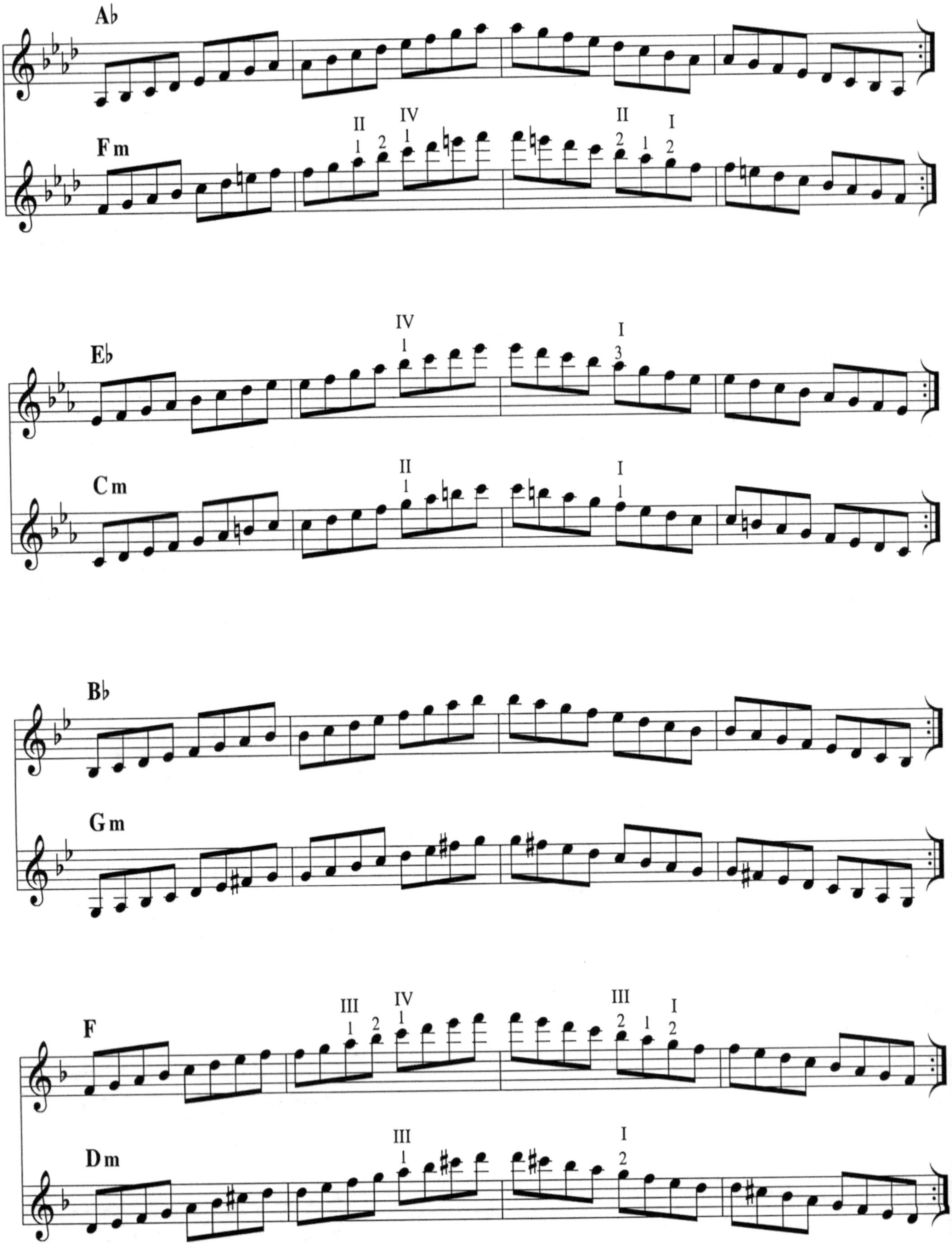
A♭
Fm
E♭
Cm
B♭
Gm
F
Dm

ARPEJOS DE DUAS OITAVAS EM TODOS OS TONS E EM VÁRIAS POSIÇÕES

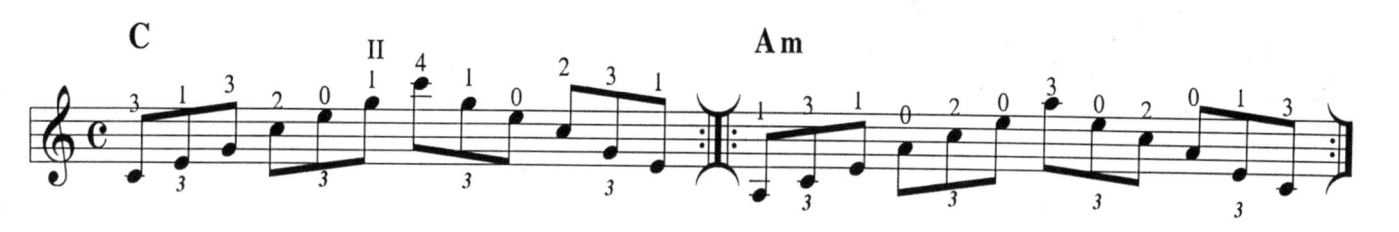

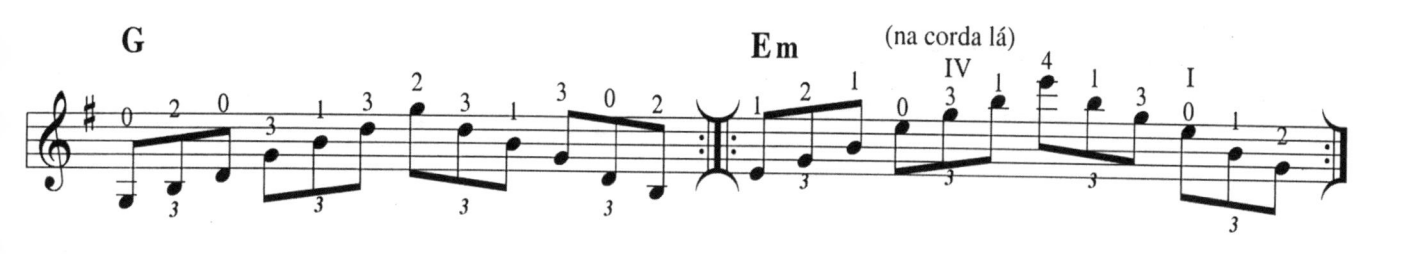

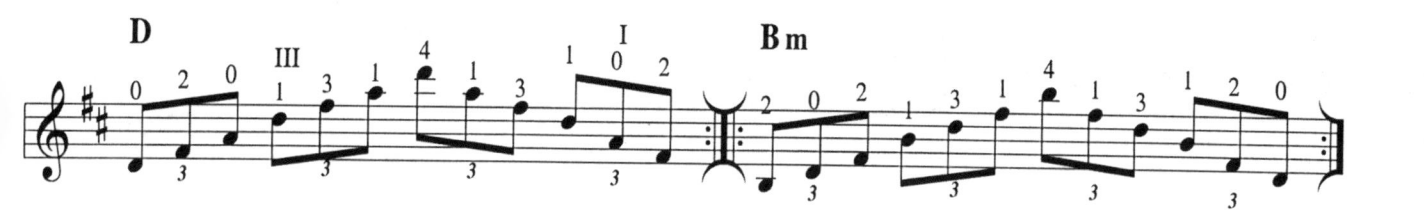

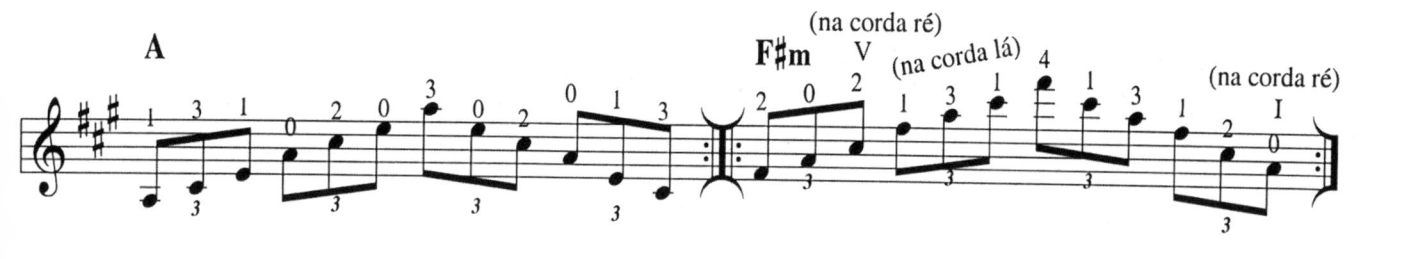

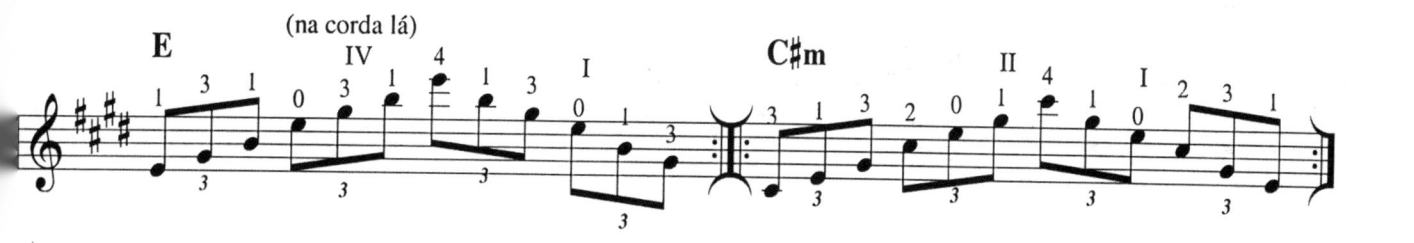

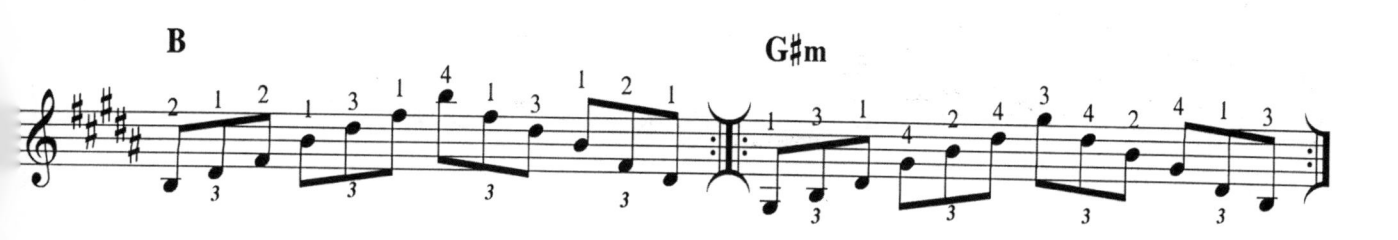

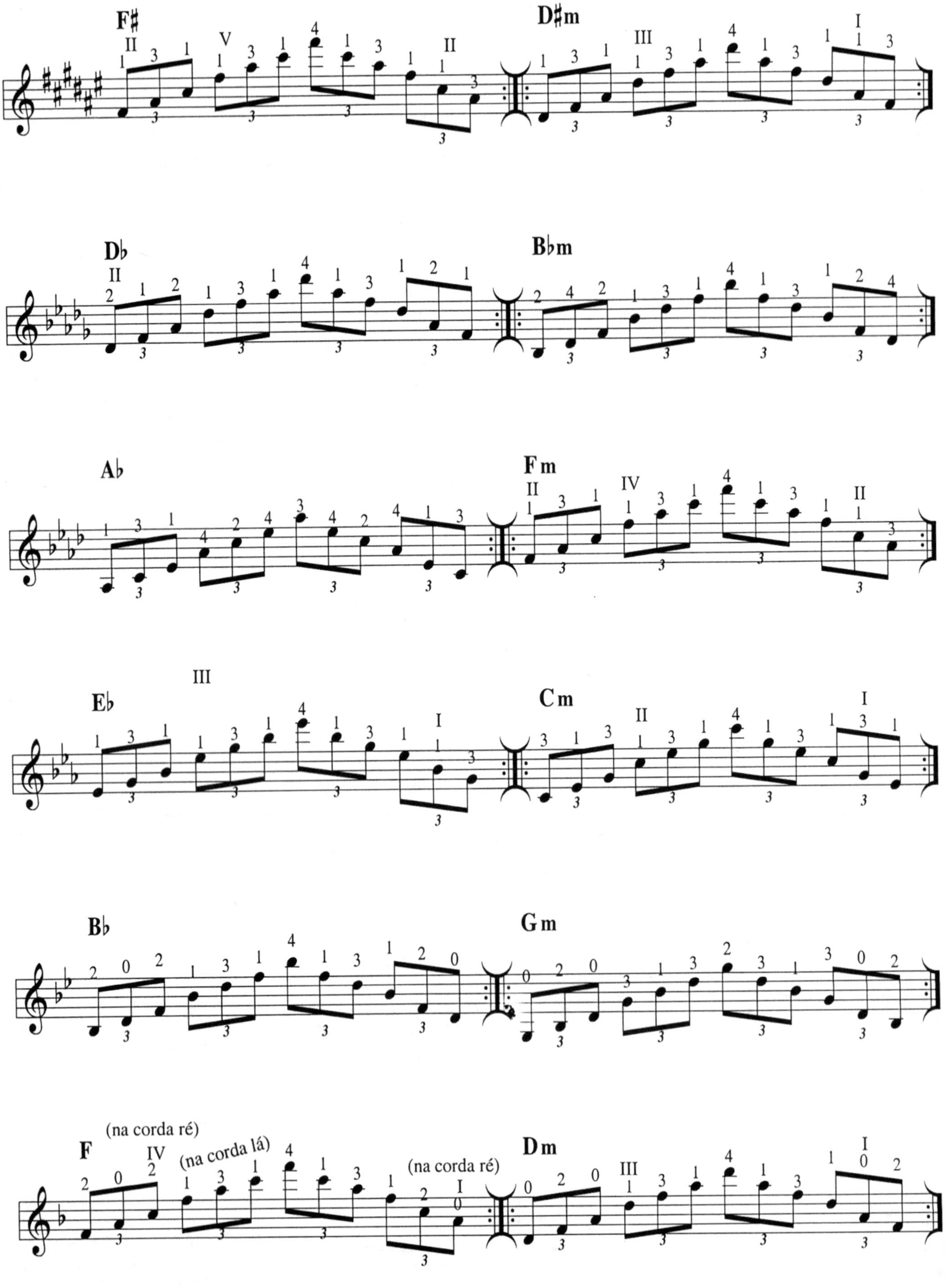
F♯
D♯m
D♭
B♭m
A♭
Fm
E♭
Cm
B♭
Gm
F
(na corda ré)
(na corda lá)
(na corda ré)
Dm

ESCALAS CROMÁTICAS EM VÁRIAS POSIÇÕES

Escala cromática até a 4ª posição

Escala cromática até a 7ª posição

ACORDES PARA O ACOMPANHAMENTO

O bandolim também pode ser usado como instrumento de acompanhamento e, para isso, estudaremos uma série de acordes que são as seqüências mais comuns para cada um dos 12 tons maiores e seus 12 relativos menores.

Os acordes com sétima (**G7**, **A7** etc) servem de preparação para um acorde maior ou menor, e são sempre a quinta desse acorde. Exemplo: **G7 → C; A7 → Dm**.

São formados pelas notas do acorde maior, acrescentando-se a sétima. Exemplo:

G7 → sol - si - ré - fá
A7 → lá - dó♯ - mi - sol

– Repetir cada seqüência várias vezes. O último acorde sempre prepara para o primeiro. A conclusão de cada seqüência é o primeiro acorde.
– Tocar também uma seqüência de tom maior com os dois acordes intermediários do tom menor. Exemplo: **C – A7 – Dm – G7**.
– Inventar outras seqüências.

Dó maior (C)

Lá menor (Am)

Sol maior (G)

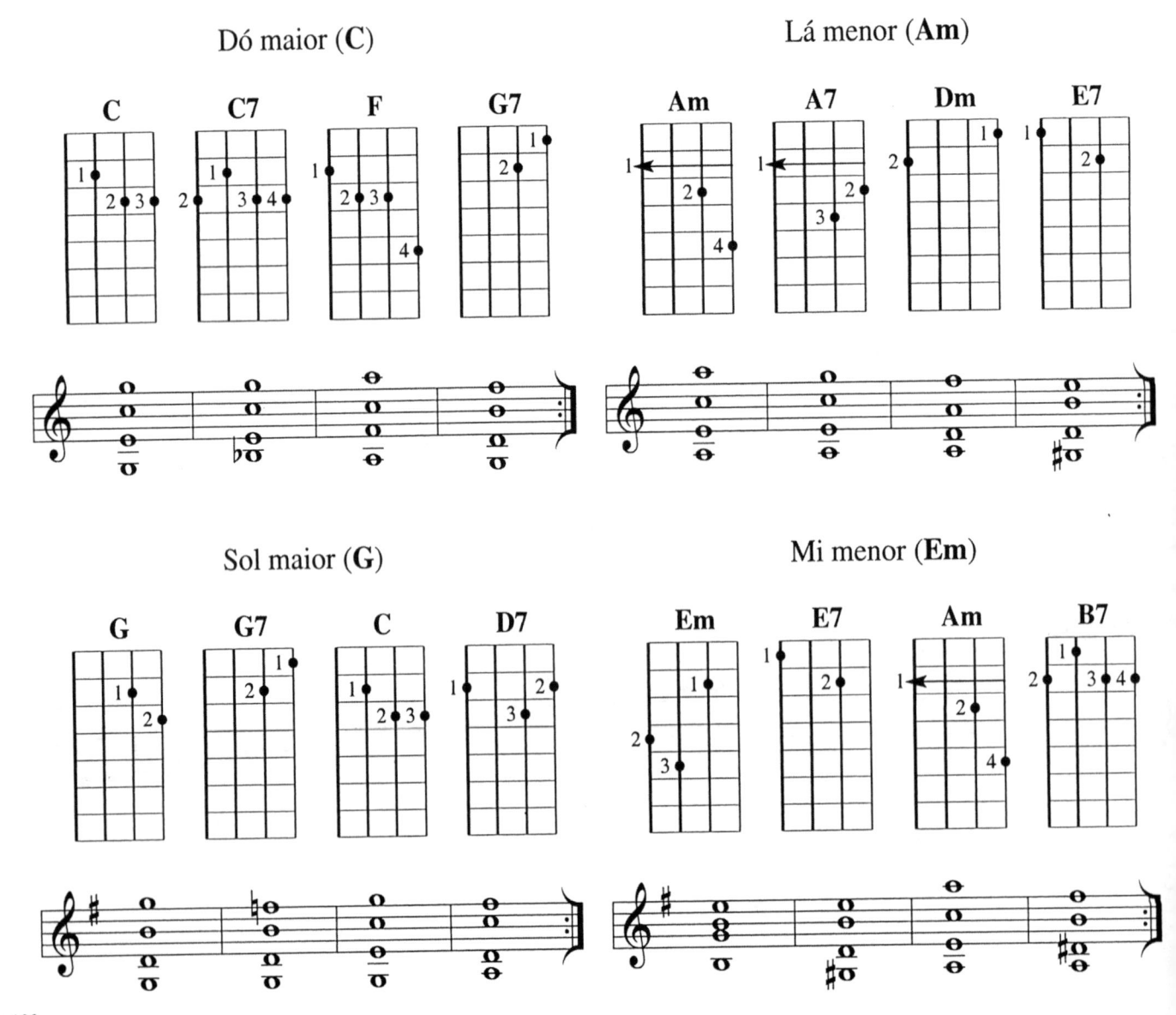

Mi menor (Em)

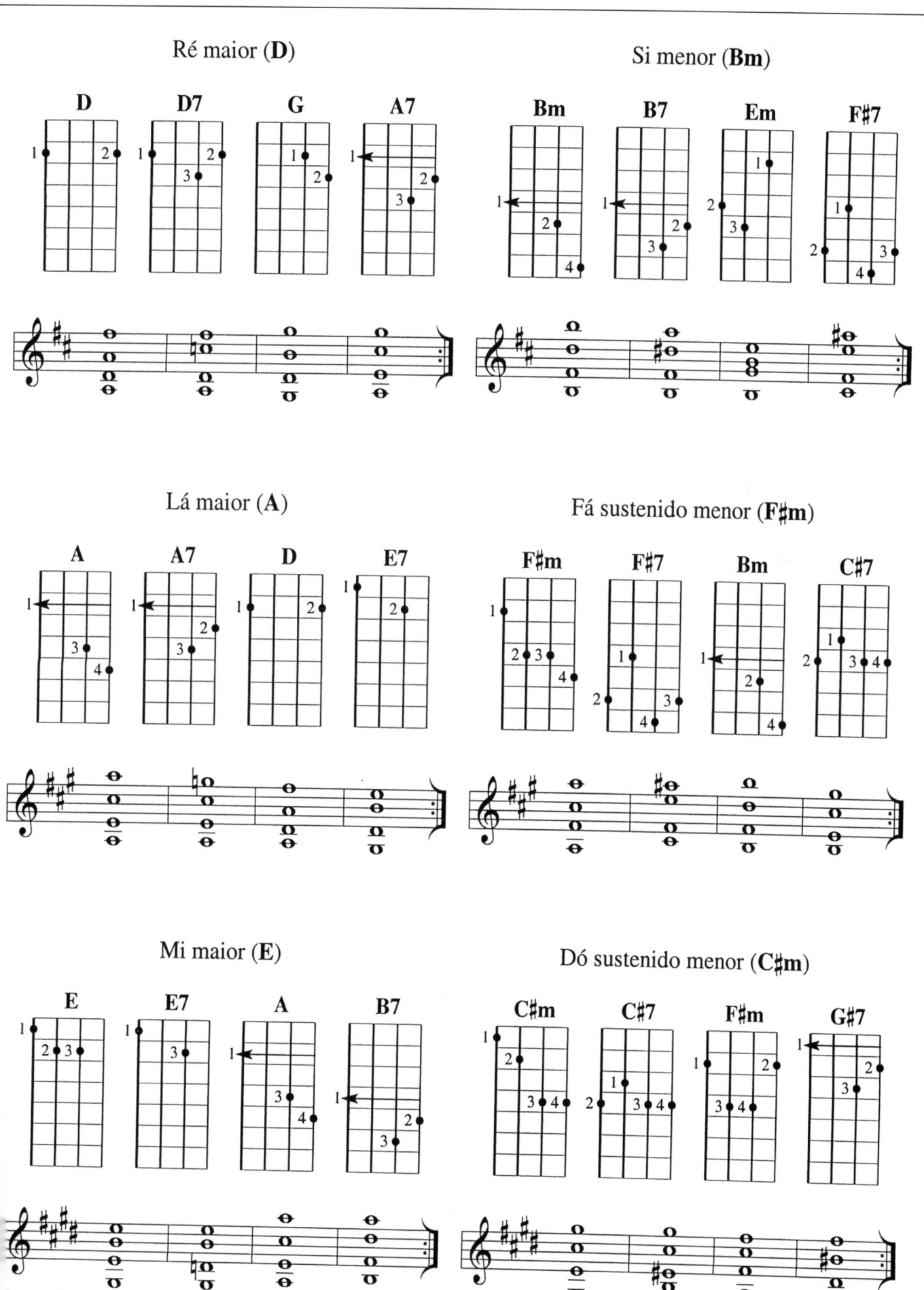

Ré maior (D)

D D7 G A7

Si menor (Bm)

Bm B7 Em F#7

Lá maior (A)

A A7 D E7

Fá sustenido menor (F#m)

F#m F#7 Bm C#7

Mi maior (E)

E E7 A B7

Dó sustenido menor (C#m)

C#m C#7 F#m G#7

Si maior (B)

B B7 E F#7

Sol sustenido menor (G#m)

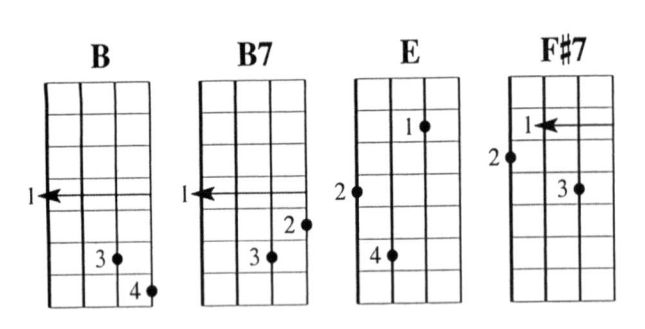

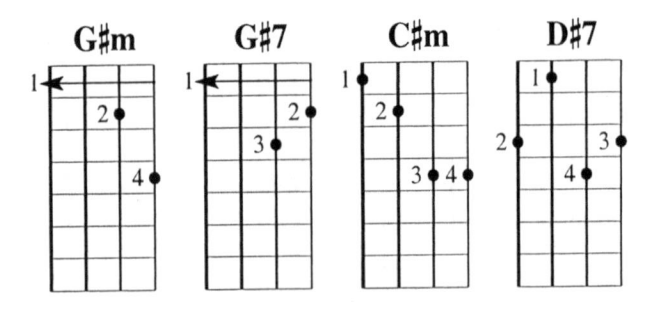

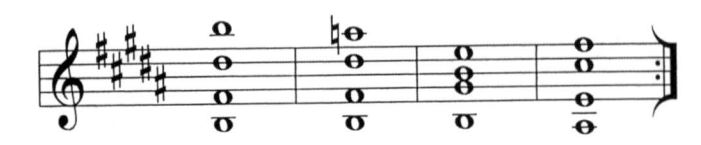

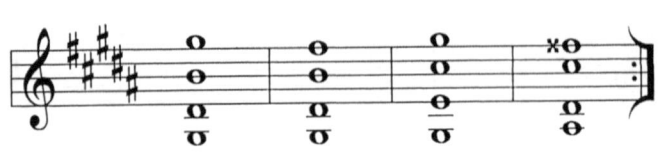

G#m G#7 C#m D#7

Fá sustenido maior (F#)

F# F#7 B C#7

Ré sustenido menor (D#m)

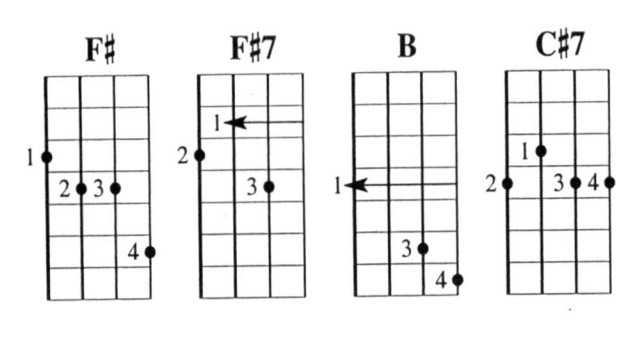

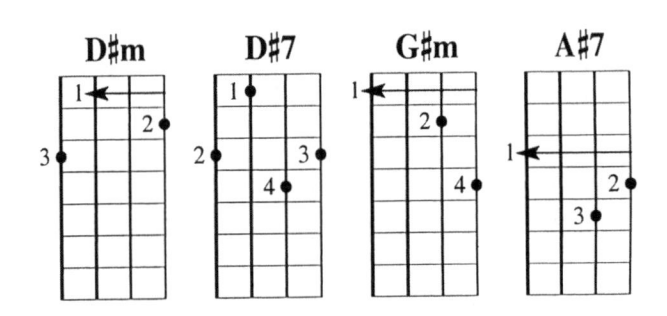

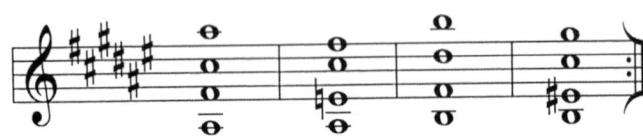

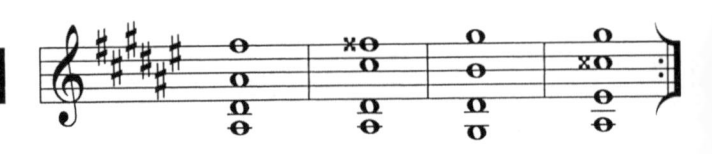

D#m D#7 G#m A#7

Ré bemol maior (D♭)

D♭ D♭7 G♭ A♭7

Si bemol menor (B♭m)

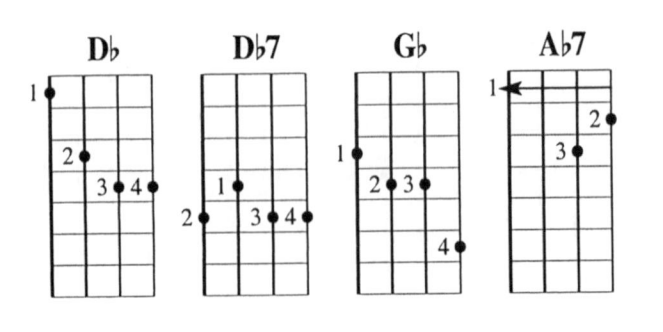

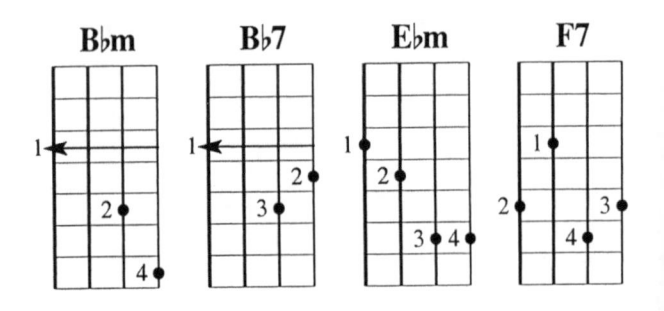

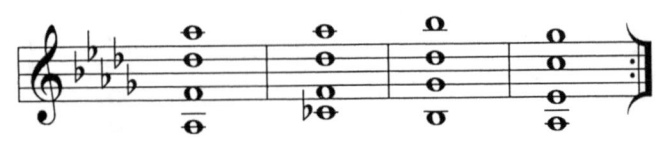

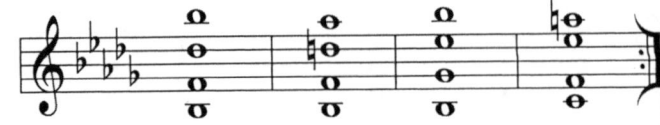

B♭m B♭7 E♭m F7

Lá bemol maior (A♭)

Ab | Ab7 | Db | Eb7

Fá menor (Fm)

Fm | F7 | Bbm | C7

Mi bemol maior (E♭)

Eb | Eb7 | Ab | Bb7

Dó menor (Cm)

Cm | C7 | Fm | G7

Si bemol maior (B♭)

Bb | Bb7 | Eb | F7

Sol menor (Gm)

Gm | G7 | Cm | D7

Fá maior (F)   Ré menor (Dm)

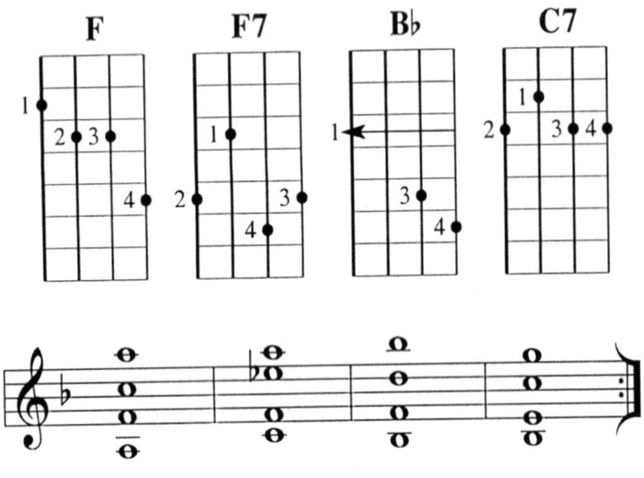

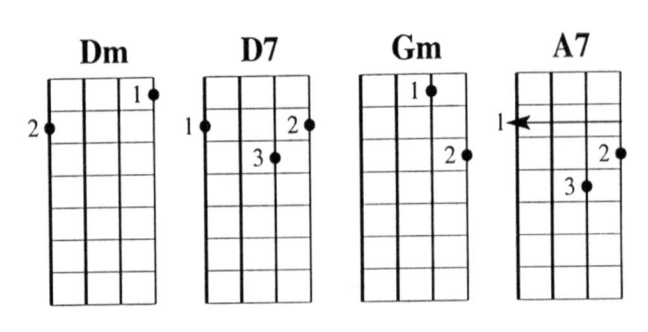

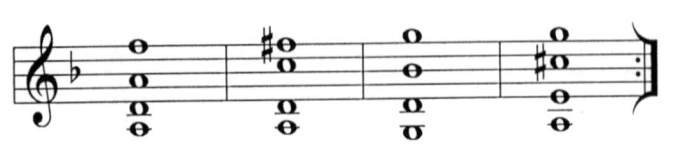

F F7 B♭ C7   Dm D7 Gm A7

DIGITAÇÕES-PADRÃO PARA OS ACORDES

Acordes maiores
(fundamental na nota mais grave do dedo 1 e no dedo 4)

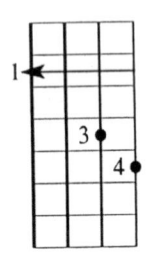

Acordes menores
(fundamental na nota mais grave do dedo 1 e no dedo 4)

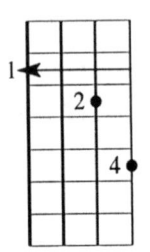

Acordes com 7ª
(fundamental na nota mais grave do dedo 1)

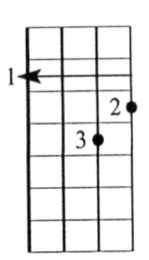

Acordes maiores
(fundamental no dedo 1)

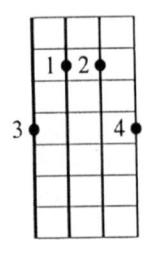

Acordes menores
(fundamental na nota mais grave do dedo 1)

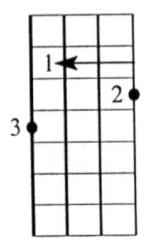

Acordes com 7ª
(fundamental no dedo 1)

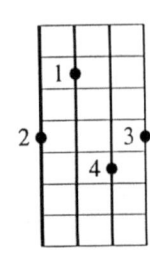

Acordes maiores	Acordes menores	Acordes com 7ª
(fundamental no dedo 3)	(fundamental no dedo 3)	(fundamental no dedo 3)

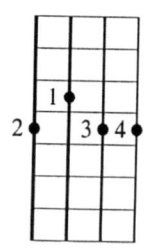

Acordes maiores	Acordes menores	Acordes com 7ª
(fundamental no dedo 1 e no dedo 3)	(fundamental no dedo 2 e no dedo 3)	(fundamental na nota mais aguda do dedo 1)

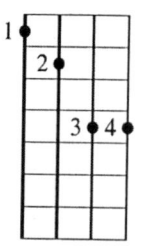

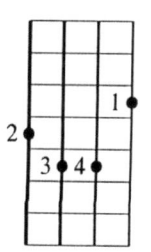

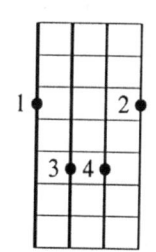

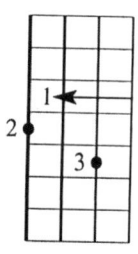

Acordes maiores	Acordes menores
(fundamental no dedo 2)	(fundamental no dedo 2)

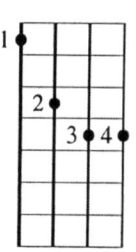

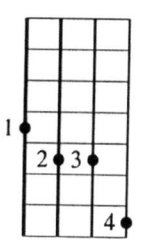

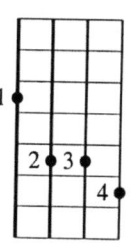

ACORDES DIMINUTOS (º)

São acordes formados pelas notas que têm sempre um intervalo de um tom e meio entre si. Exemplo: **G#º** → sol# - si - ré - fá

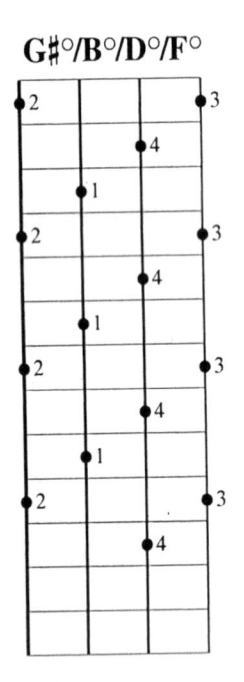

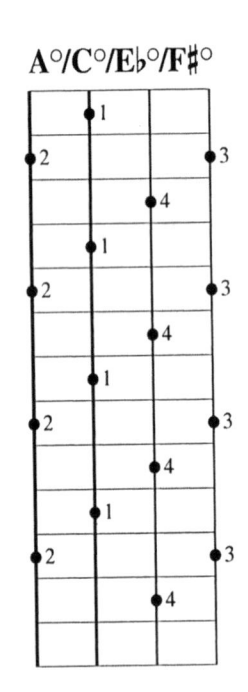

Os acordes diminutos se repetem de quatro em quatro casas (as notas que os formam são as mesmas).

G#º/Bº/Dº/Fº   Aº/Cº/Ebº/F#º   Bbº/Dbº/Eº/Gº

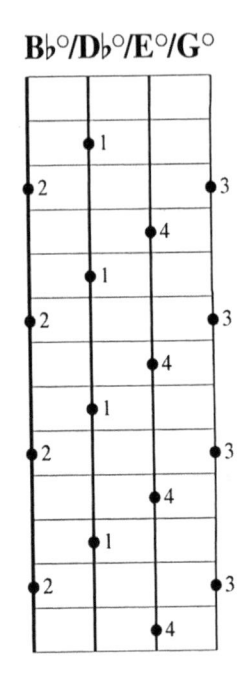

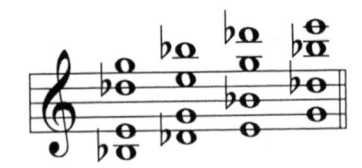

Arpejos dos acordes diminutos

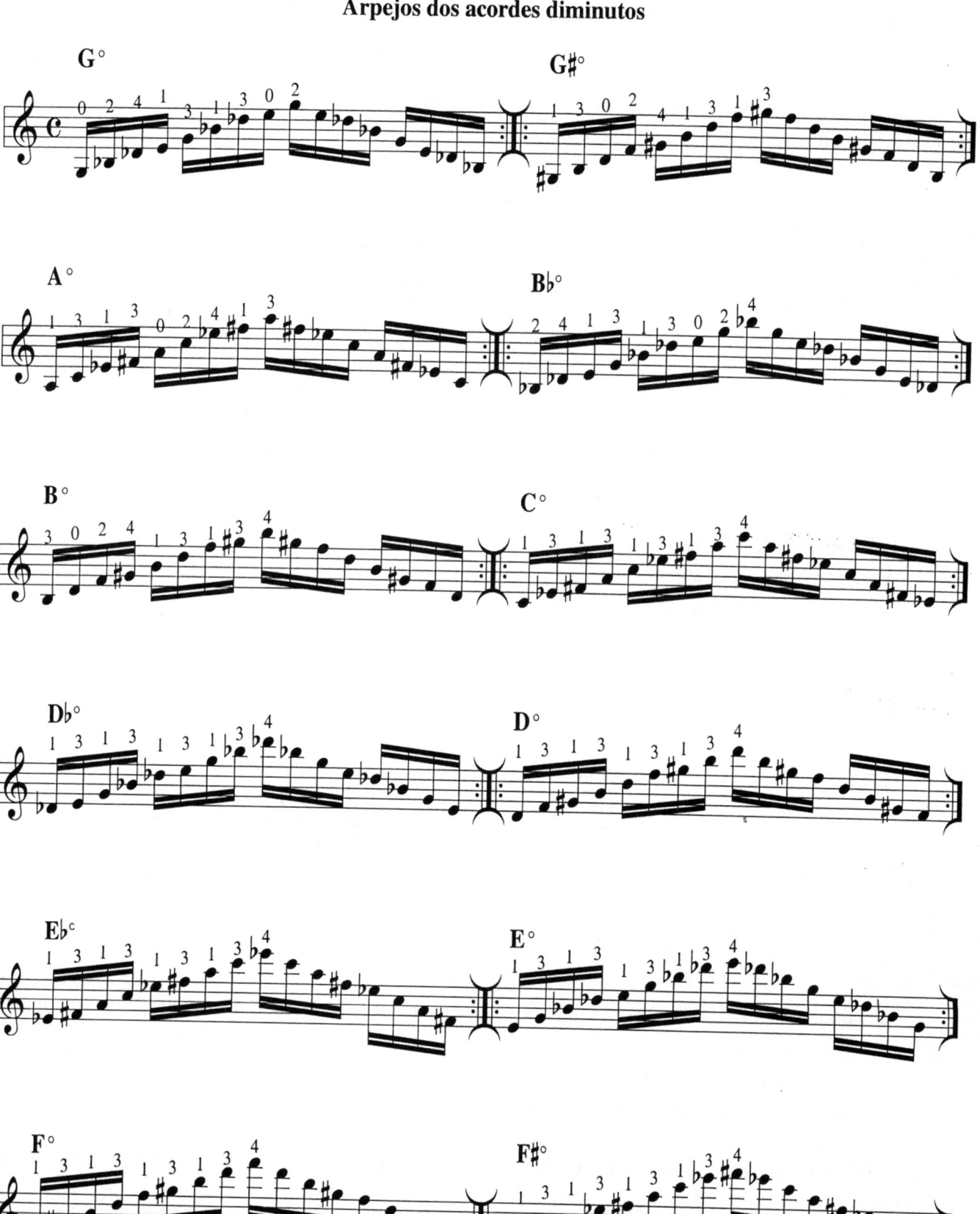

OBSERVAÇÕES SOBRE OS ACORDES

Para a formação de acordes, é importante saber que os intervalos de segunda, terça, sexta e sétima podem ser maiores, menores, aumentados e diminutos; e os intervalos de quarta, quinta e oitava podem ser justos, aumentados ou diminutos. Exemplos:

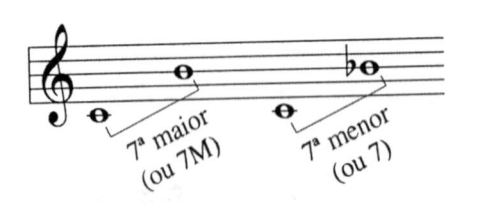

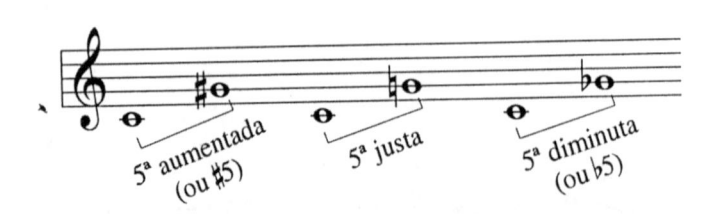

Assim, quando um desses intervalos se encontra especificado em determinado acorde, deve-se formá-lo com as notas naturais do acorde, acrescentando-se o intervalo pedido em substituição à nota mais próxima a ele. Exemplos:

G7M → sol - si - ré - fá♯
Am7 → lá - dó - mi - sol
Bm7(♭5) → si - ré - fá♮ - lá

No bandolim:

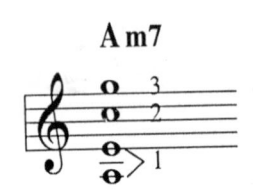

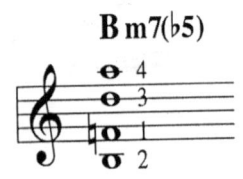

G7M   Am7   Bm7(♭5)

Costumam aparecer também os intervalos de nona, décima primeira e décima terceira, que devem obedecer ao mesmo processo.

Em certos casos pode-se omitir a fundamental ou a 5ª do acorde.

Também, em alguns casos, pode-se duplicar uma das notas do acorde, em geral a fundamental, a 3ª ou a 5ª.

Muitas vezes, para simplificar determinadas passagens, usam-se acordes com três sons apenas (em três cordas).

EXERCÍCIOS PARA A FIXAÇÃO DOS TONS

1) Fazer as escalas de uma oitava de cada tom nos compassos indicados (ver páginas 72 a 75).
2) Fazer os arpejos de uma oitava.
3) Fazer os arpejos de duas oitavas.
4) Fazer os acordes arpejados.
Exemplos com sol maior e menor:

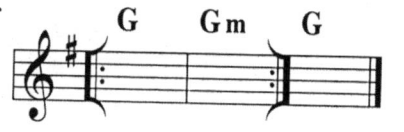

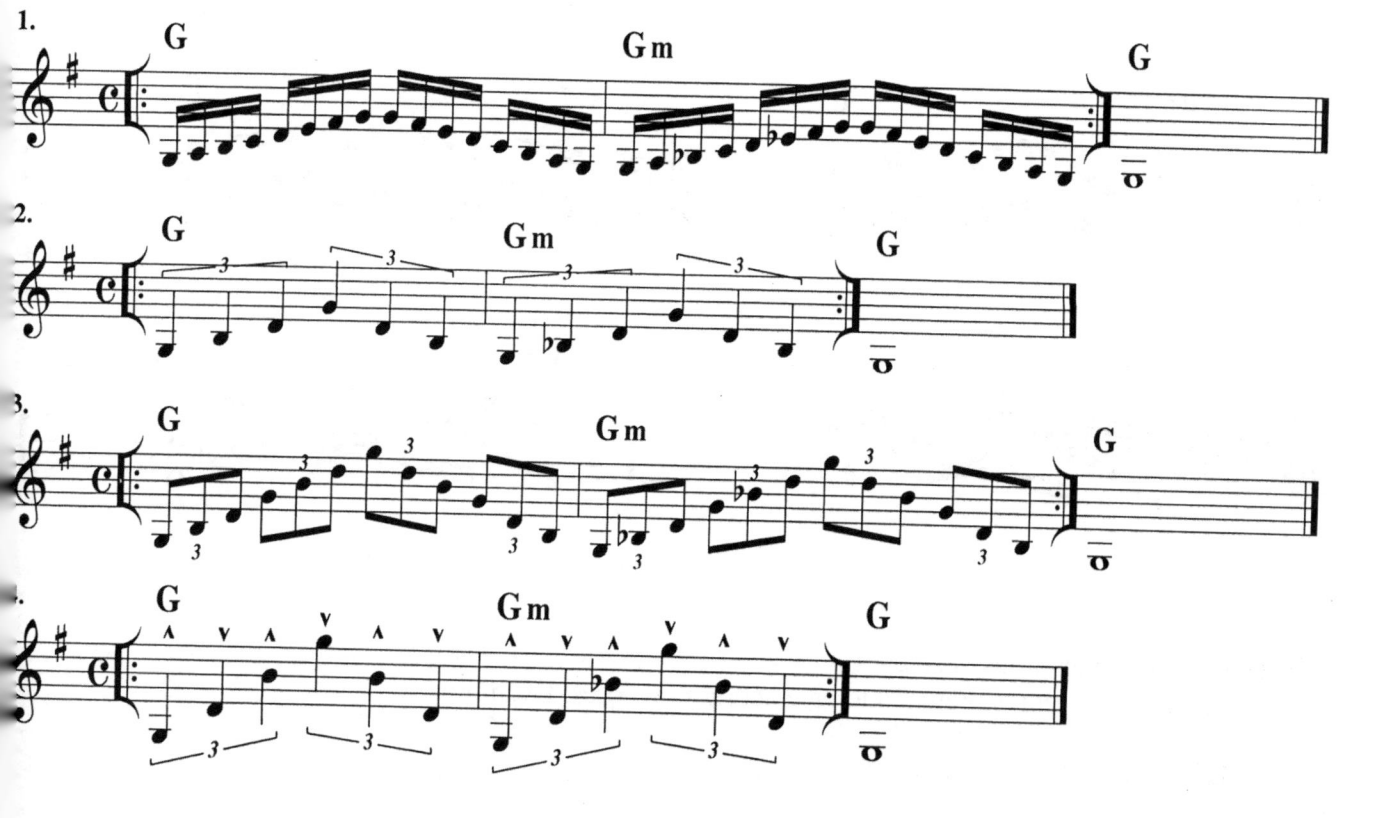

ARPEJOS DOS ACORDES COM SÉTIMA MENOR PREPARANDO PARA UM ACORDE MAIOR

– Repetir cada trecho várias vezes.
– Fazer os mesmos arpejos preparando para acordes menores. Exemplo:

Eb7 → Abm, E7 → Am, etc.

DICIONÁRIO DE ACORDES

C maiores

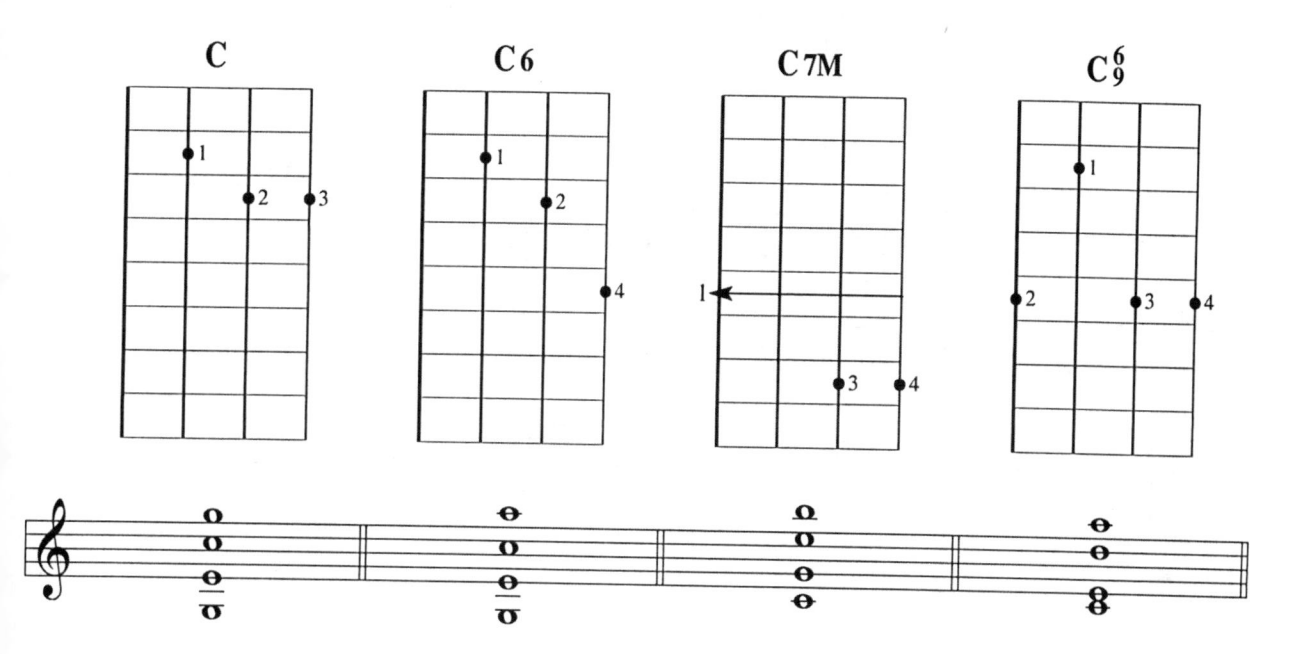

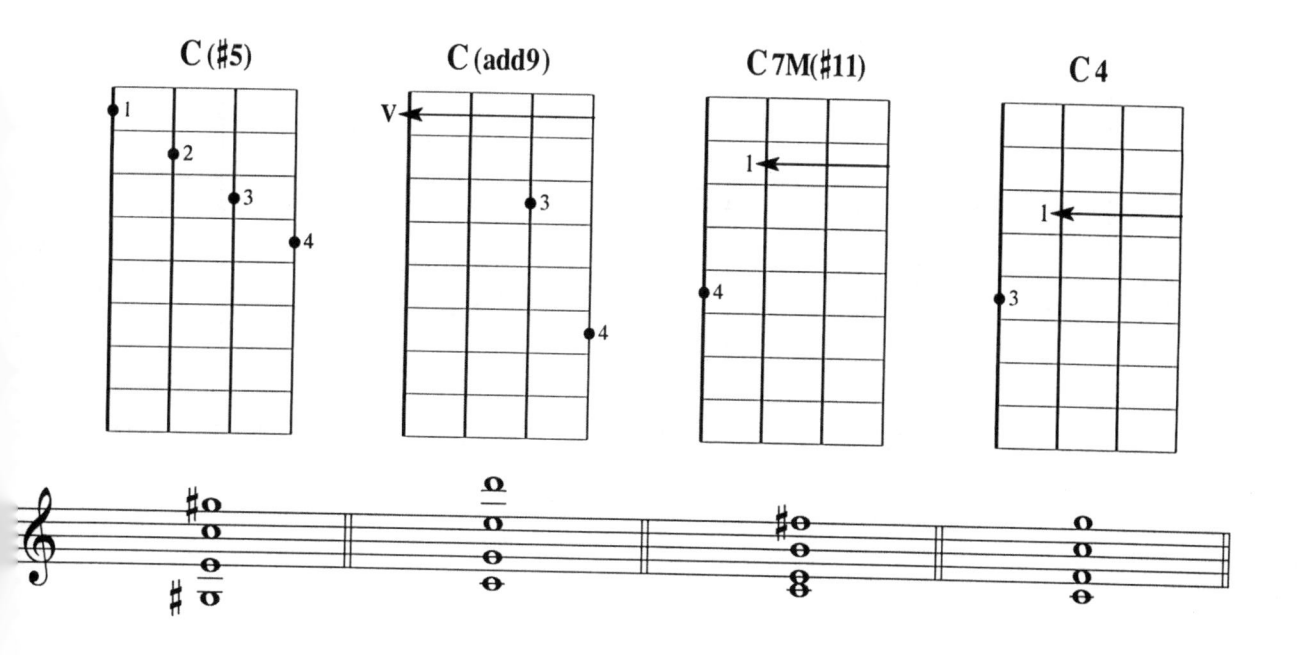

C   C6   C7M   C$_9^6$

C(#5)   C(add9)   C7M(#11)   C4

C menores

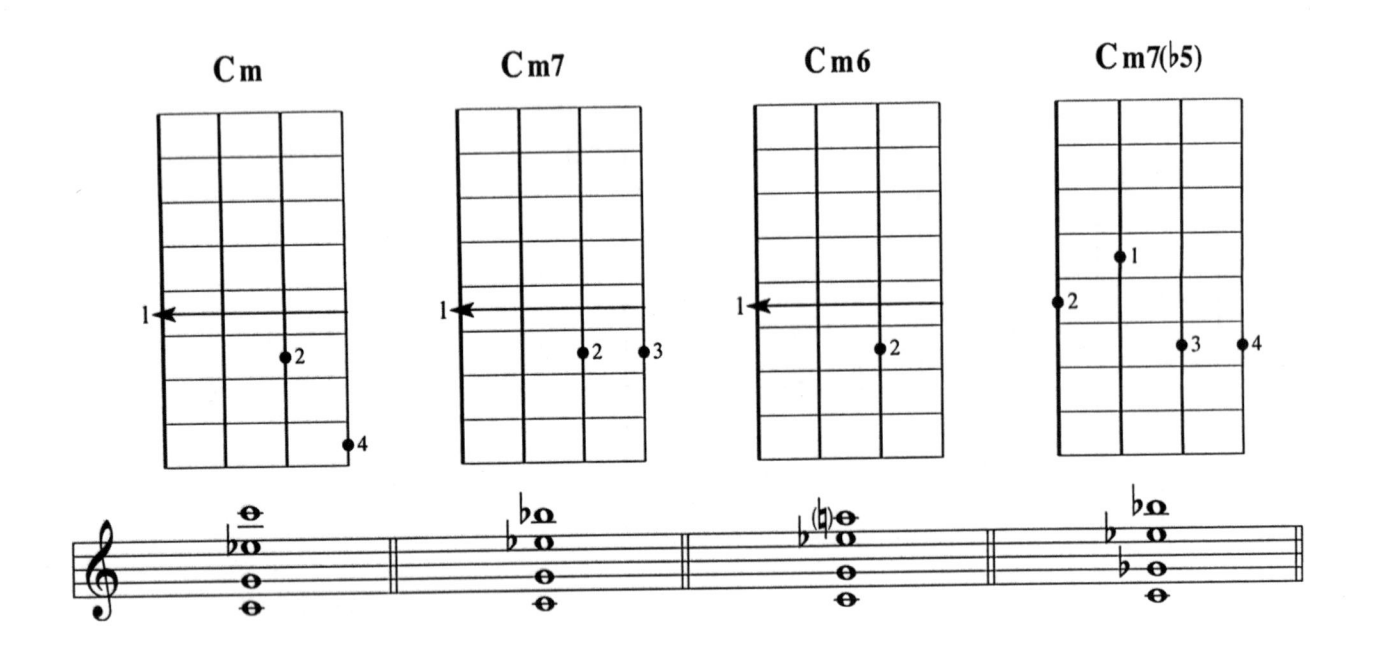

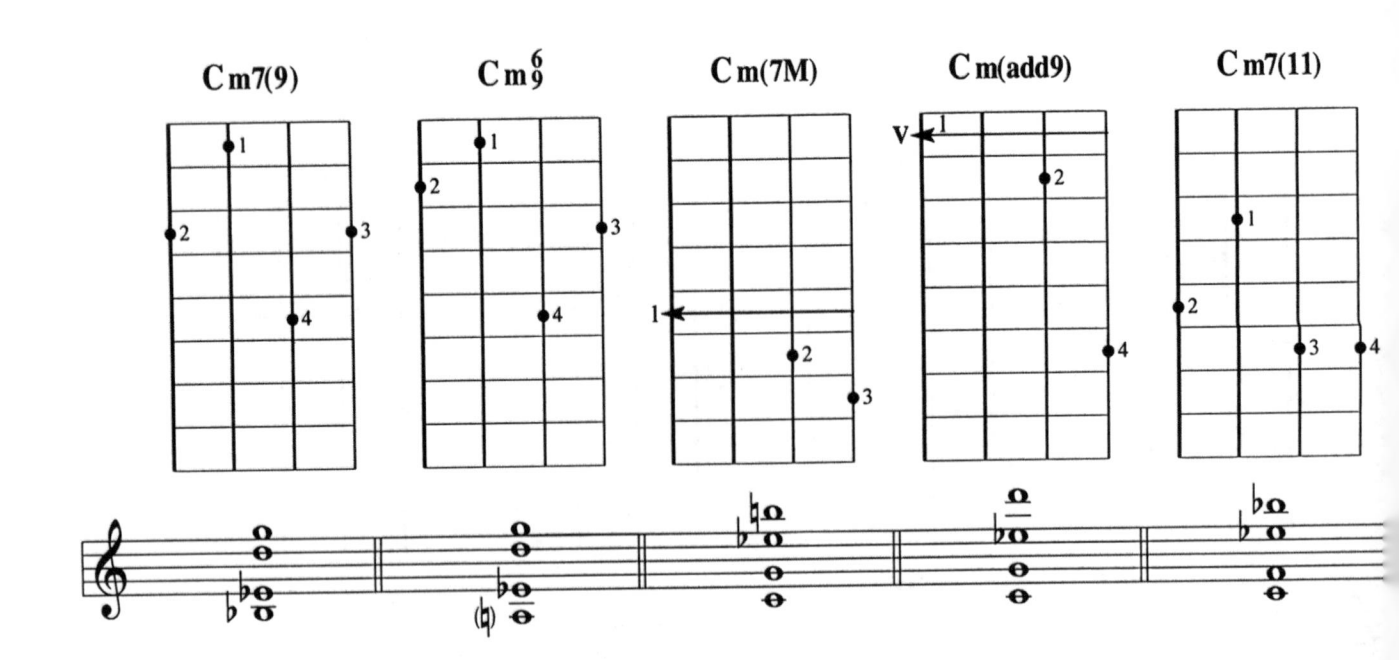

Cm **Cm7** **Cm6** **Cm7(♭5)**

Cm7(9) **Cm⁶₉** **Cm(7M)** **Cm(add9)** **Cm7(11)**

C com sétima

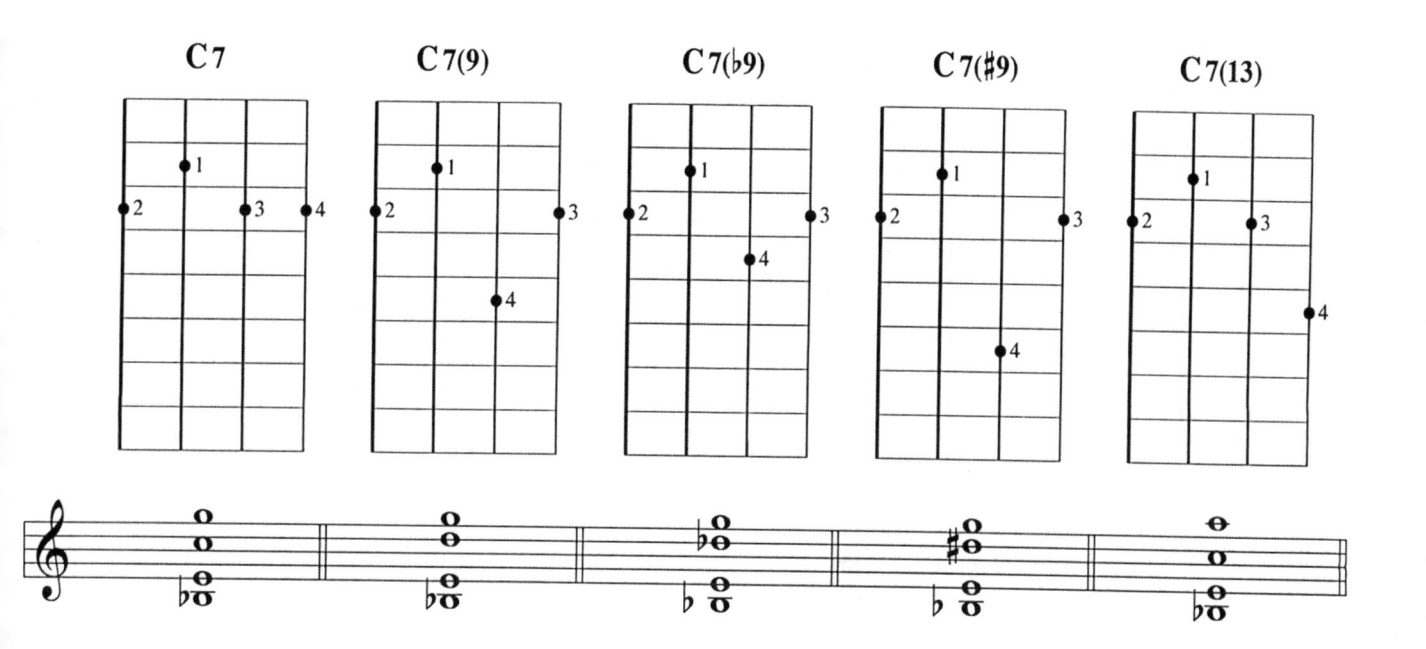

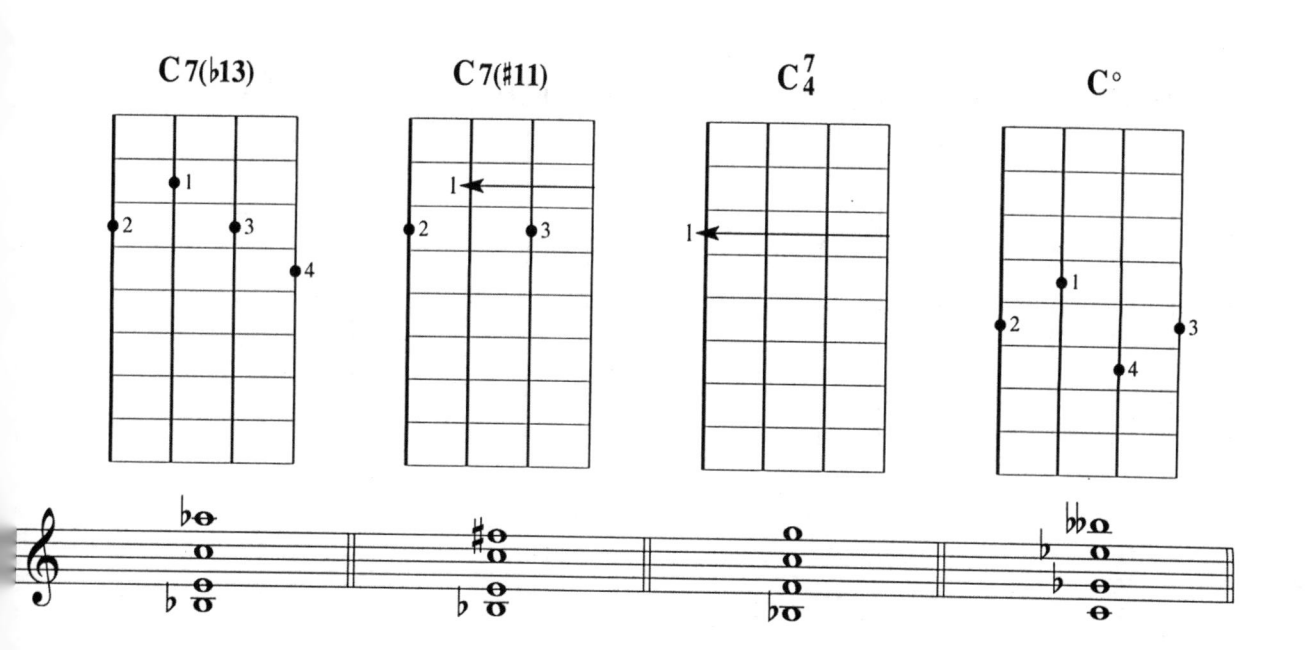

C7 **C7(9)** **C7(♭9)** **C7(♯9)** **C7(13)**

C7(♭13) **C7(♯11)** **C⁷₄** **C°**

C♯ ou D♭ maiores

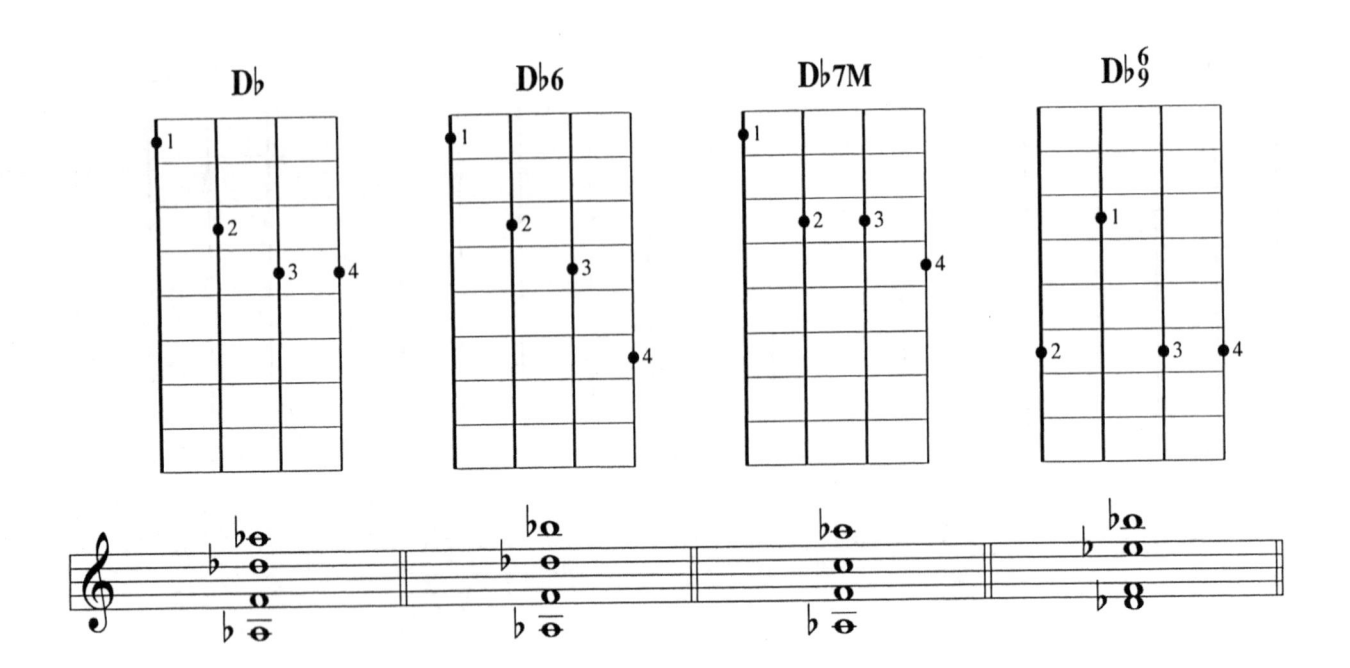

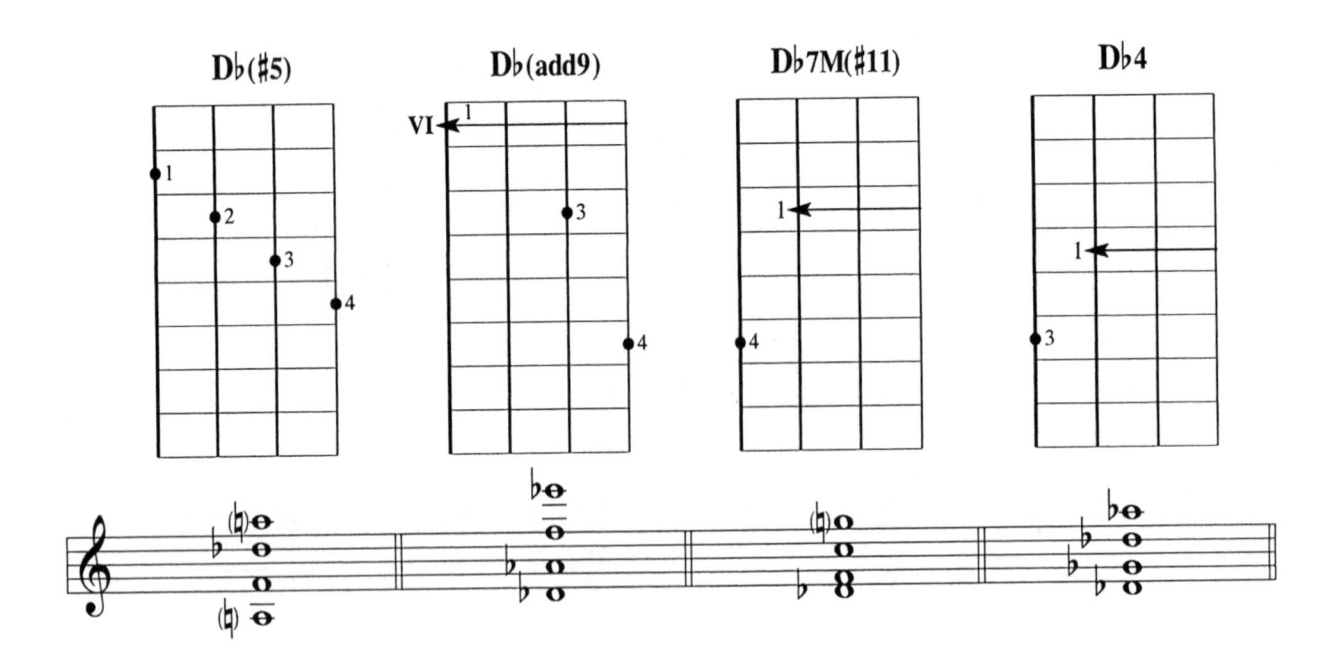

D♭   D♭6   D♭7M   D♭⁶⁄₉

D♭(♯5)   D♭(add9)   D♭7M(♯11)   D♭4

C♯ ou D♭ menores

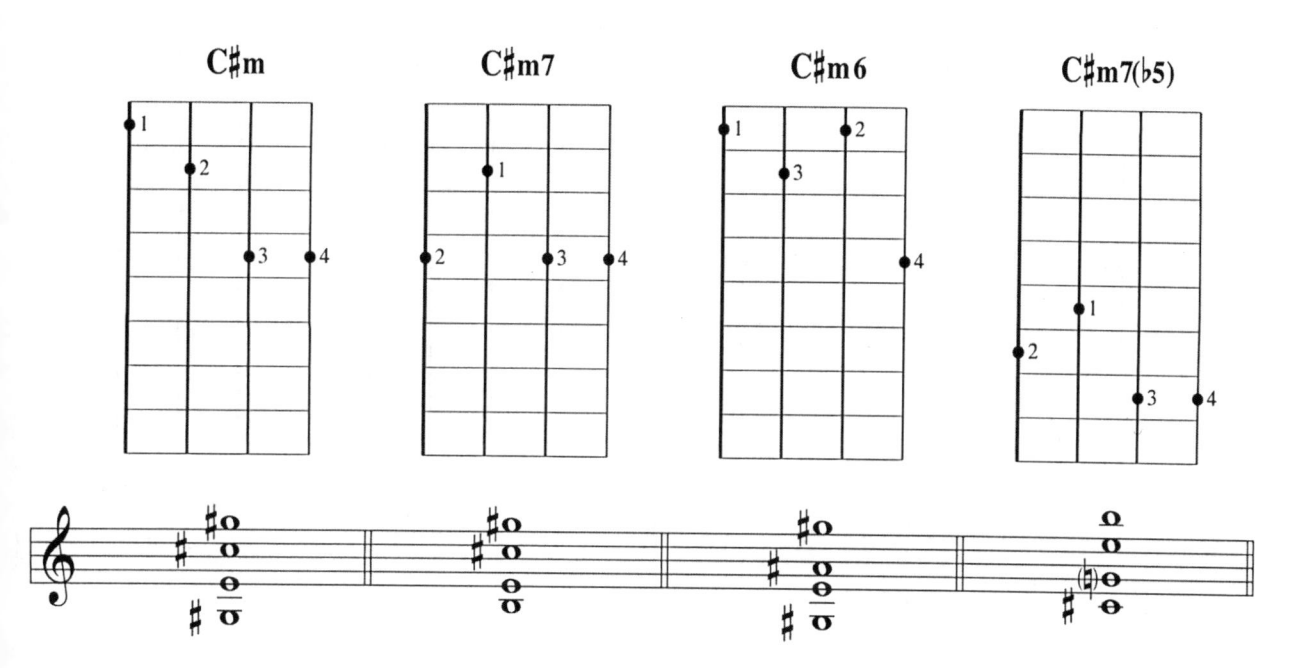

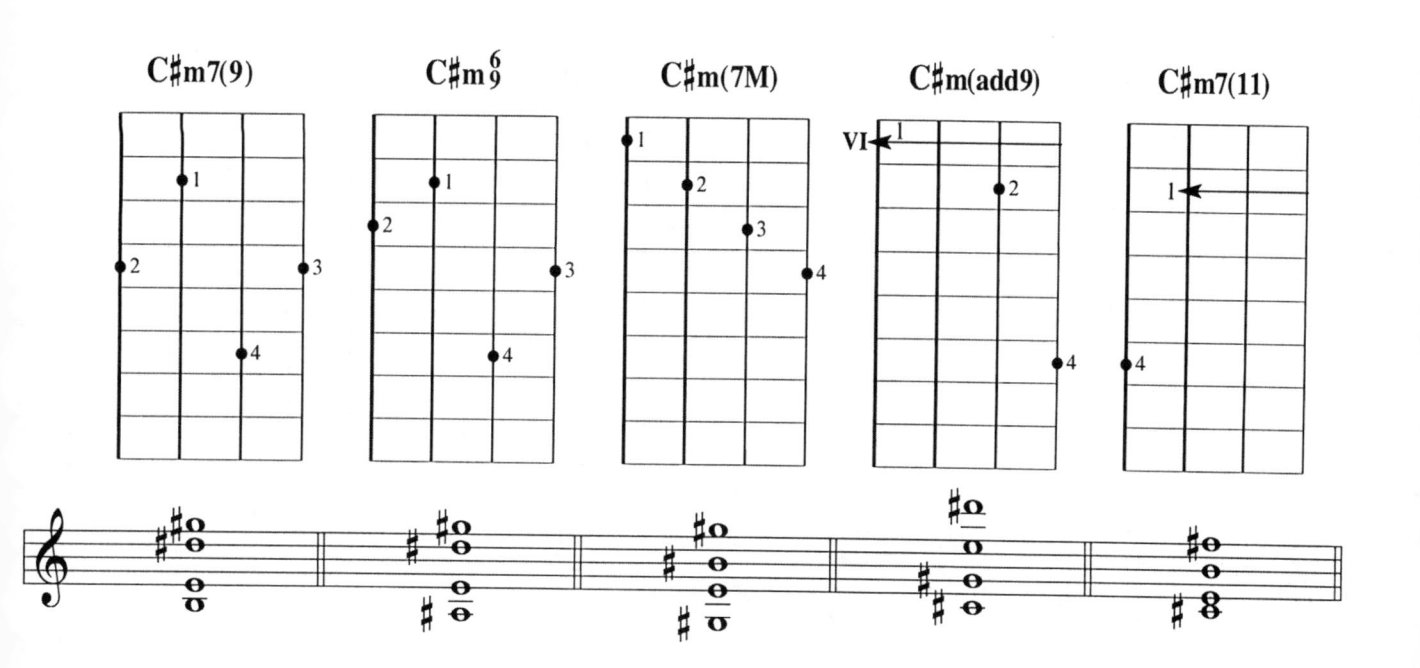

C♯m — **C♯m7** — **C♯m6** — **C♯m7(♭5)**

C♯m7(9) — **C♯m 6/9** — **C♯m(7M)** — **C♯m(add9)** — **C♯m7(11)**

C♯ ou D♭ com sétima

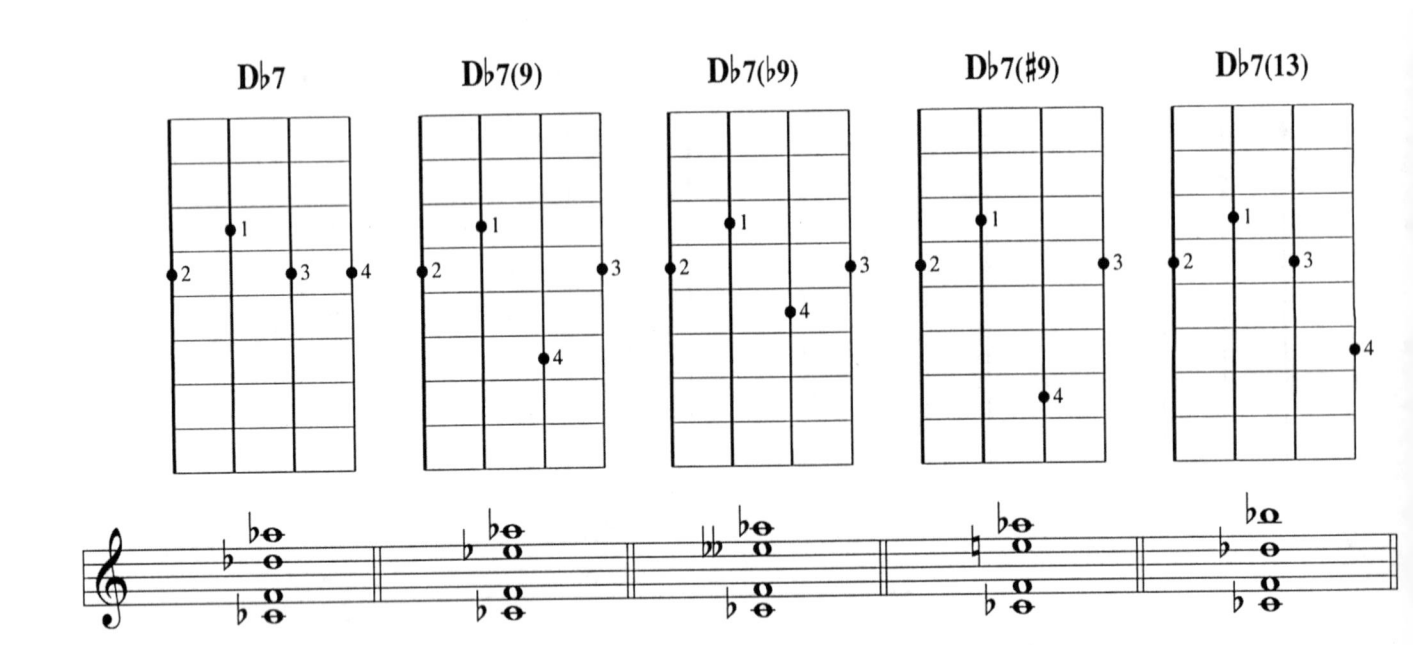

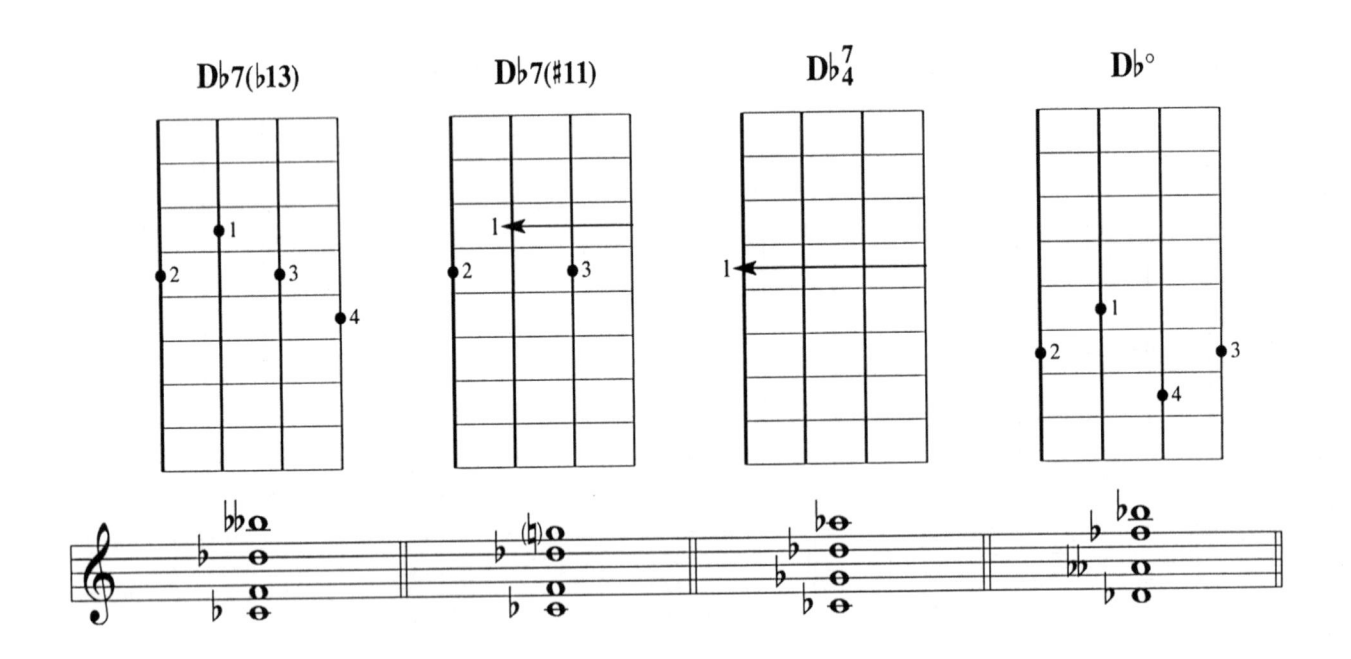

D♭7   D♭7(9)   D♭7(♭9)   D♭7(♯9)   D♭7(13)

D♭7(♭13)   D♭7(♯11)   D♭7/4   D♭°

D maiores

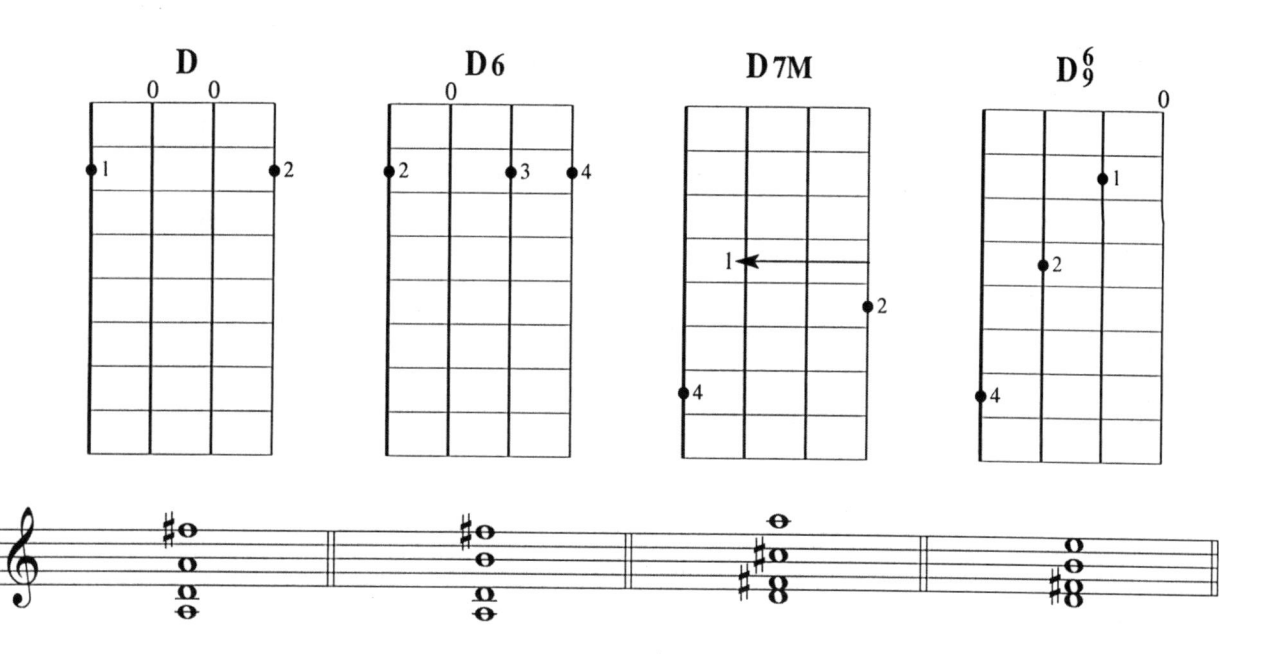

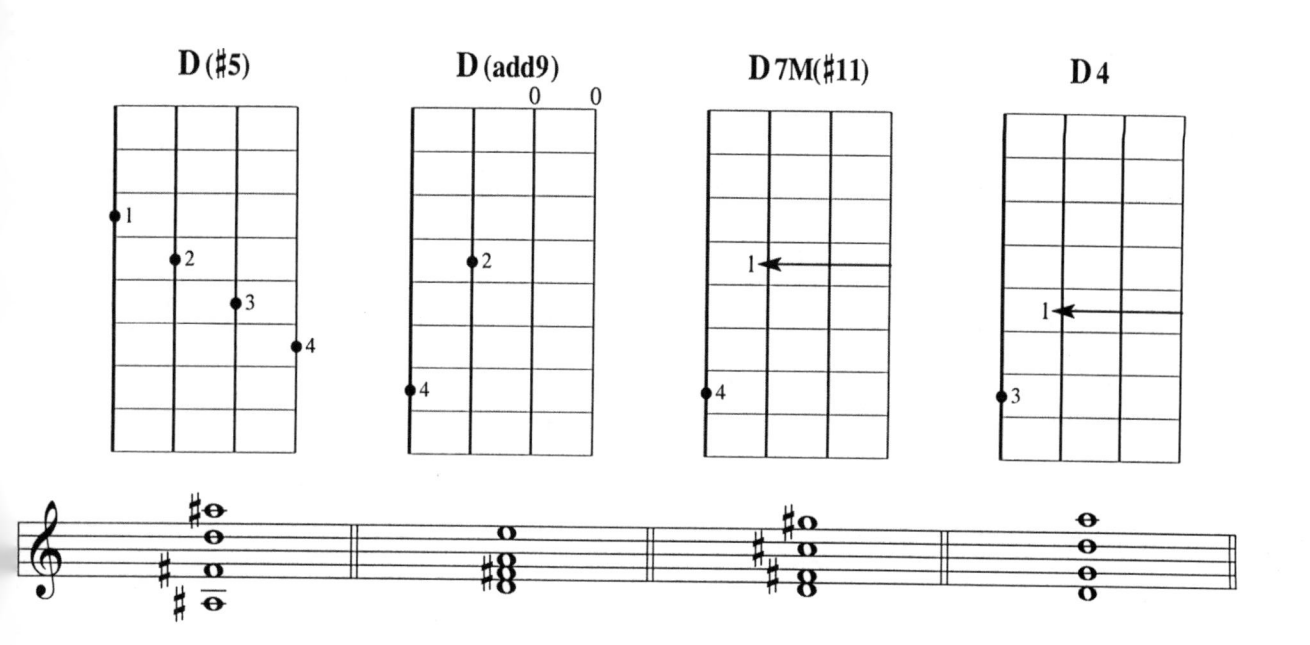

D	D6	D 7M	D $^6_9$
D(♯5)	D(add9)	D 7M(♯11)	D 4

D menores

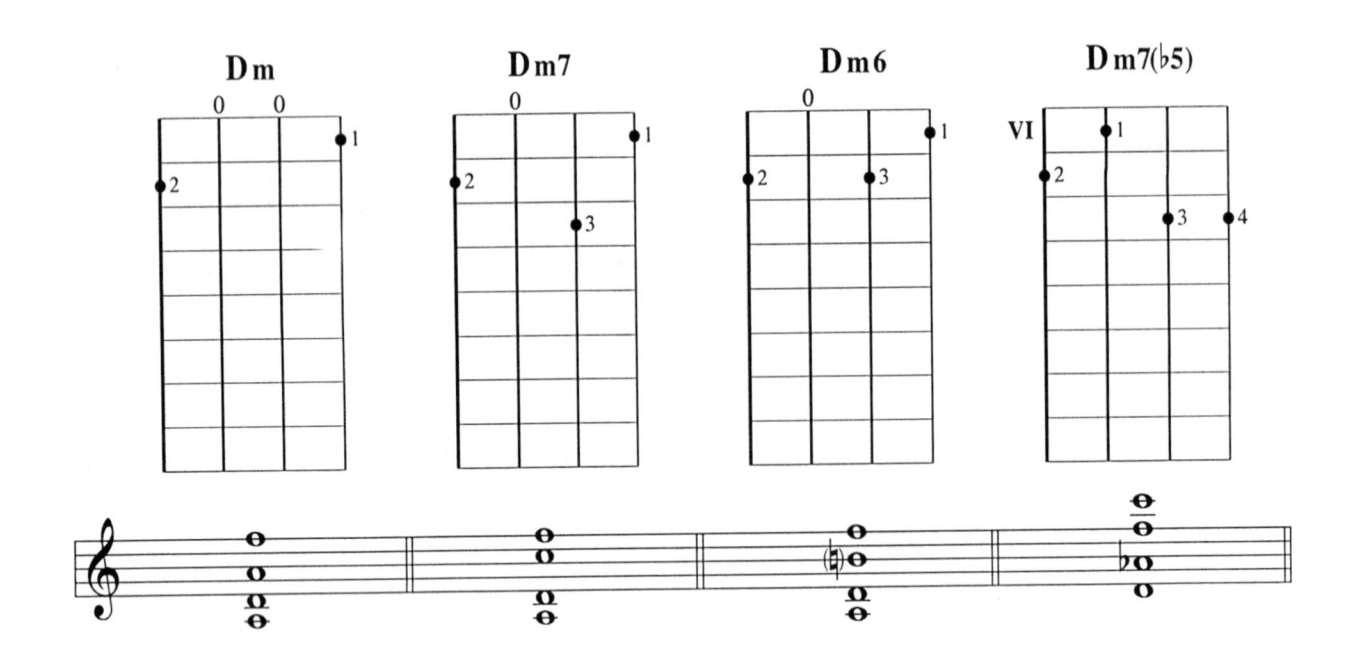

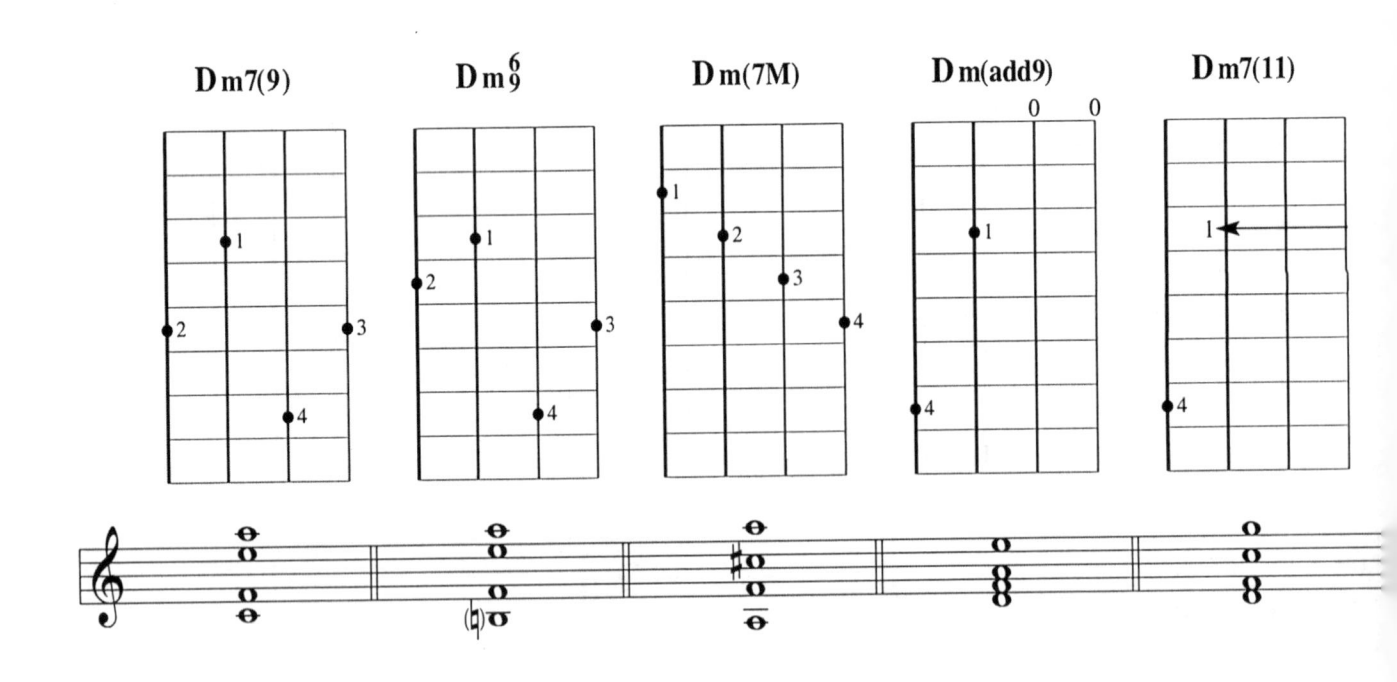

Dm · Dm7 · Dm6 · Dm7(♭5)

Dm7(9) · Dm⁶⁄₉ · Dm(7M) · Dm(add9) · Dm7(11)

D com sétima

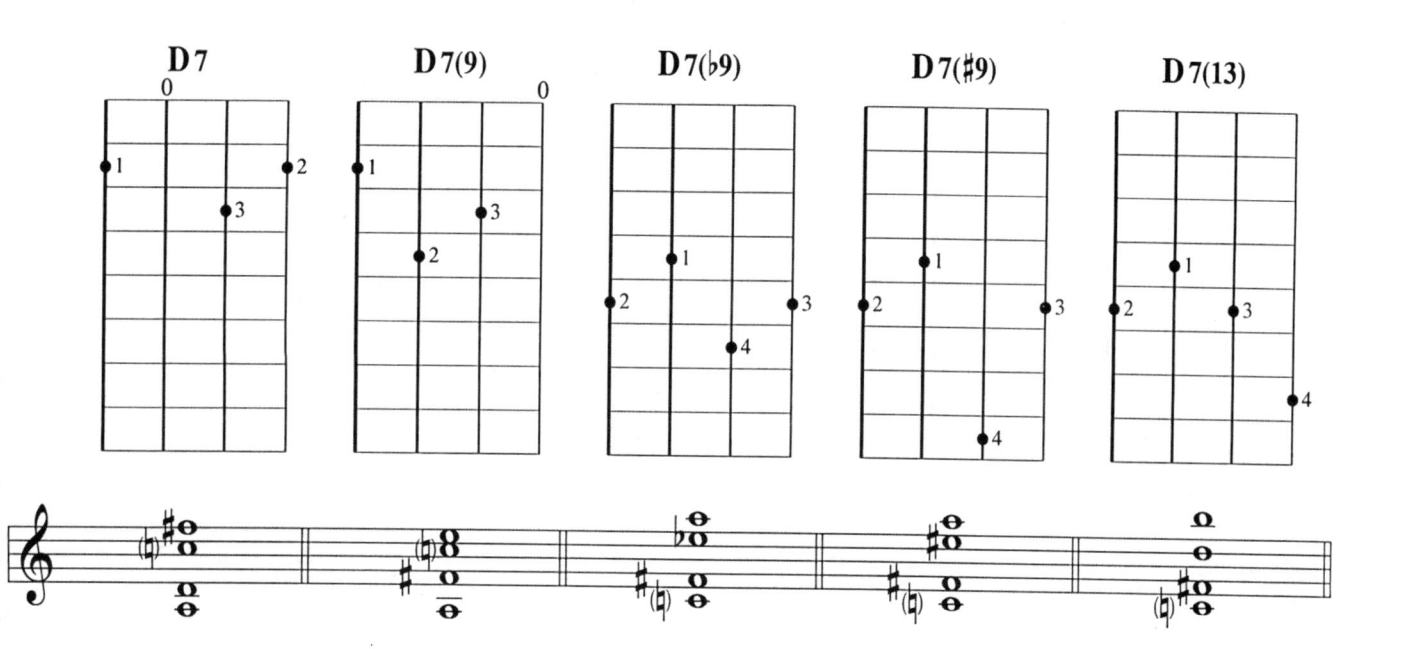

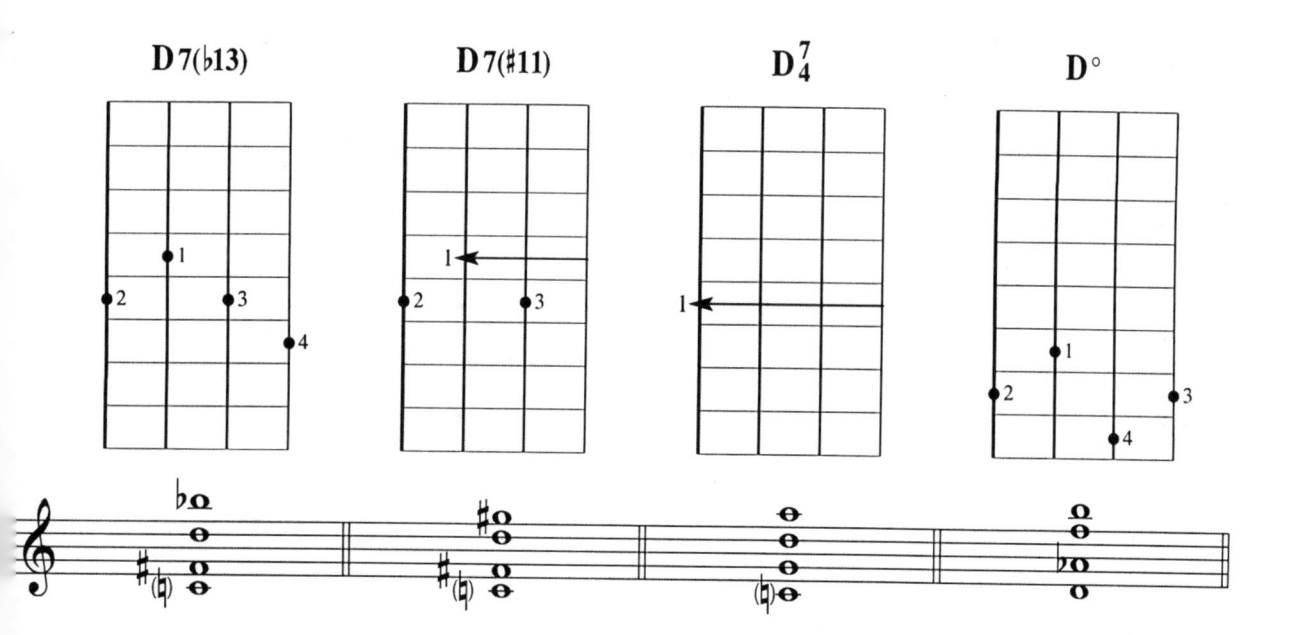

D7   **D7(9)**   **D7(♭9)**   **D7(♯9)**   **D7(13)**

D7(♭13)   **D7(♯11)**   **D⁷₄**   **D°**

D♯ ou E♭ maiores

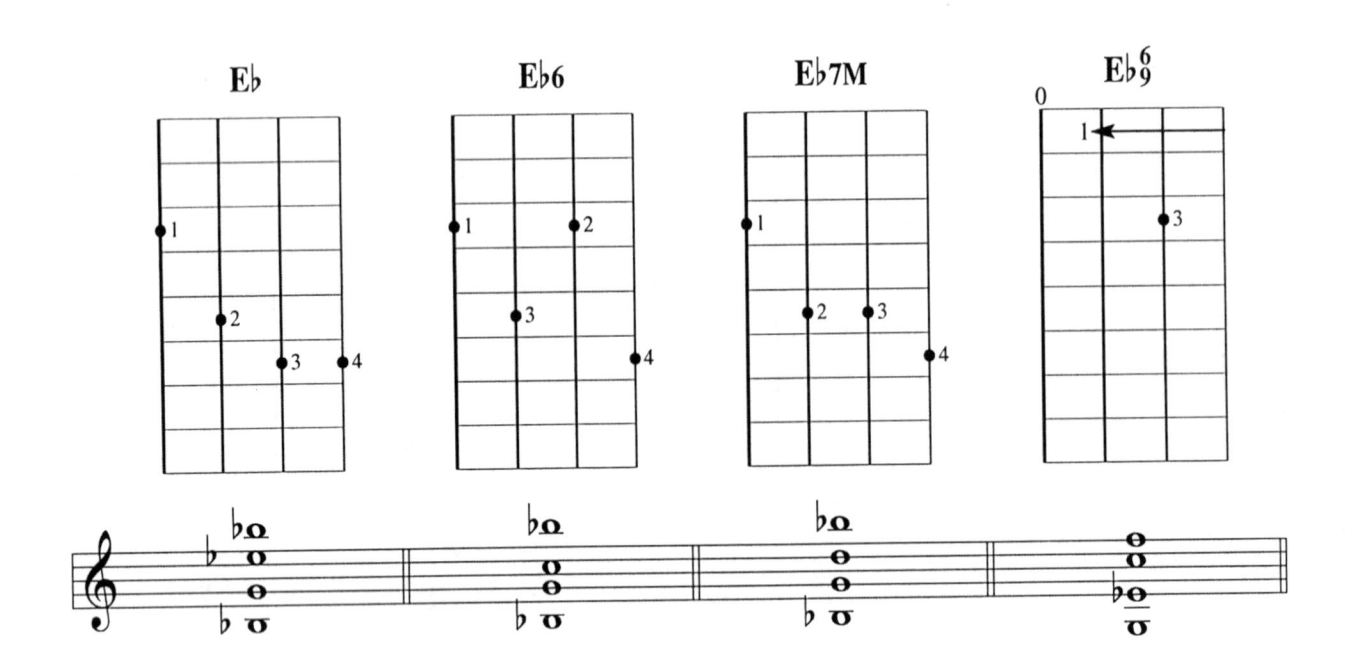

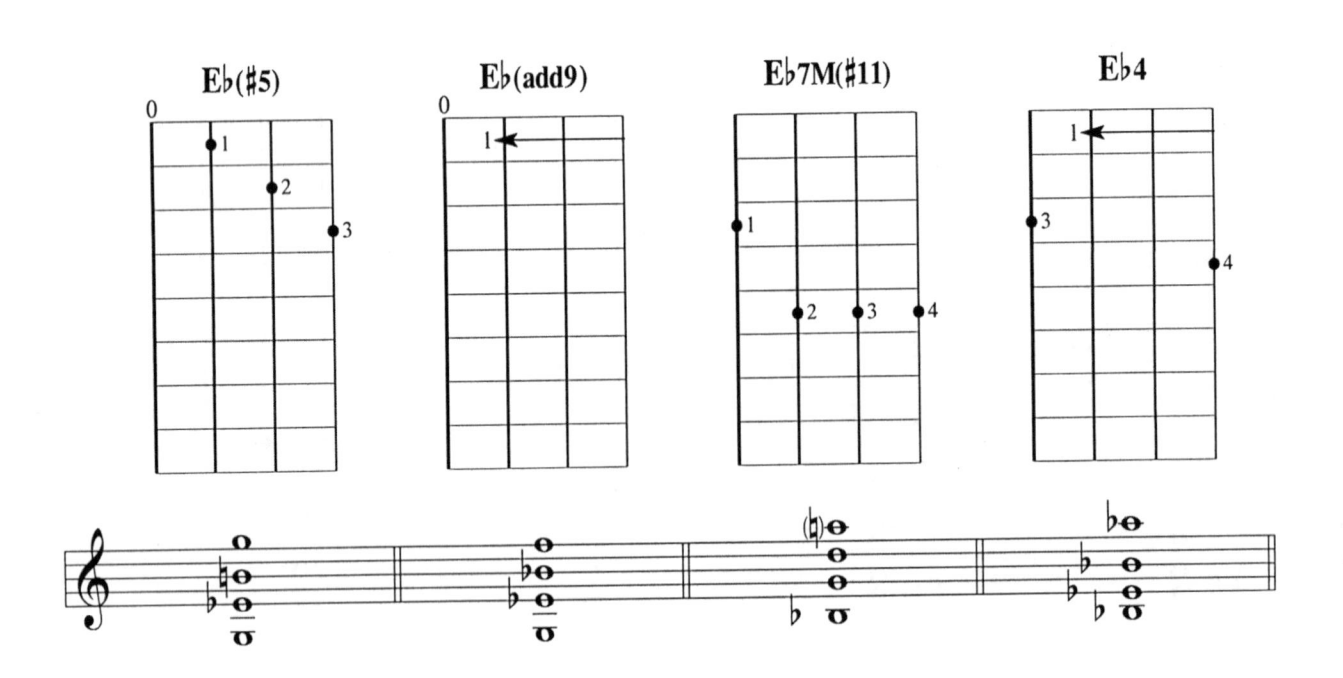

E♭ E♭6 E♭7M E♭6/9

E♭(♯5) E♭(add9) E♭7M(♯11) E♭4

D♯ ou E♭ menores

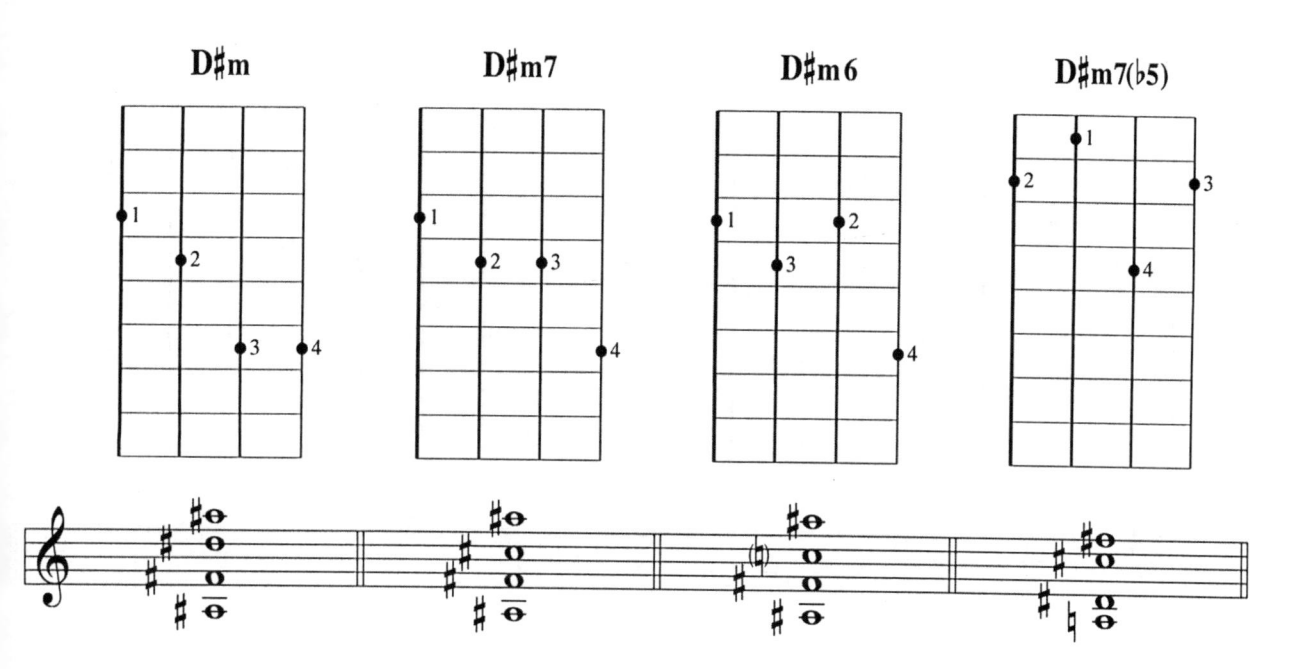

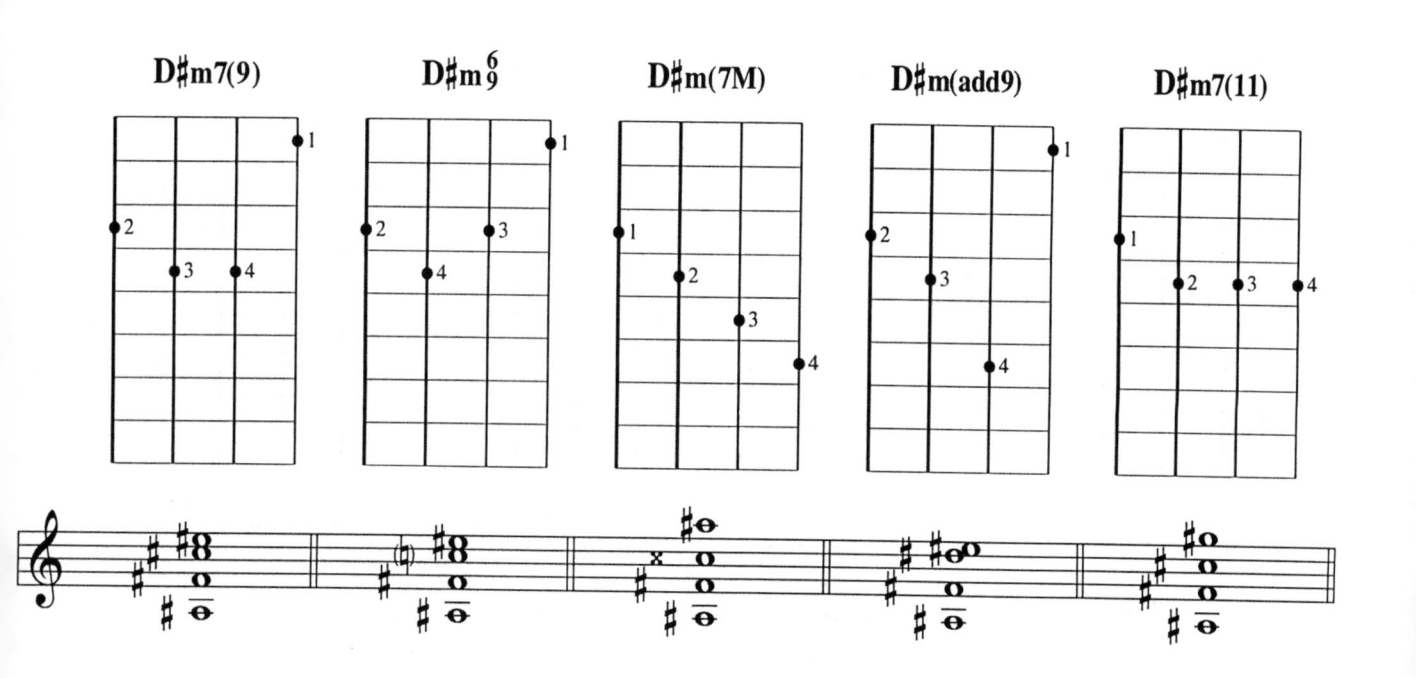

D♯m **D♯m7** **D♯m6** **D♯m7(♭5)**

D♯m7(9) **D♯m⁶/₉** **D♯m(7M)** **D♯m(add9)** **D♯m7(11)**

D♯ ou E♭ com sétima

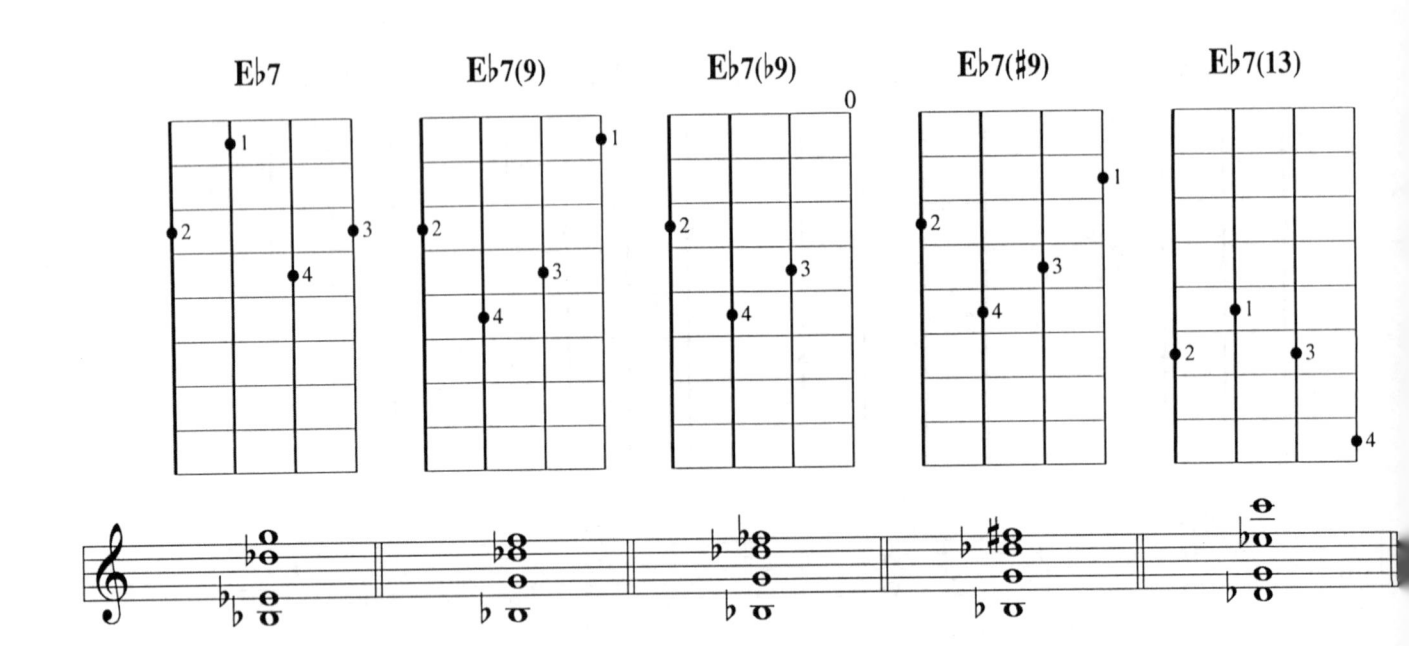

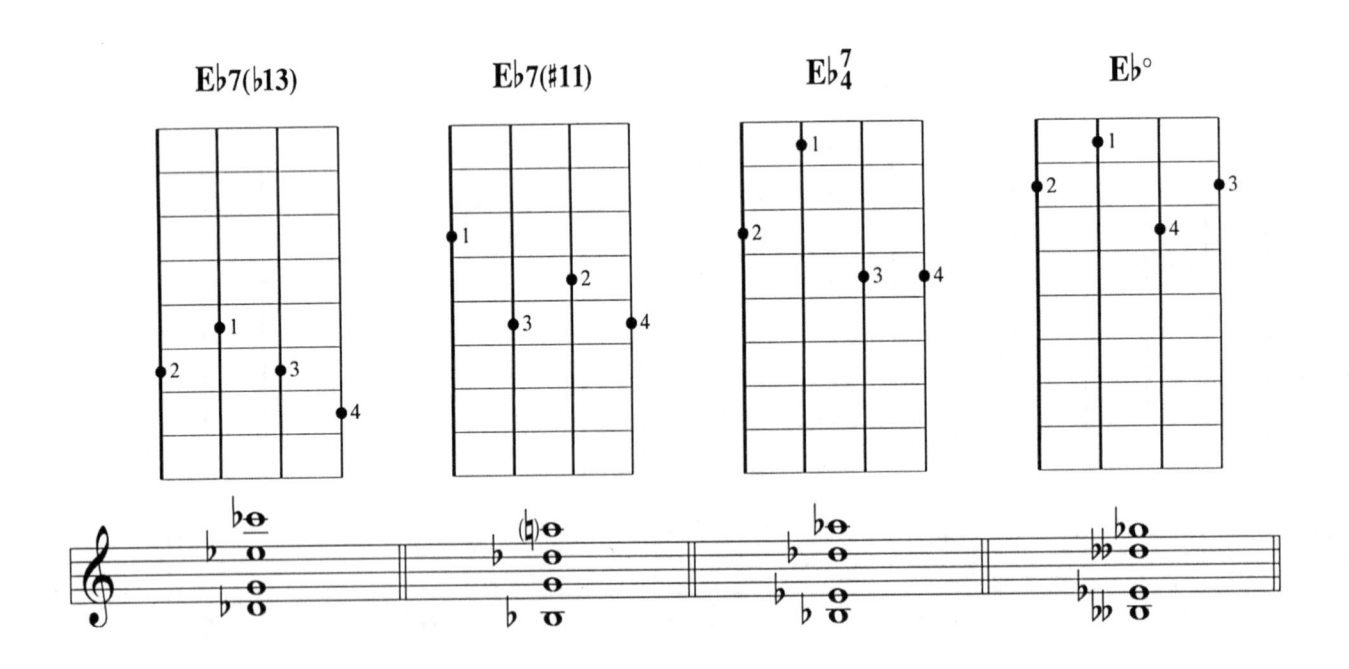

E♭7   E♭7(9)   E♭7(♭9)   E♭7(♯9)   E♭7(13)

E♭7(♭13)   E♭7(♯11)   E♭$^7_4$ E♭°

E maiores

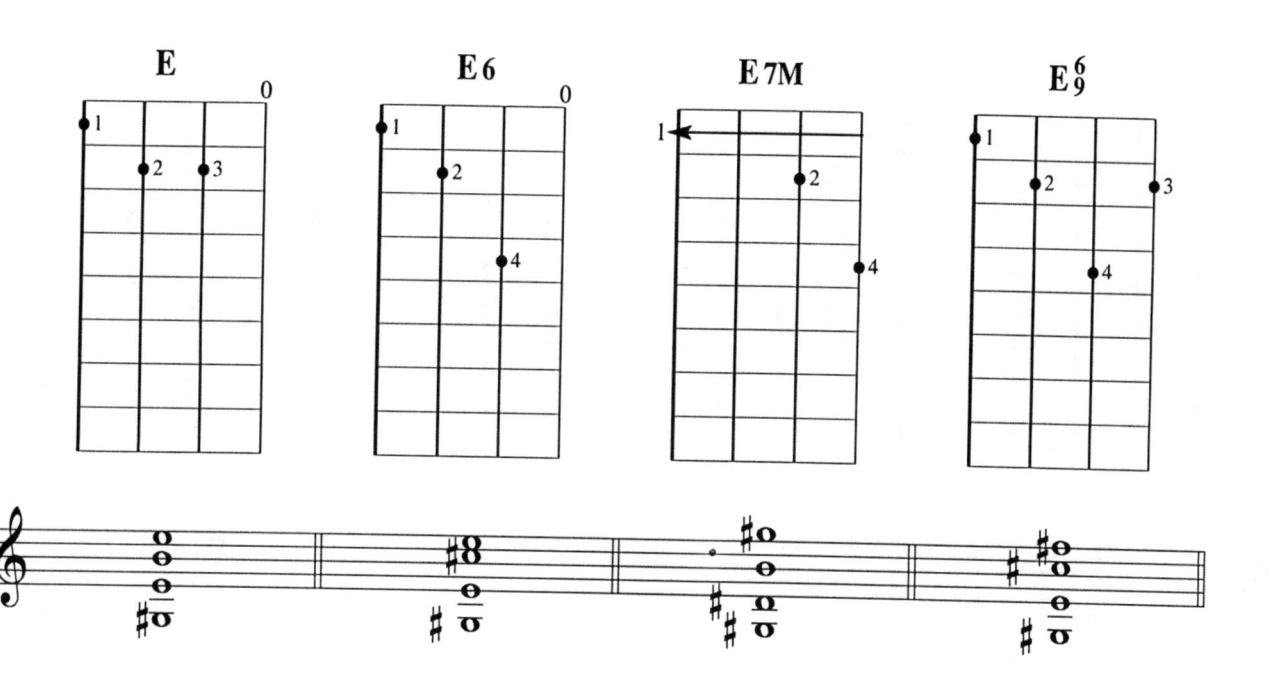

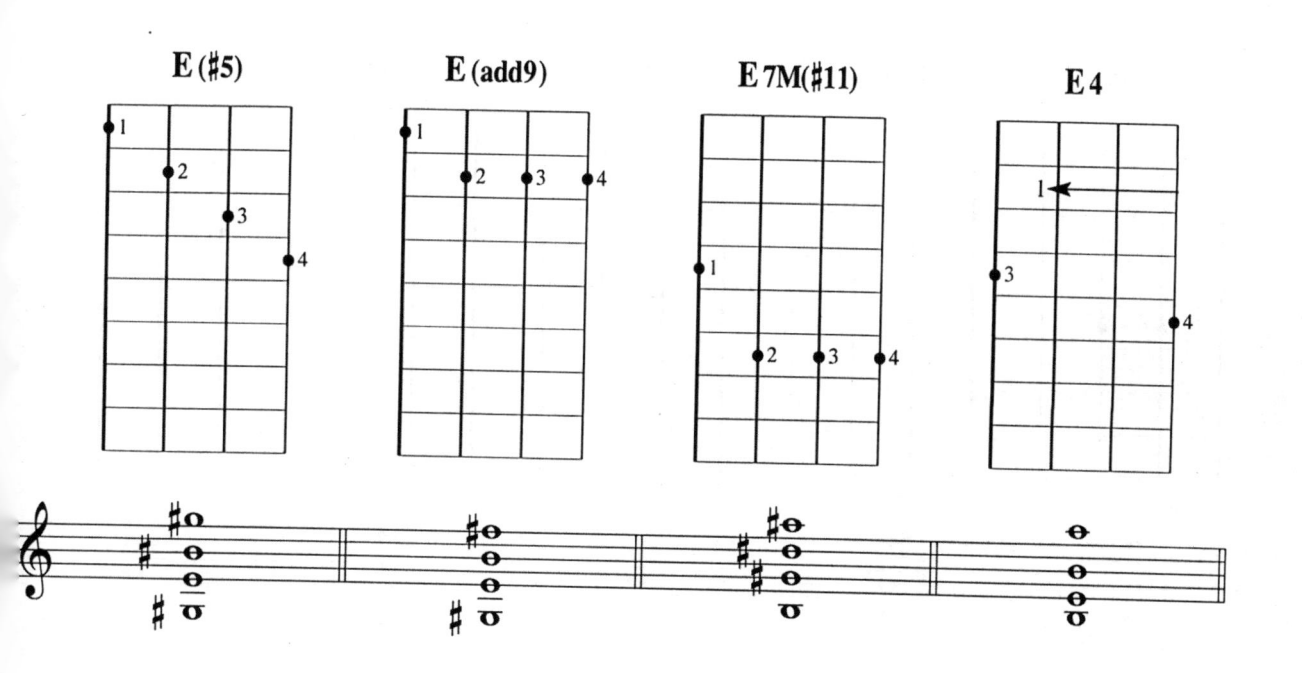

| E | E6 | E 7M | E $^6_9$ |

| E(#5) | E(add9) | E 7M(#11) | E 4 |

E menores

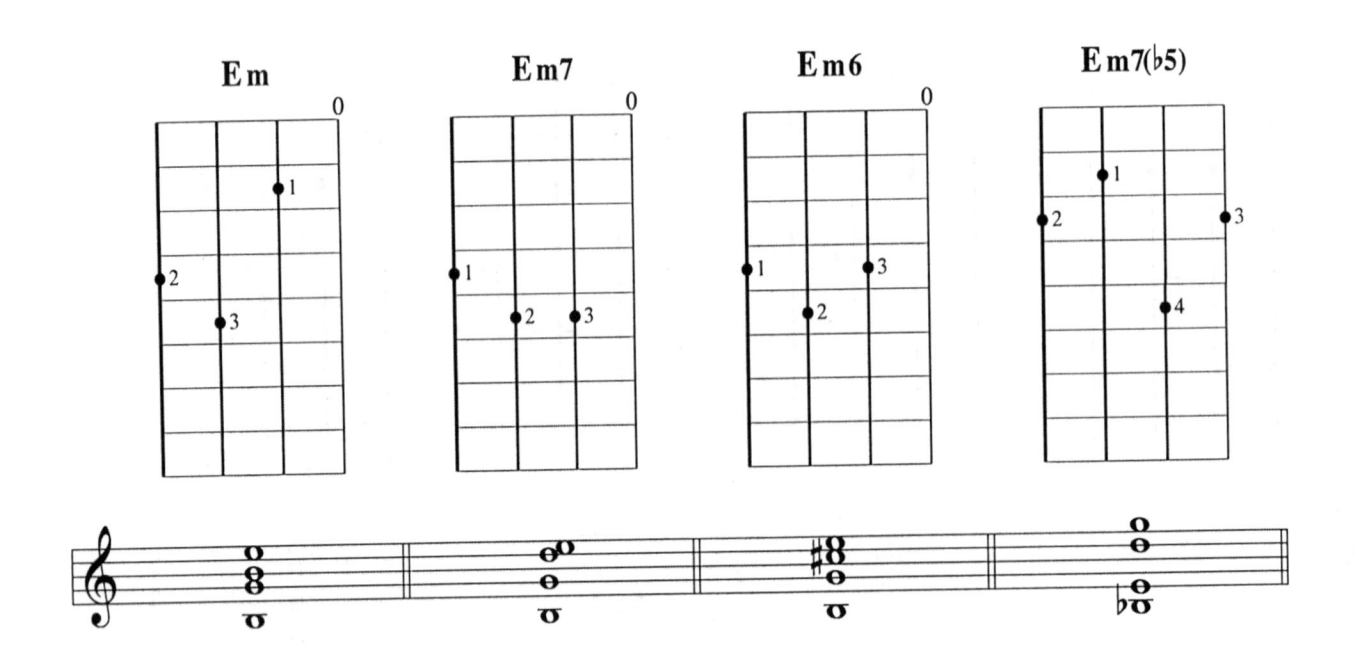

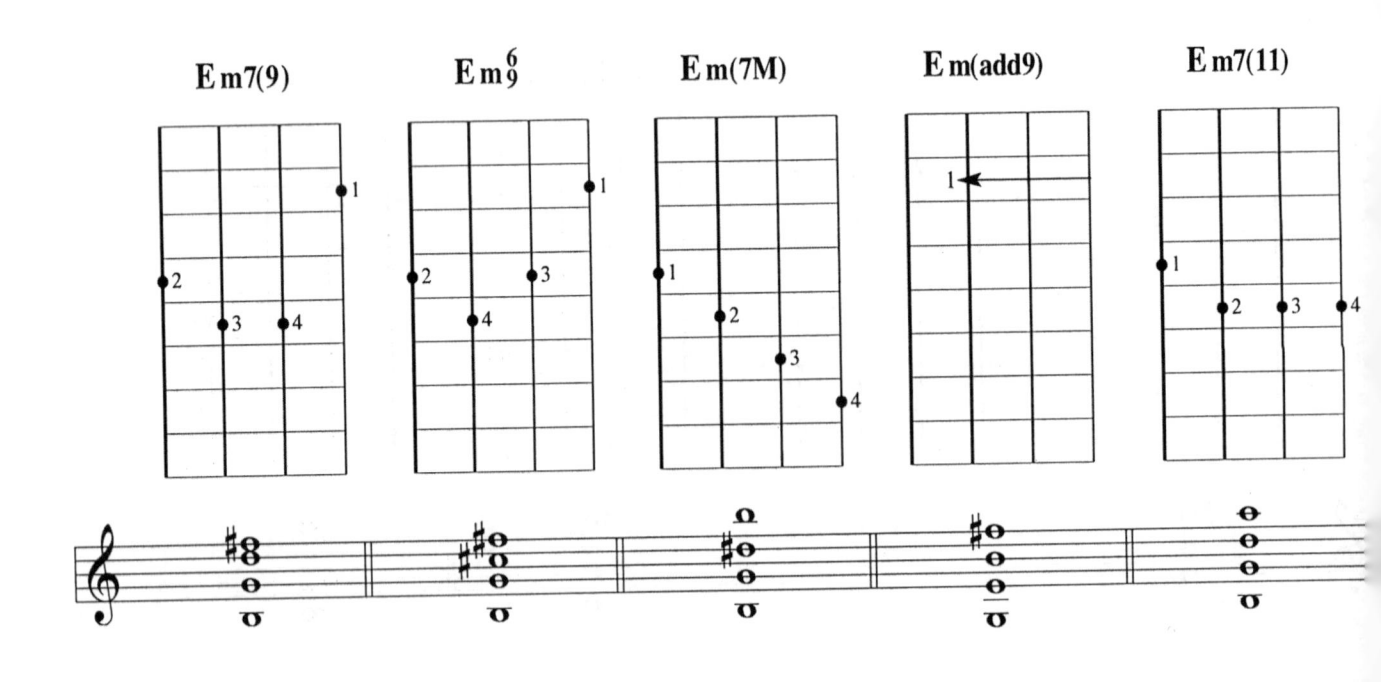

Em   Em7   Em6   Em7(♭5)

Em7(9)   Em⁶₉   Em(7M)   Em(add9)   Em7(11)

E com sétima

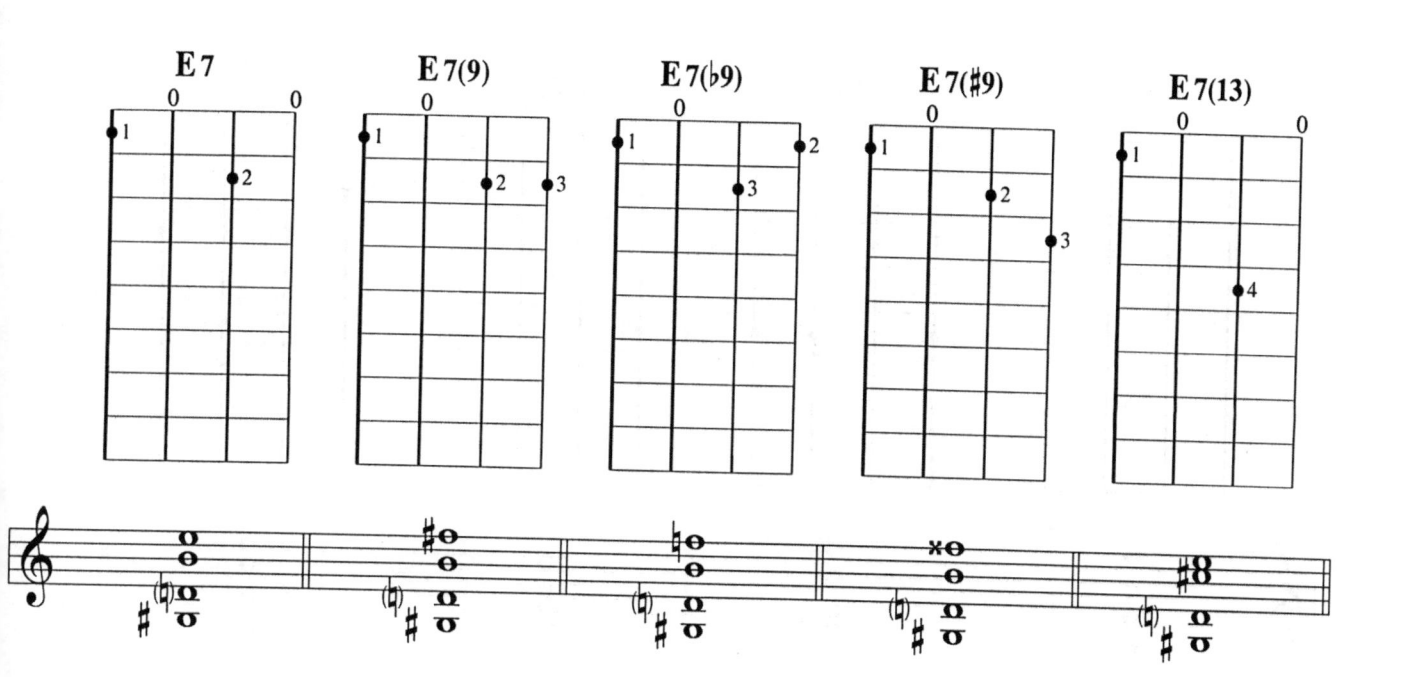

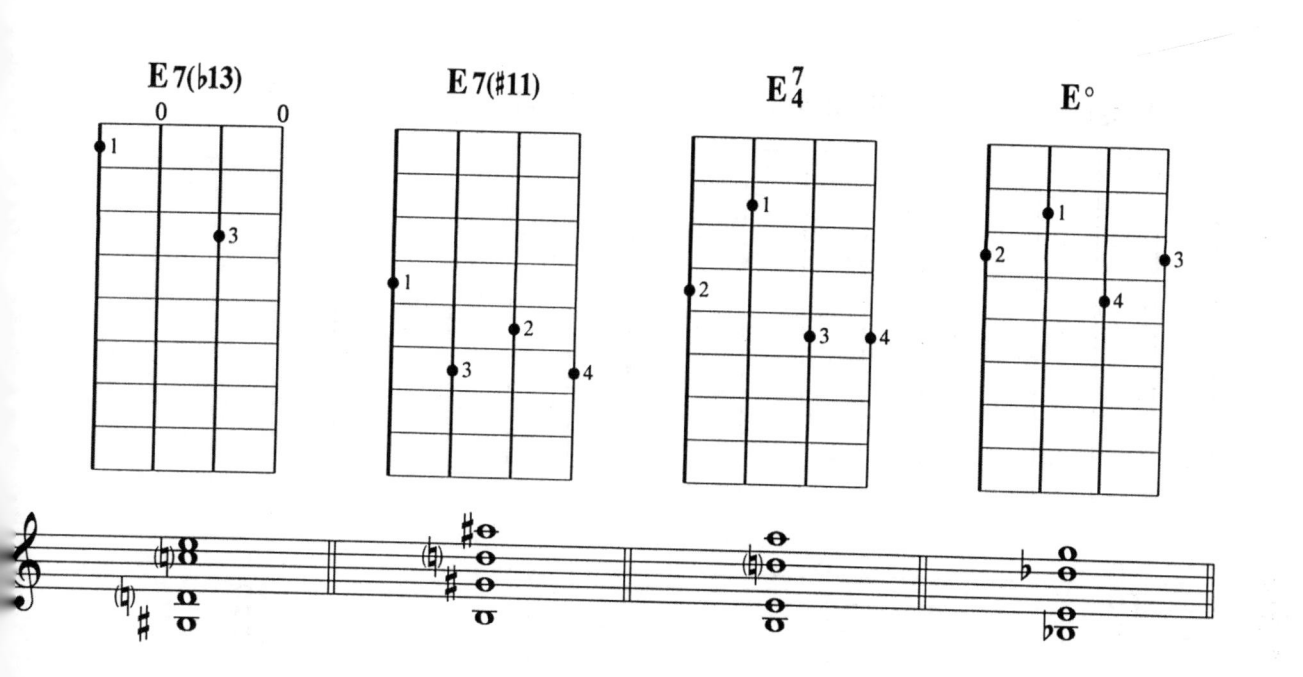

E7   **E7(9)**   **E7(♭9)**   **E7(♯9)**   **E7(13)**

E7(♭13)   **E7(♯11)**   **E⁷₄**   **E°**

F maiores

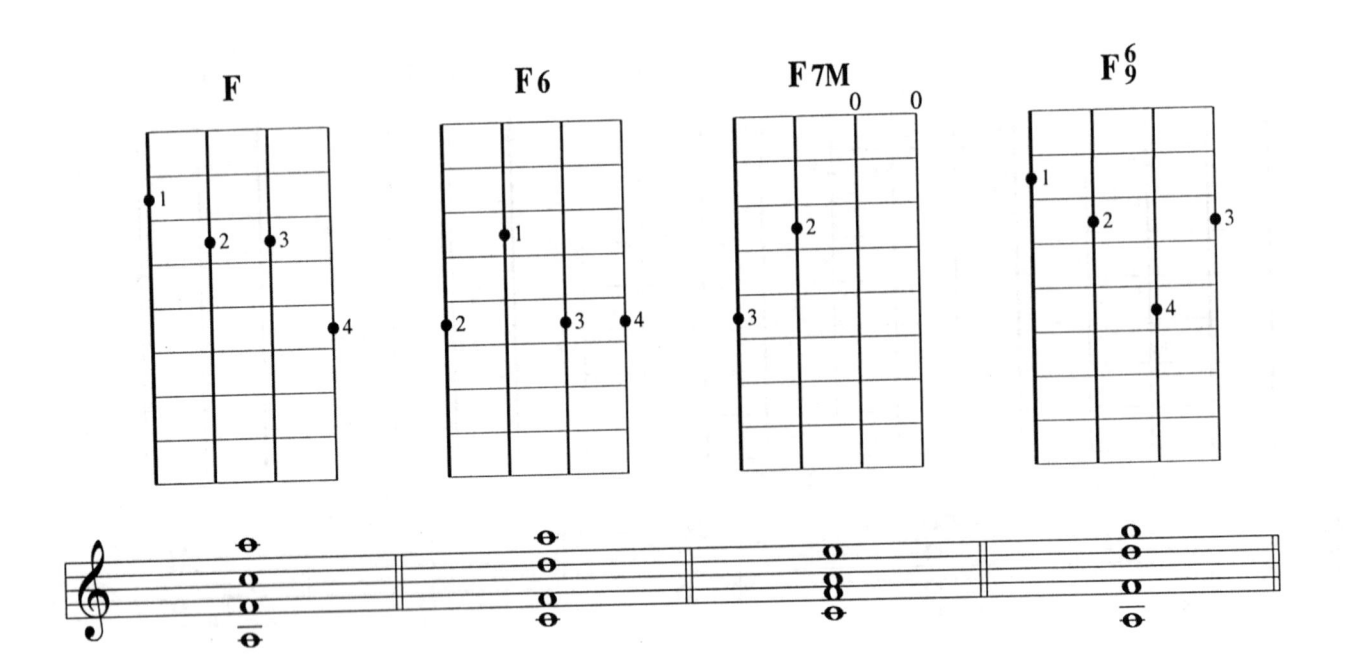

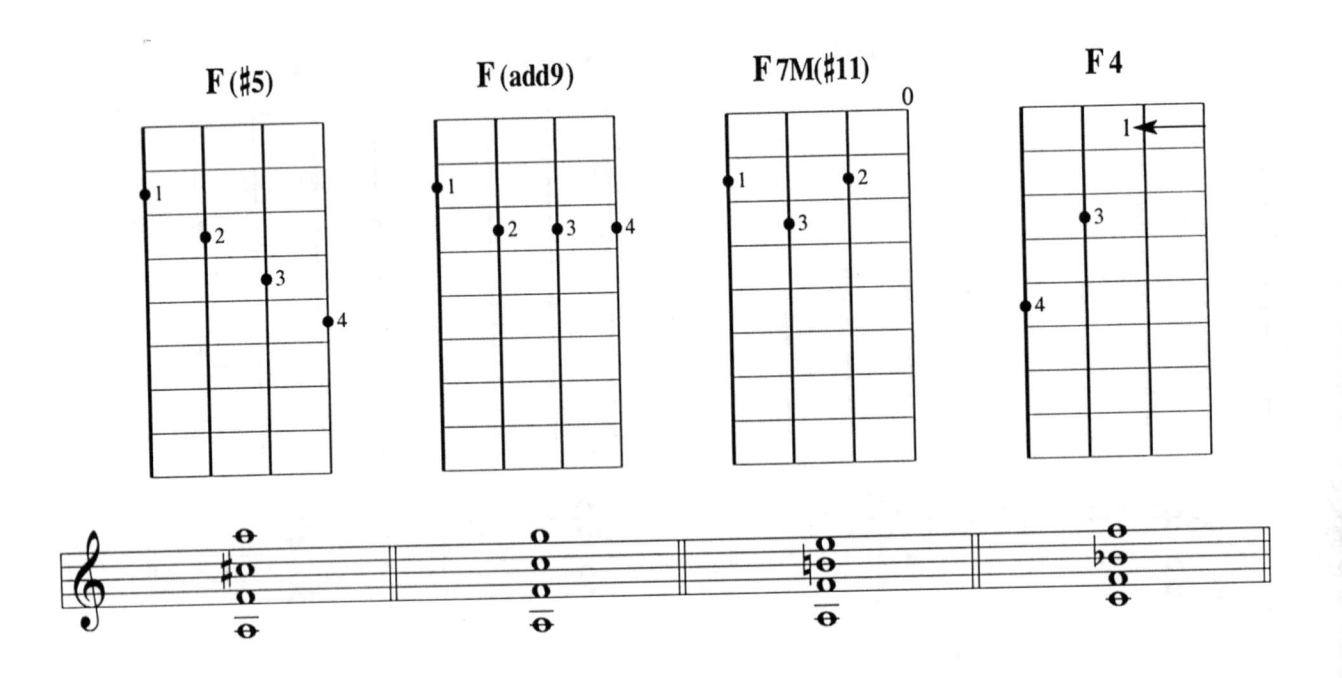

F   F6   F 7M   F $^6_9$

F(♯5)   F(add9)   F 7M(♯11)   F 4

F menores

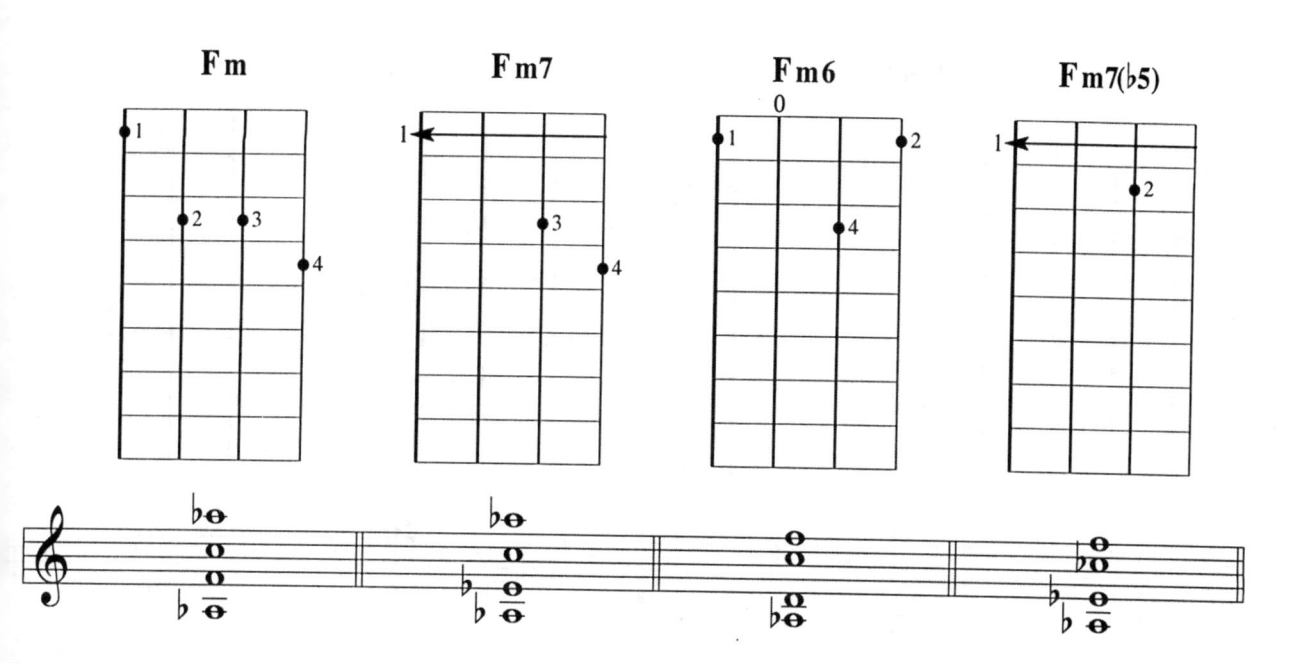

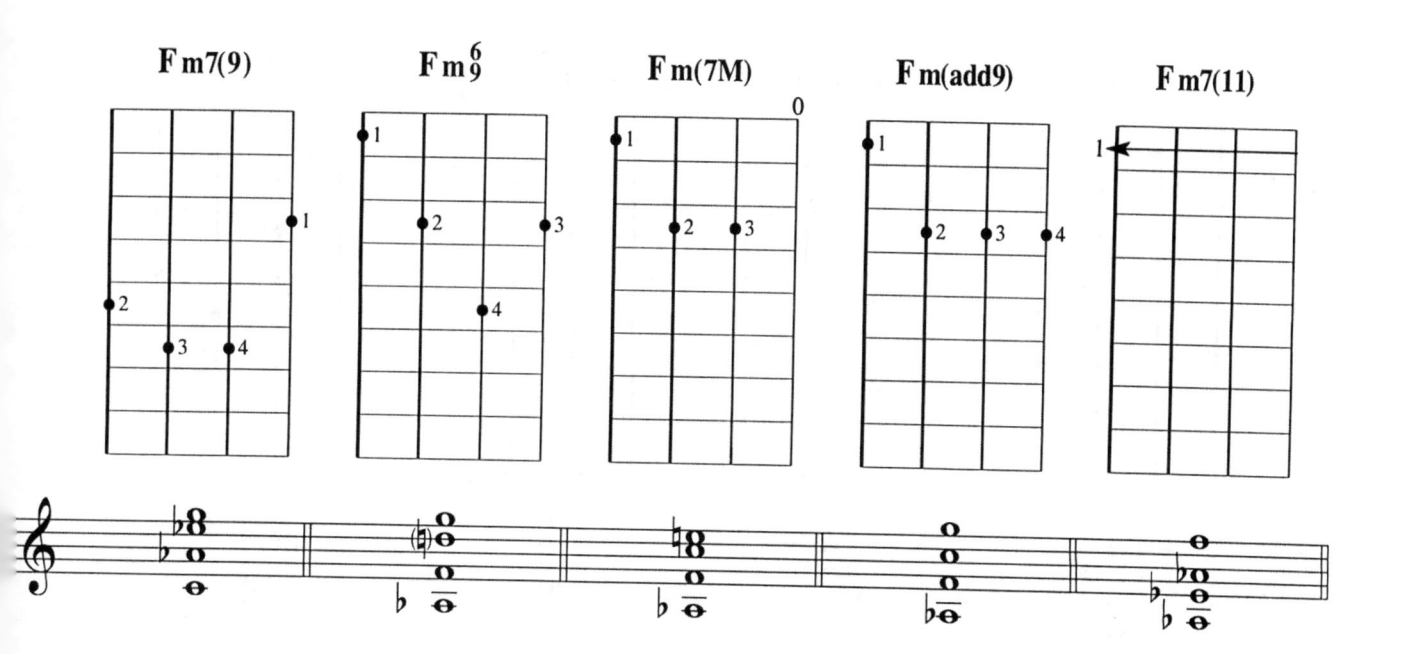

Fm   **Fm7**   **Fm6**   **Fm7(♭5)**

Fm7(9)   **Fm⁶⁄₉**   **Fm(7M)**   **Fm(add9)**   **Fm7(11)**

F com sétima

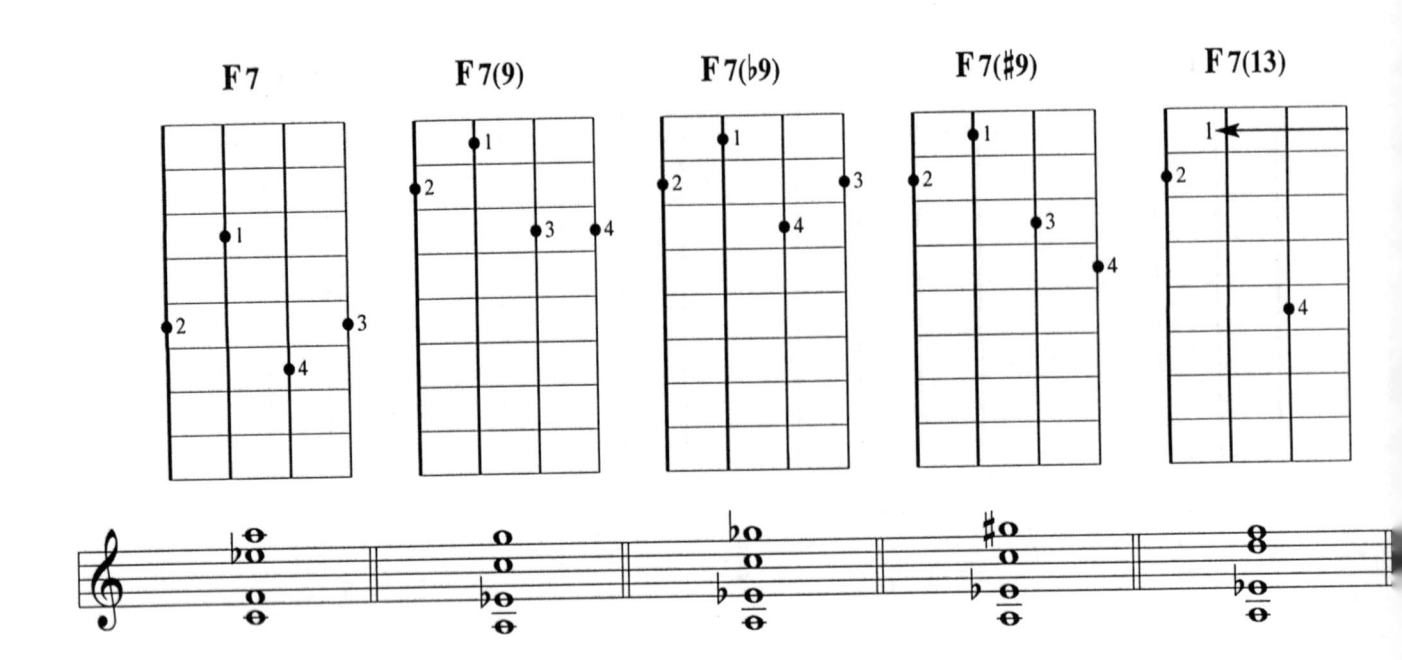

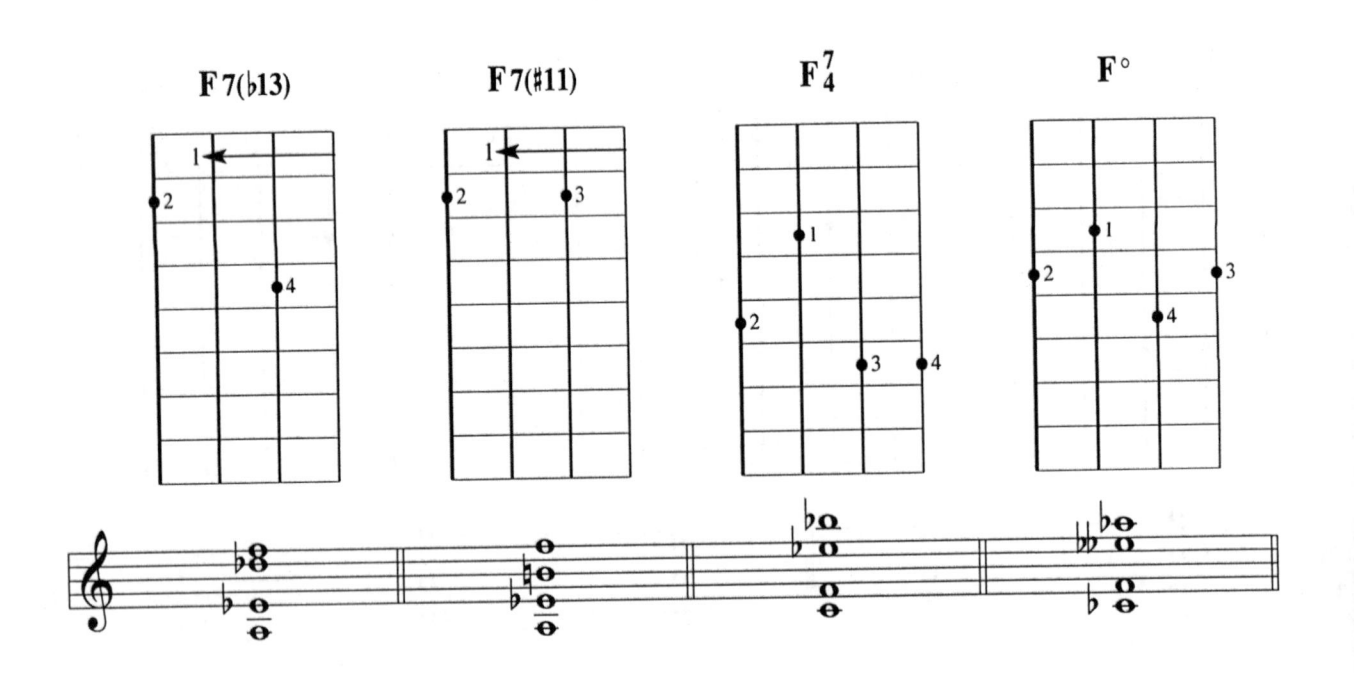

F7 **F7(9)** **F7(♭9)** **F7(♯9)** **F7(13)**

F7(♭13) **F7(♯11)** **F$^7_4$** **F°**

F♯ ou G♭ maiores

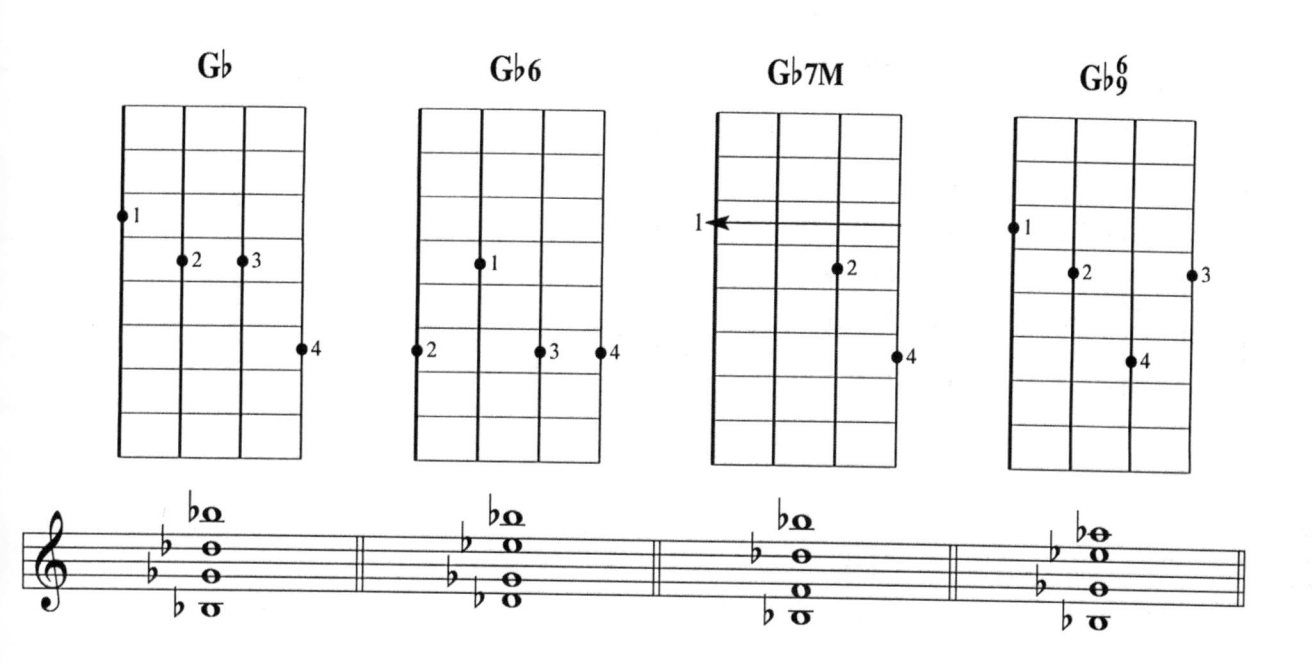

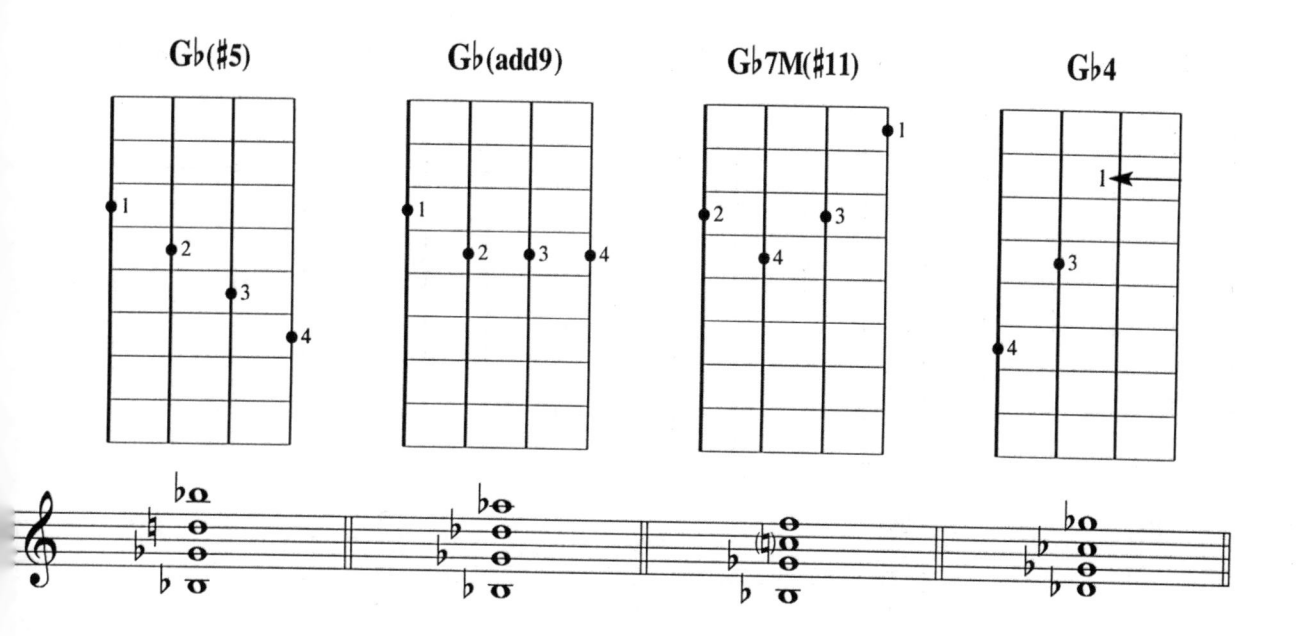

G♭ G♭6 G♭7M G♭⁶⁄₉

G♭(♯5) G♭(add9) G♭7M(♯11) G♭4

F♯ ou G♭ menores

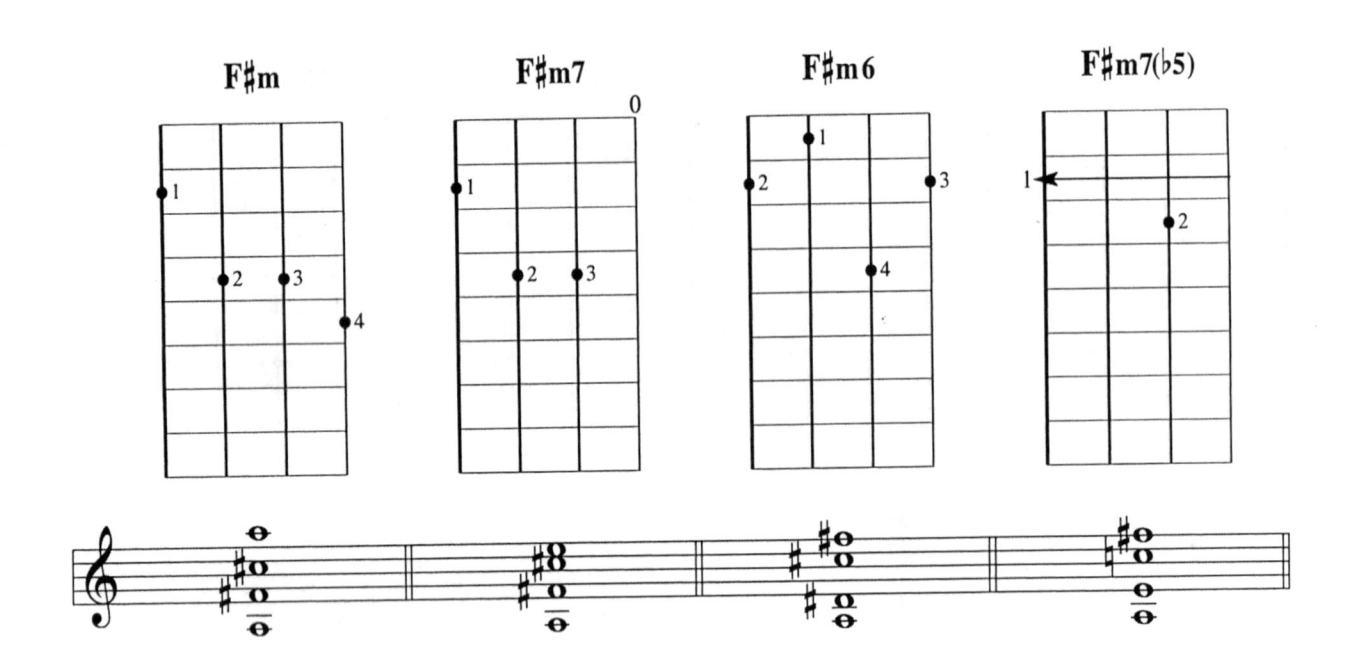

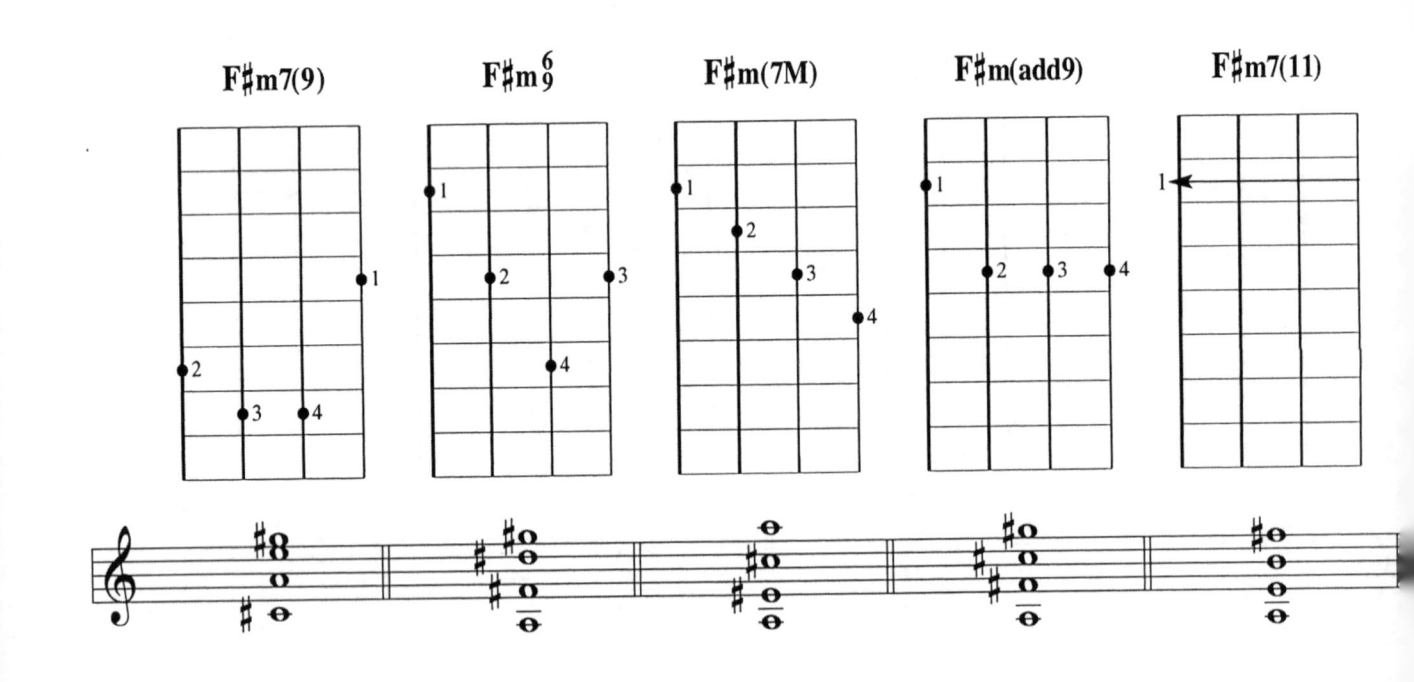

F♯m   F♯m7   F♯m6   F♯m7(♭5)

F♯m7(9)   F♯m⁶₉   F♯m(7M)   F♯m(add9)   F♯m7(11)

F♯ ou G♭ com sétima

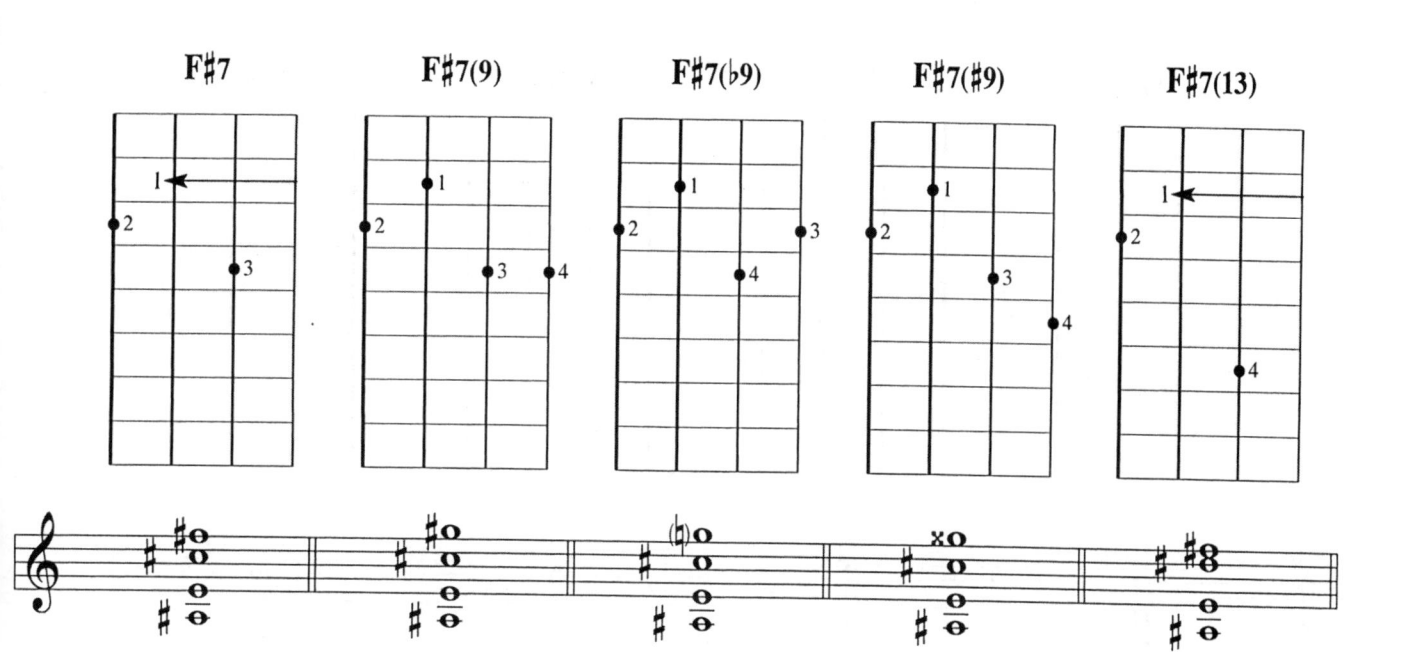

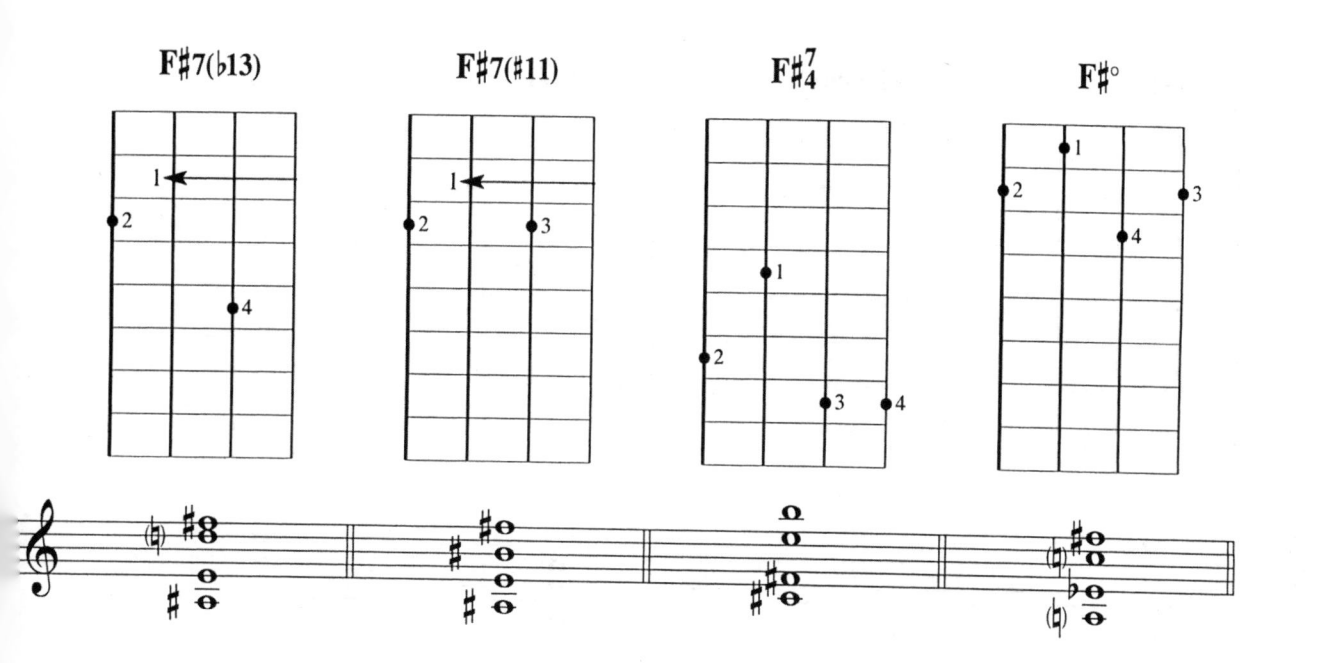

F♯7 **F♯7(9)** **F♯7(♭9)** **F♯7(♯9)** **F♯7(13)**

F♯7(♭13) **F♯7(♯11)** **F♯7/4** **F♯°**

G maiores

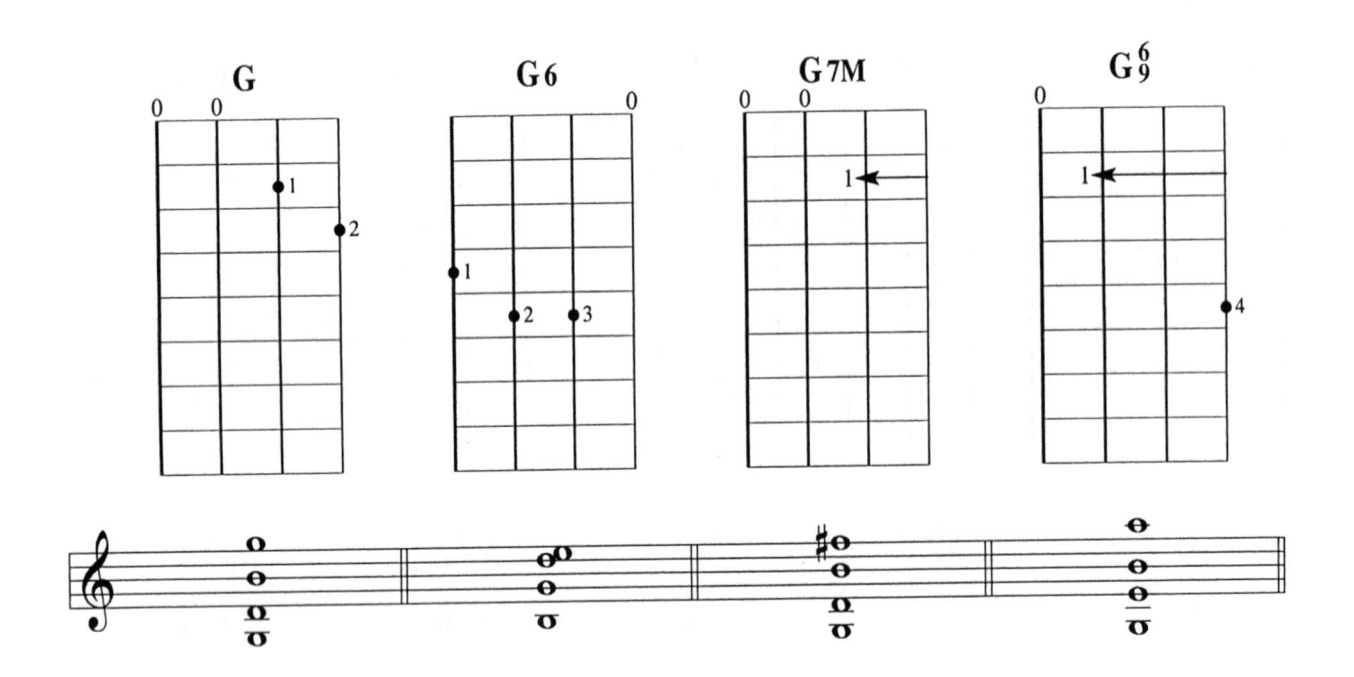

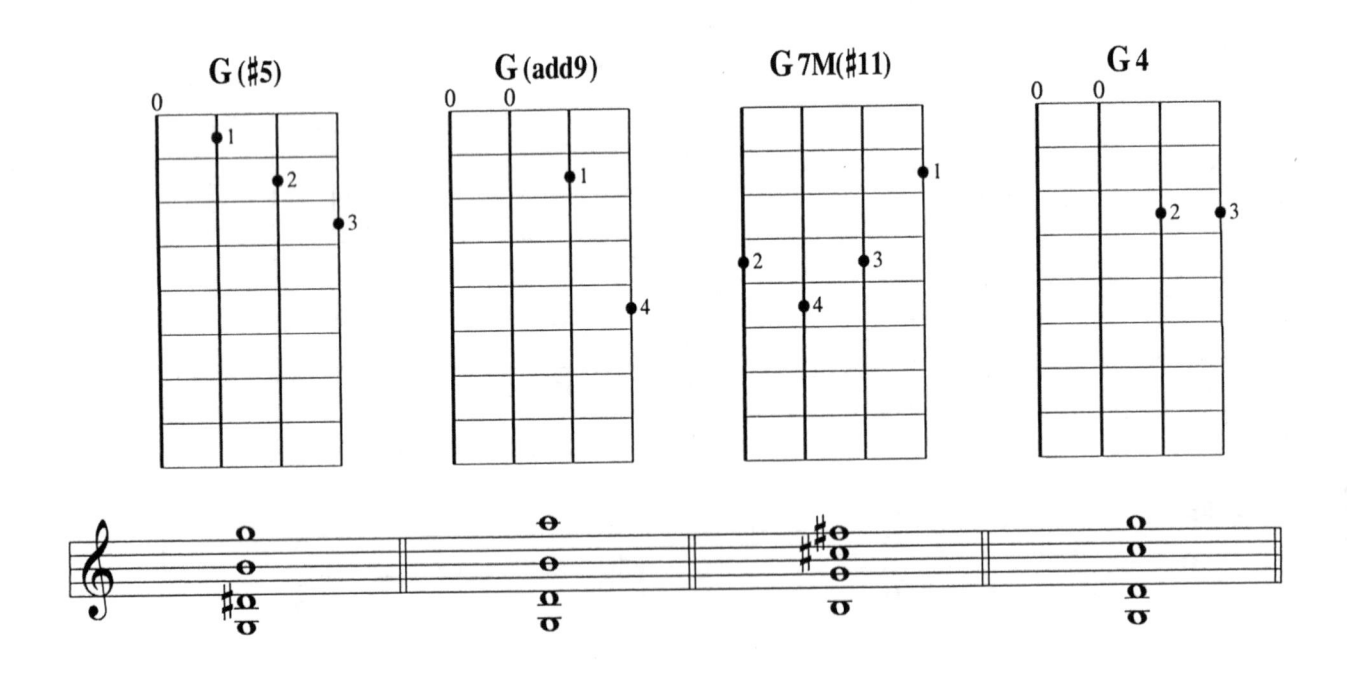

G   **G6**   **G 7M**   **G 6/9**

G(♯5)   **G(add9)**   **G 7M(♯11)**   **G 4**

G menores

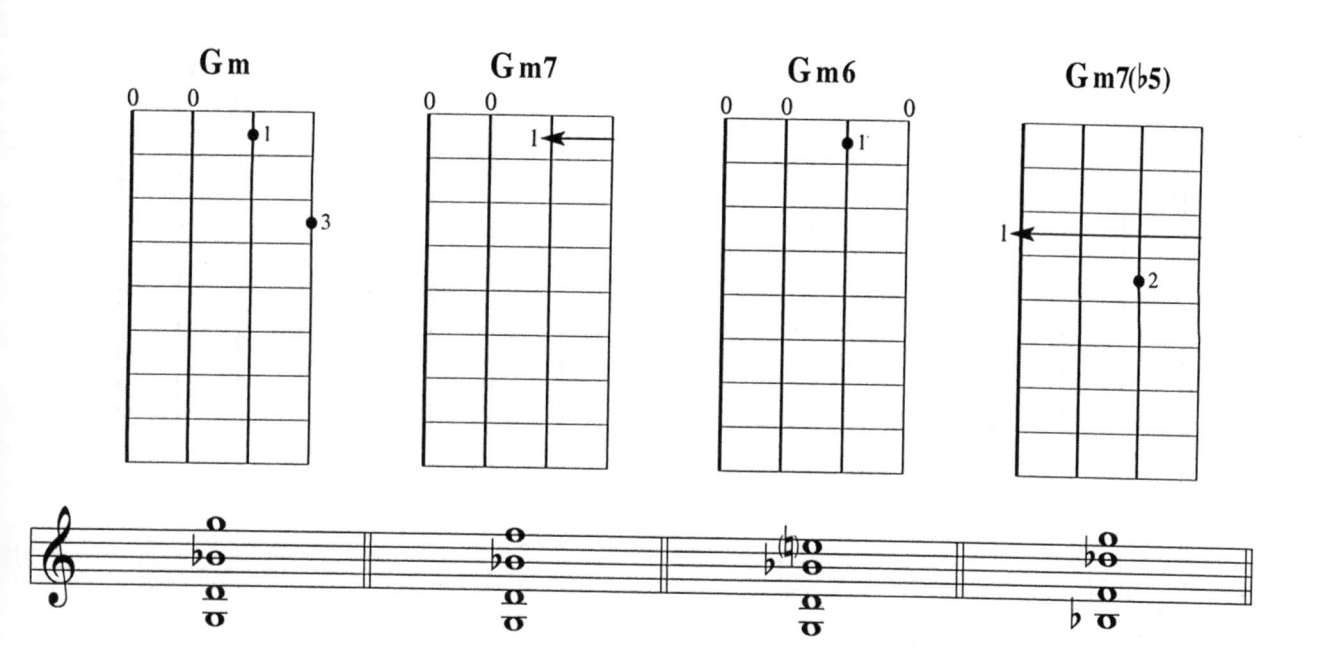

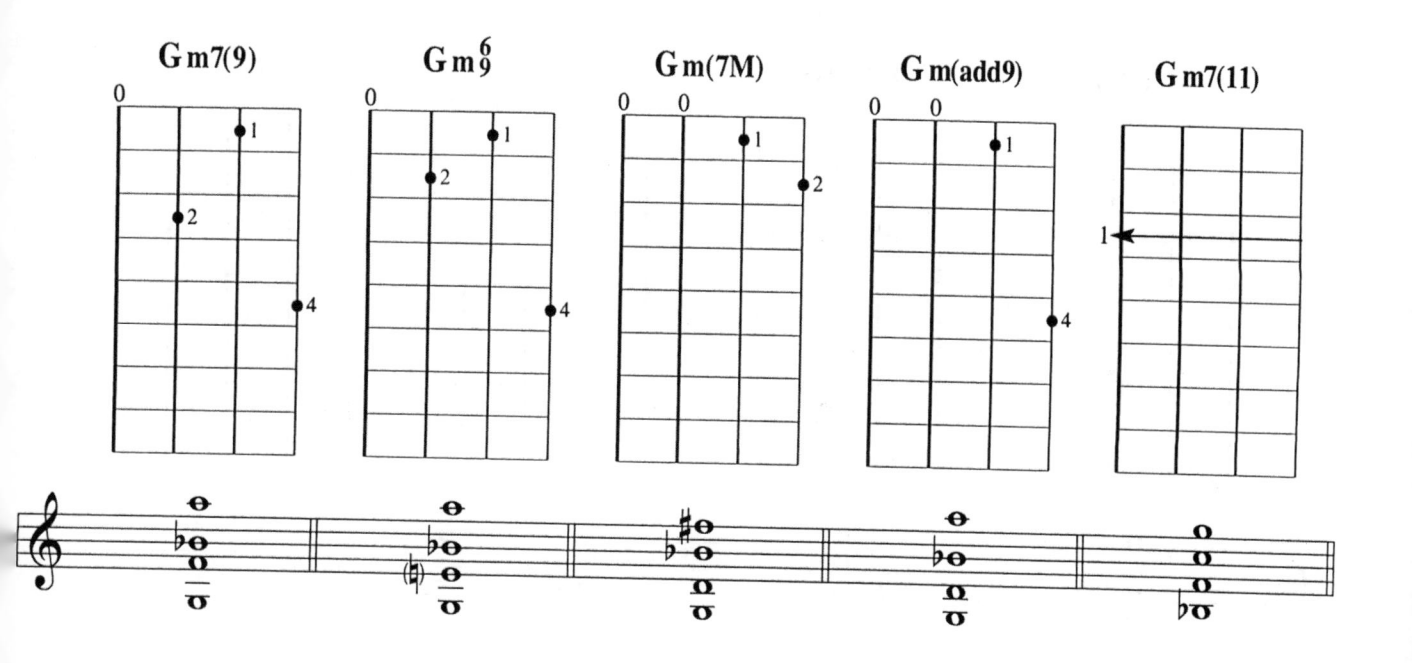

Gm **Gm7** **Gm6** **Gm7(♭5)**

Gm7(9) **Gm6/9** **Gm(7M)** **Gm(add9)** **Gm7(11)**

G com sétima

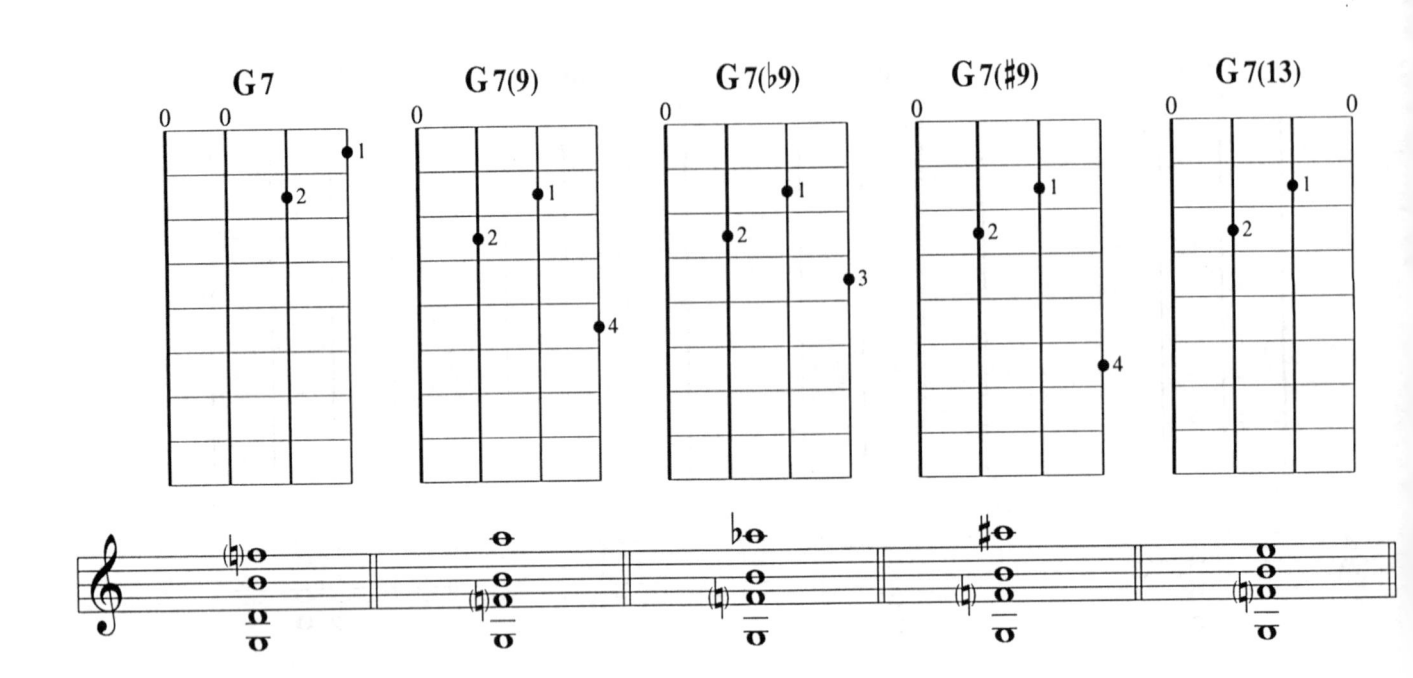

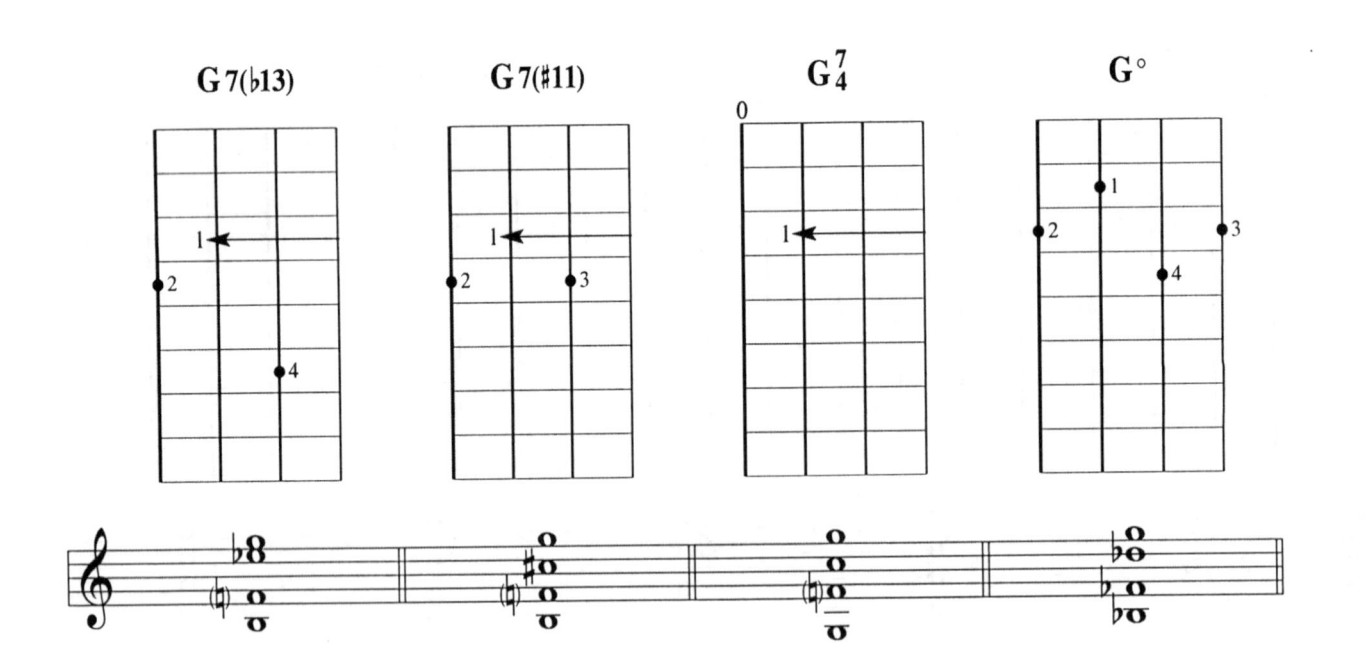

G7   **G7(9)**   **G7(♭9)**   **G7(♯9)**   **G7(13)**

G7(♭13)   **G7(♯11)**   **G$^7_4$**   **G°**

G♯ ou A♭ maiores

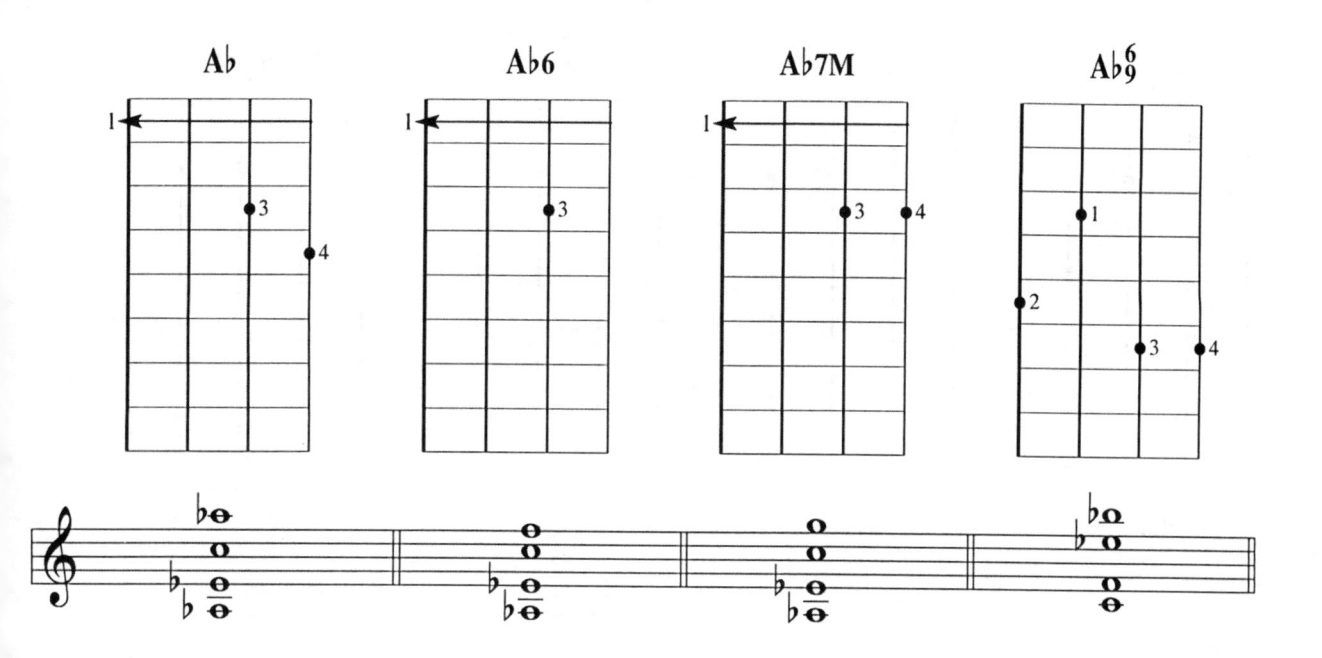

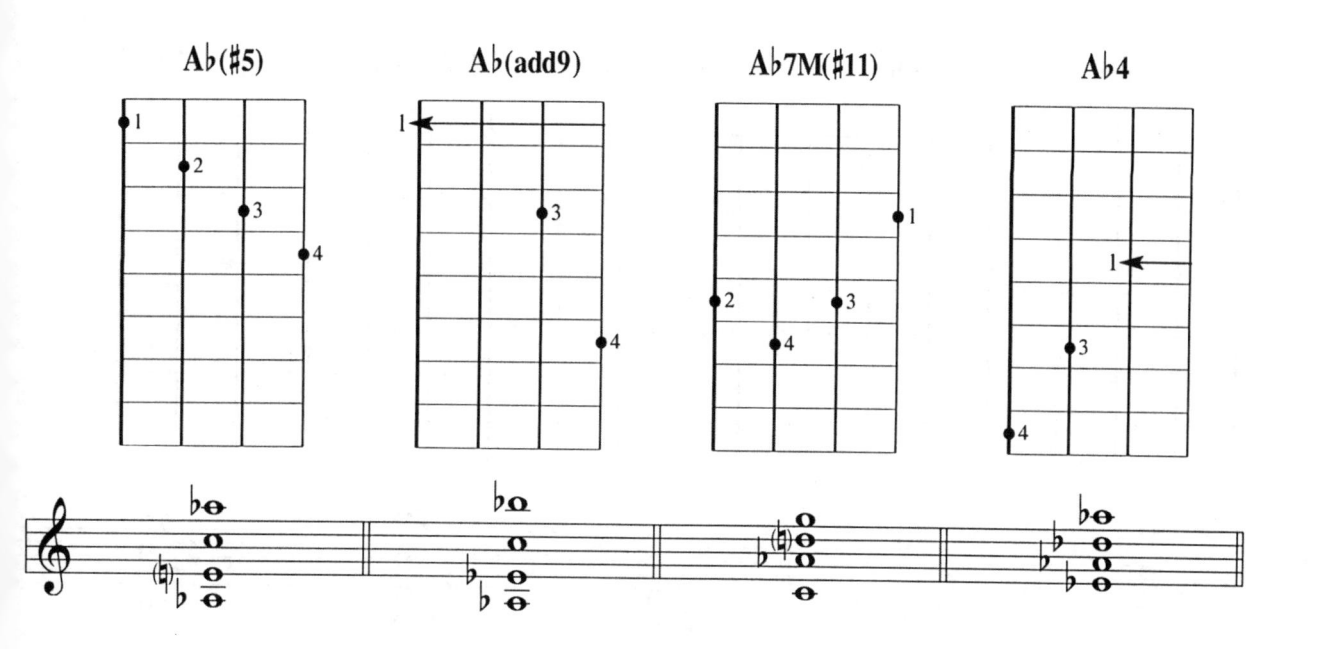

A♭   A♭6   A♭7M   A♭6/9

A♭(♯5)   A♭(add9)   A♭7M(♯11)   A♭4

G♯ ou A♭ menores

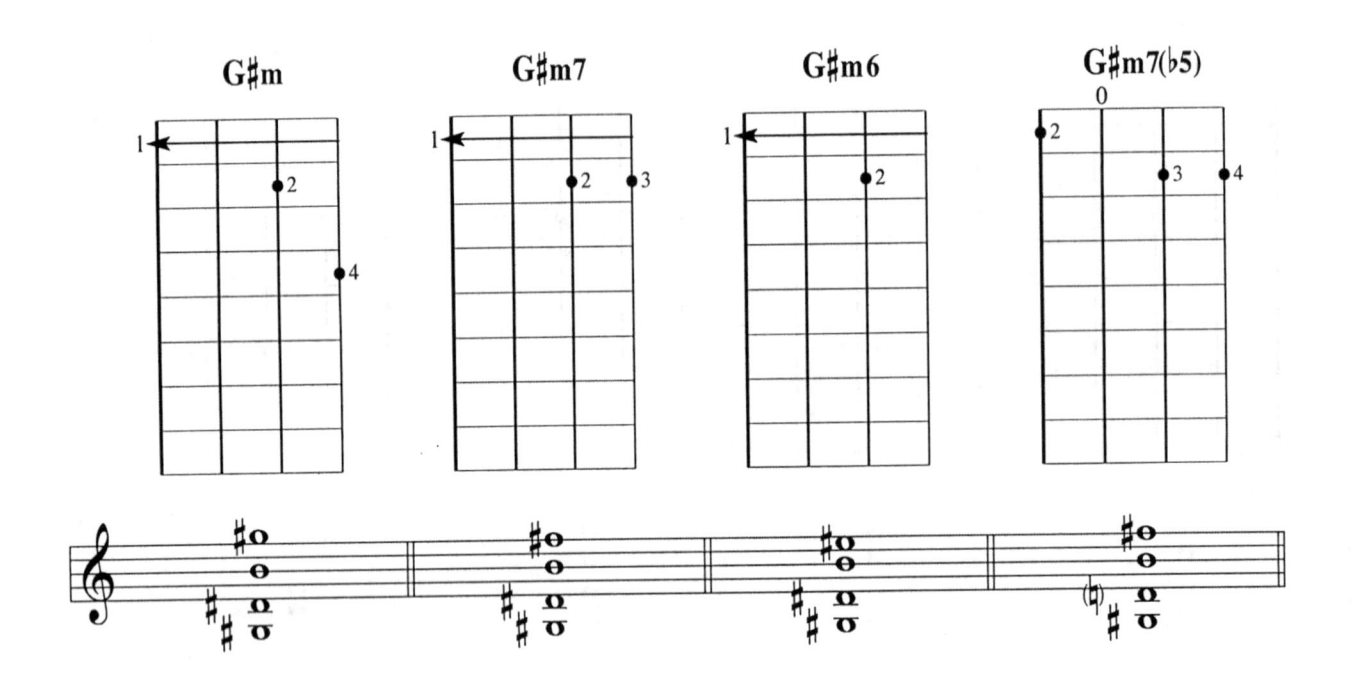

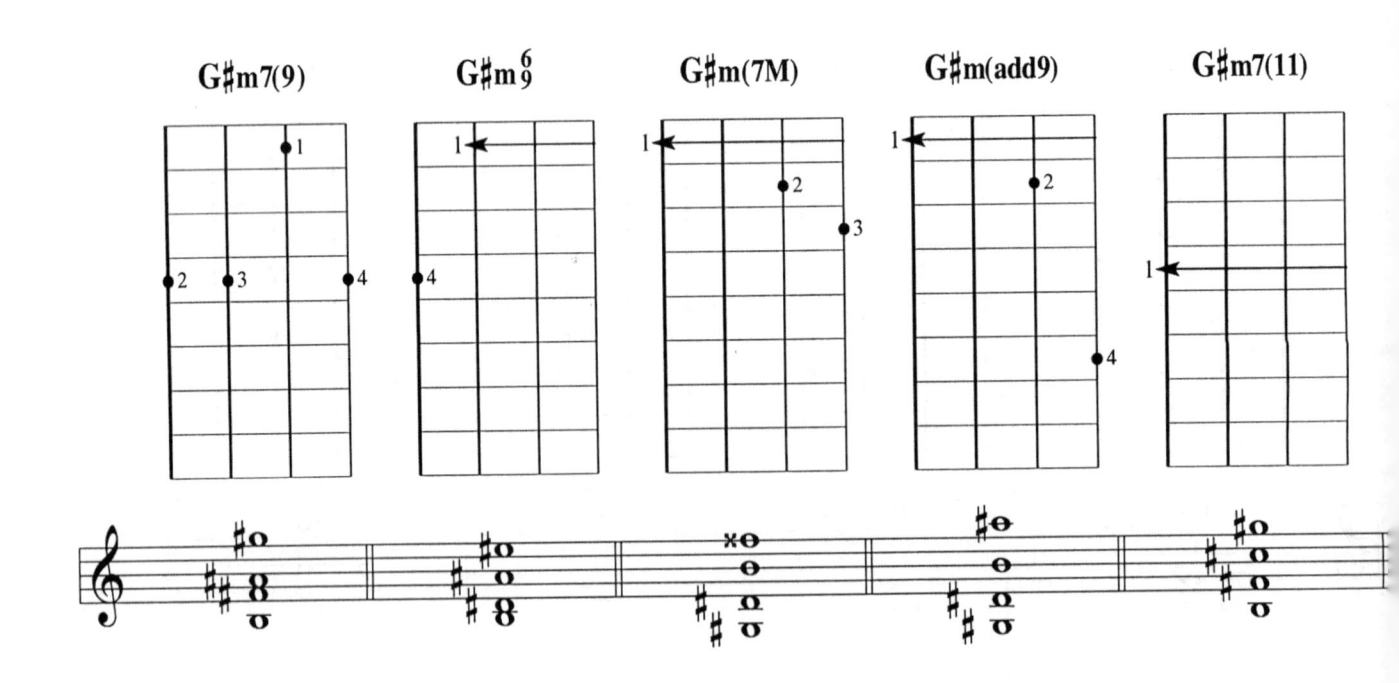

G♯m **G♯m7** **G♯m6** **G♯m7(♭5)**

G♯m7(9) **G♯m⁶⁄₉** **G♯m(7M)** **G♯m(add9)** **G♯m7(11)**

G♯ ou A♭ com sétima

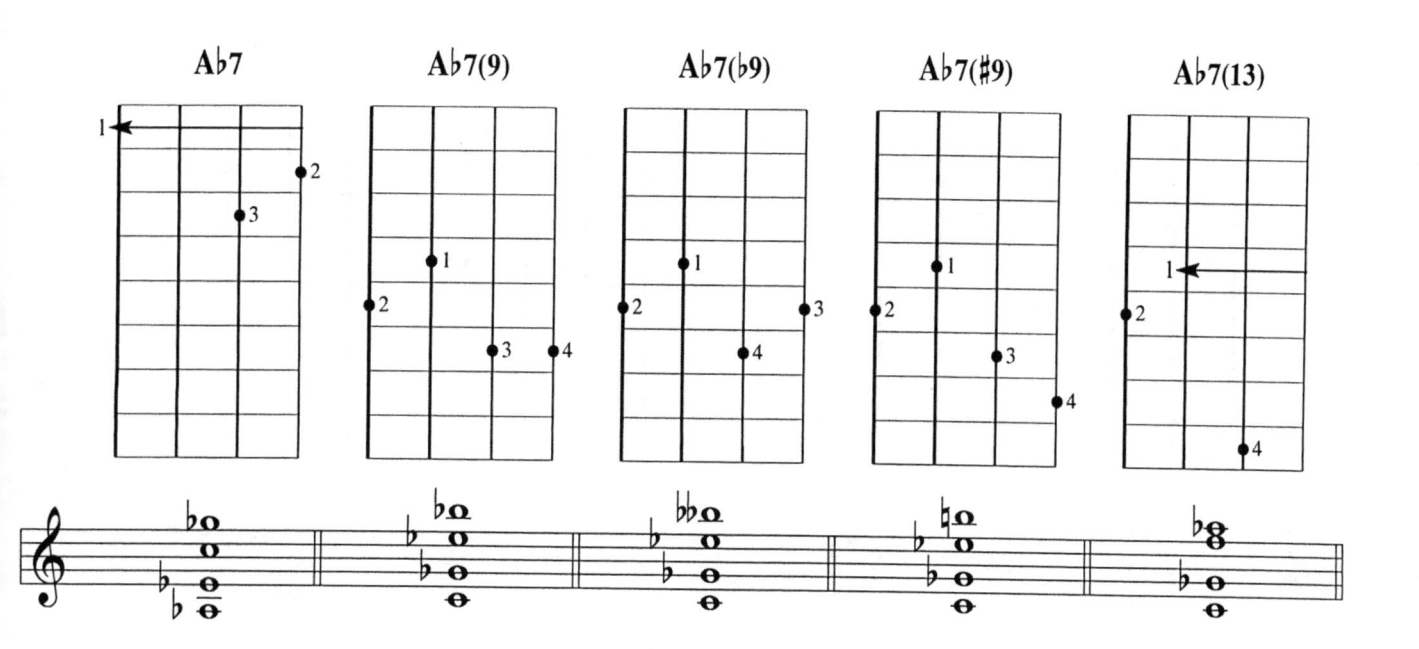

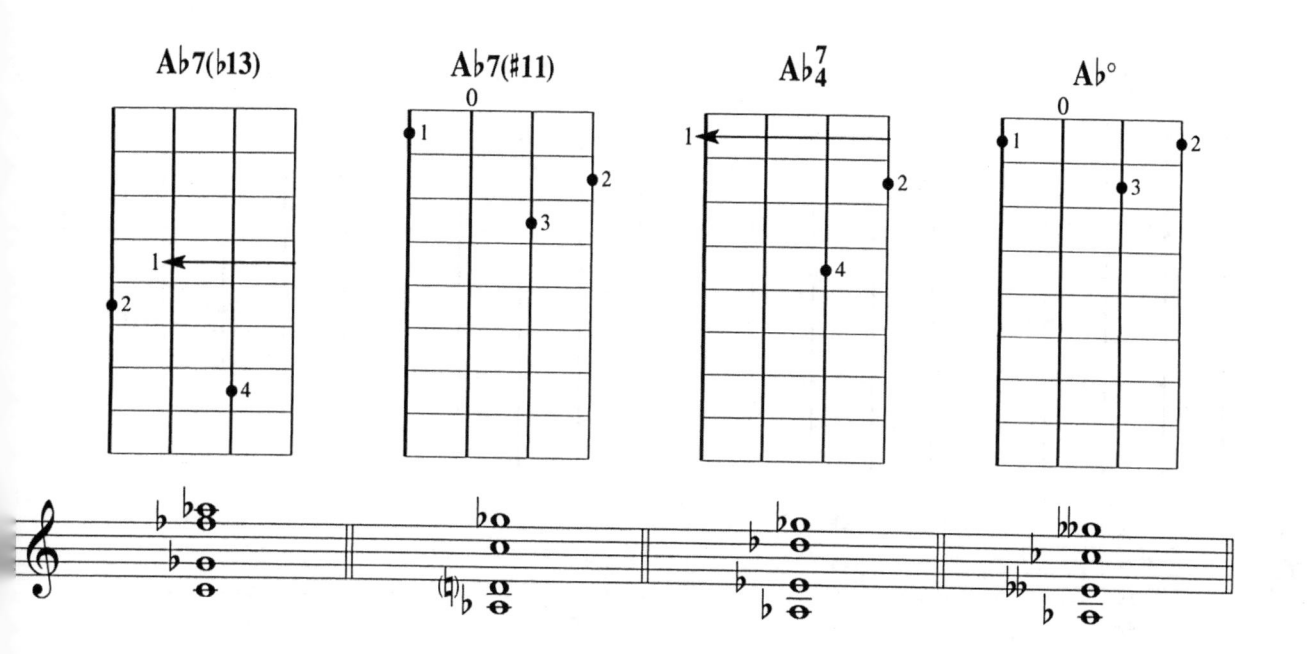

A♭7   A♭7(9)   A♭7(♭9)   A♭7(♯9)   A♭7(13)

A♭7(♭13)   A♭7(♯11)   A♭7/4   A♭°

A maiores

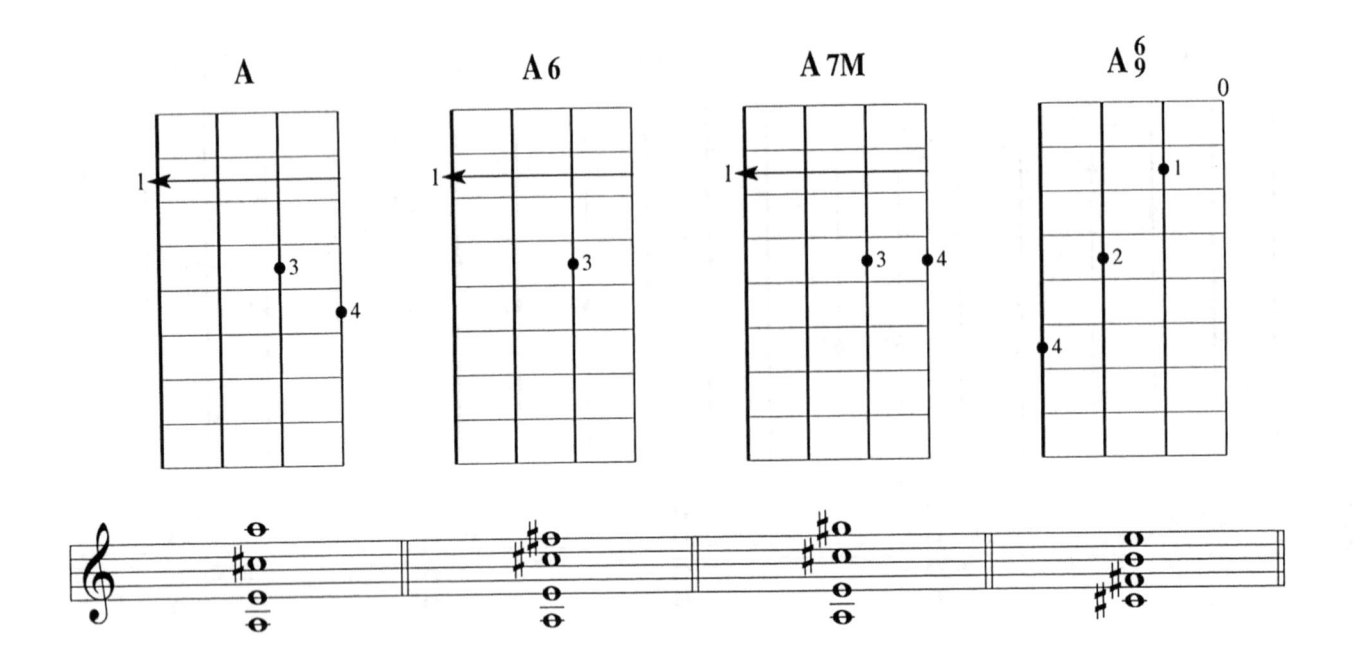

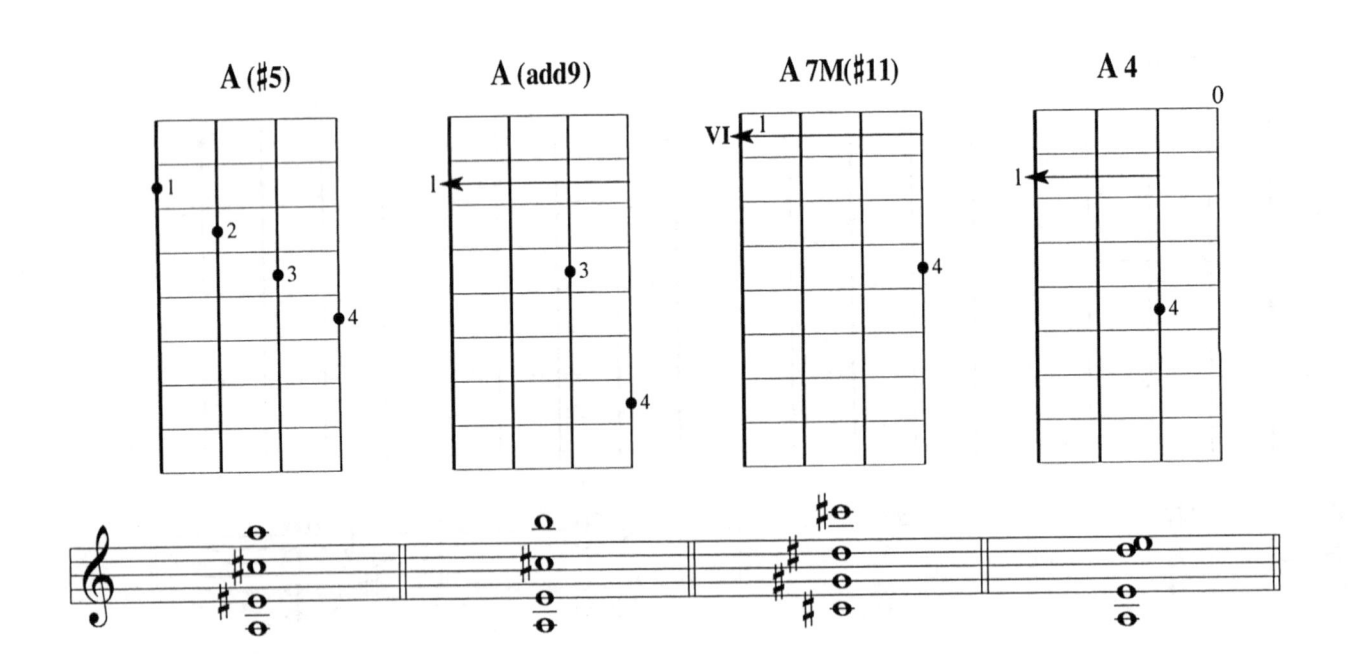

A   A6   A 7M   A$^6_9$

A (♯5)   A (add9)   A 7M(♯11)   A 4

A menores

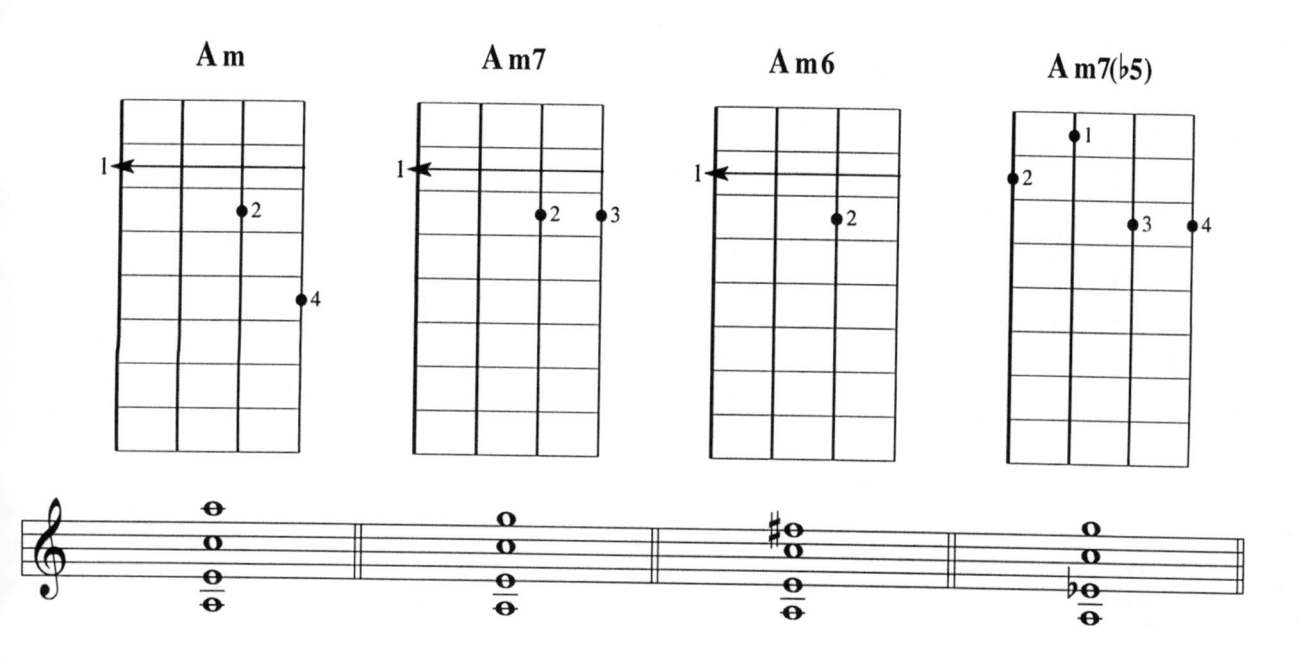

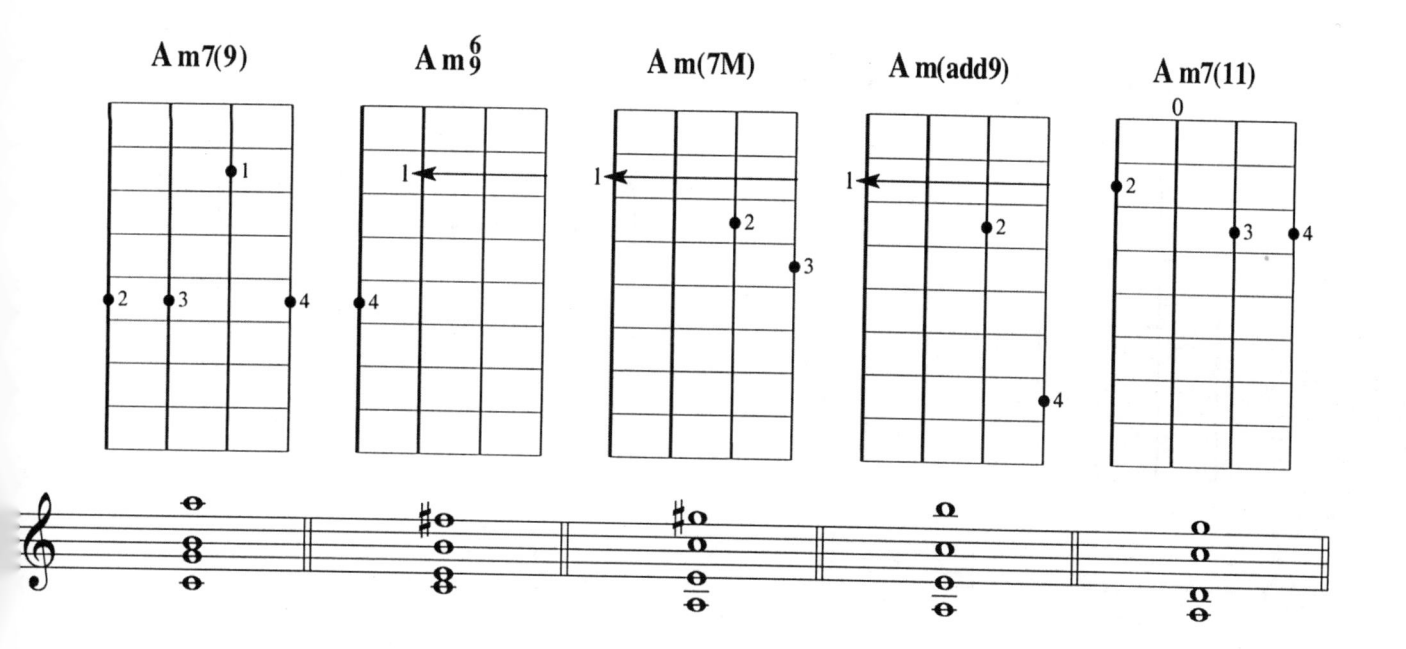

Am   **Am7**   **Am6**   **Am7(♭5)**

Am7(9)   **Am⁶⁄₉**   **Am(7M)**   **Am(add9)**   **Am7(11)**

A com sétima

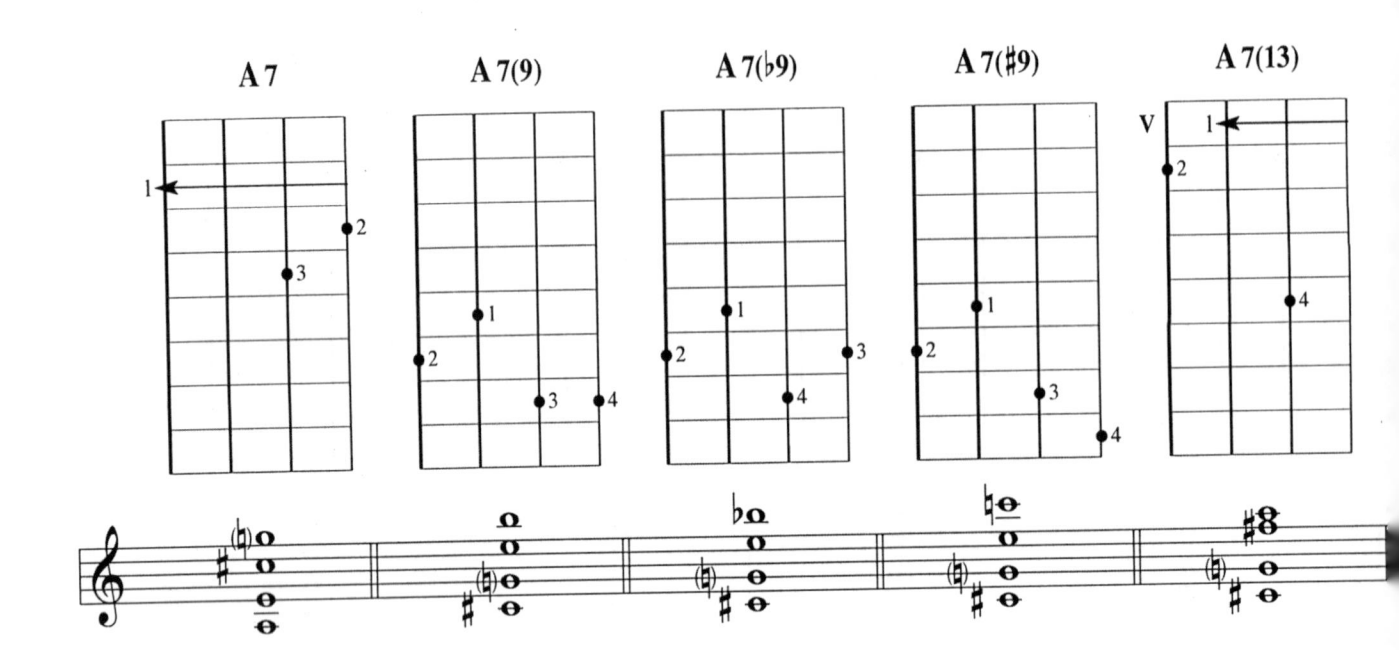

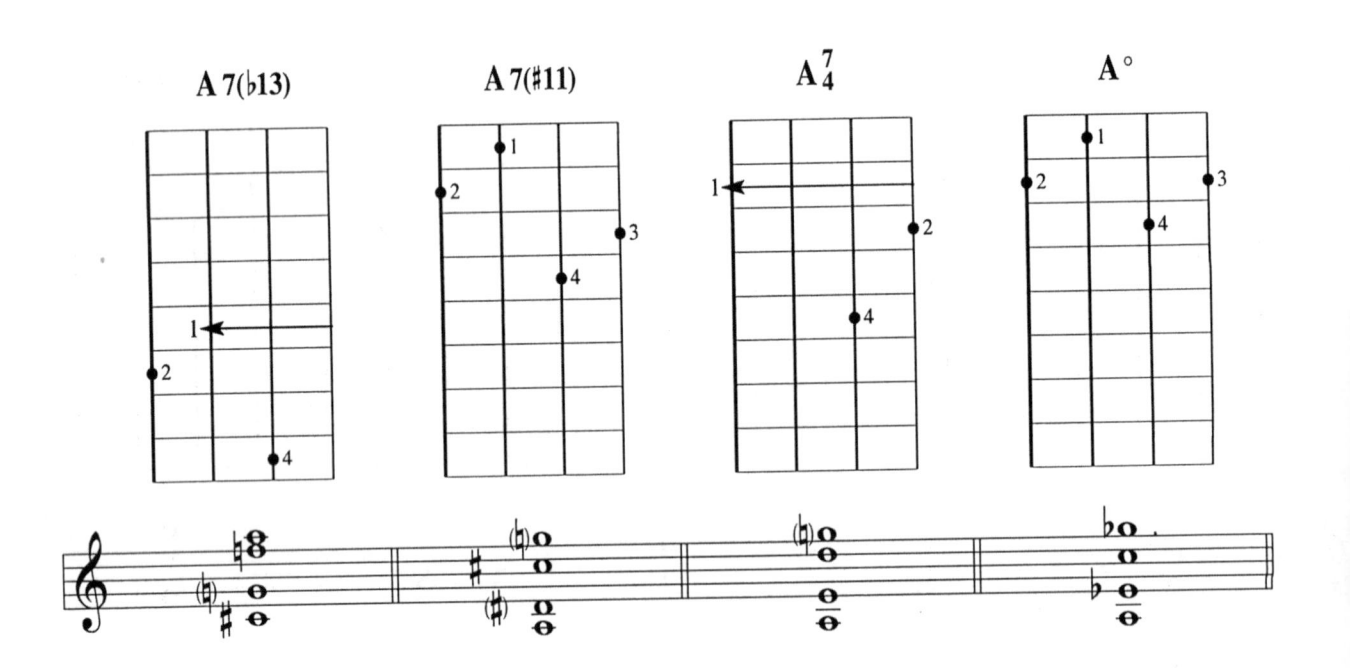

A7   A7(9)   A7(♭9)   A7(♯9)   A7(13)

A7(♭13)   A7(♯11)   A⁷₄   A°

A♯ ou B♭ maiores

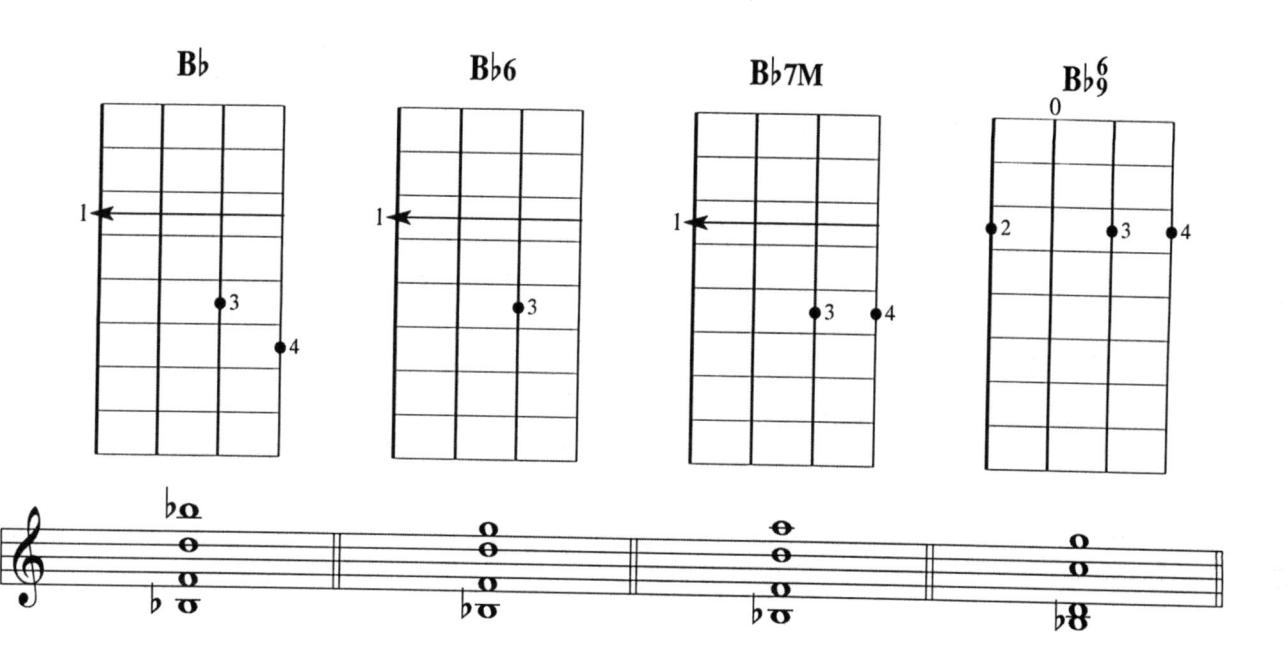

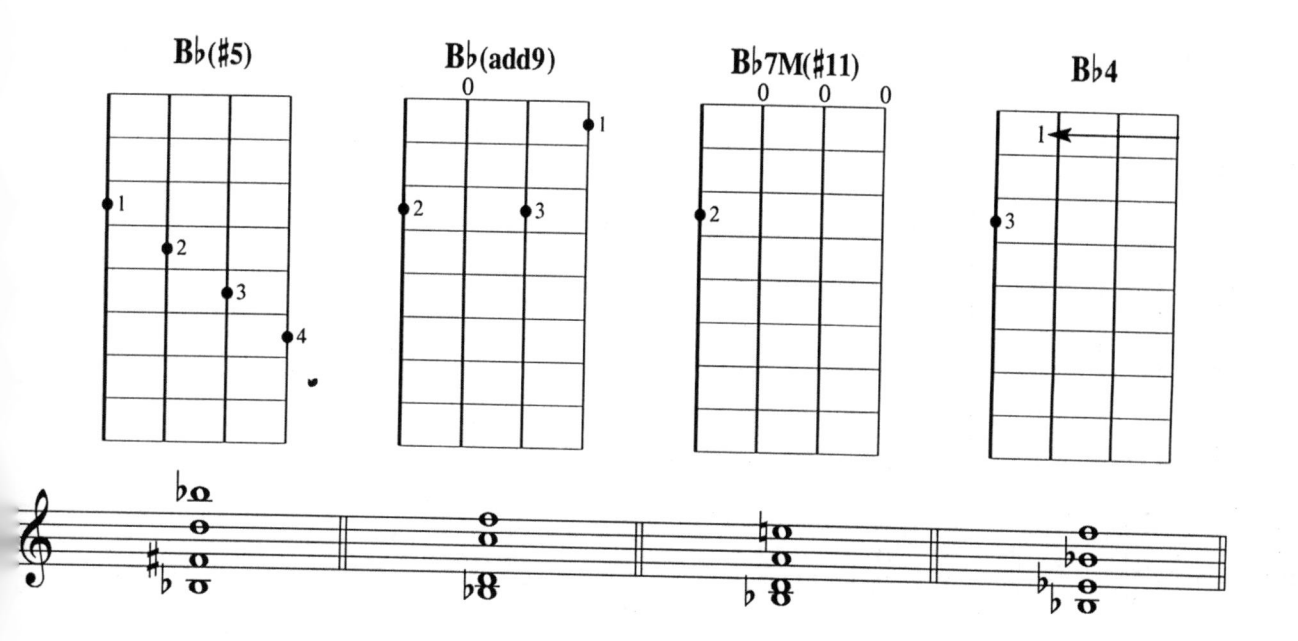

B♭ B♭6 B♭7M B♭⁶₉

B♭(♯5) B♭(add9) B♭7M(♯11) B♭4

A♯ ou B♭ menores

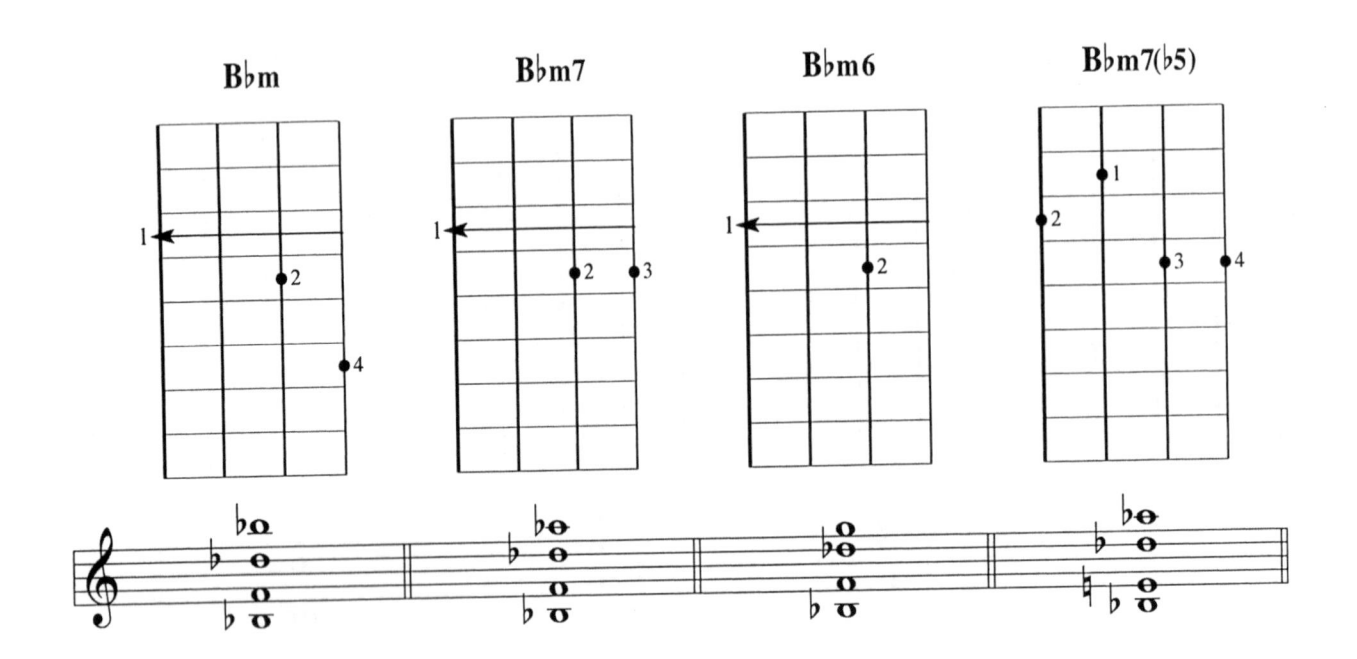

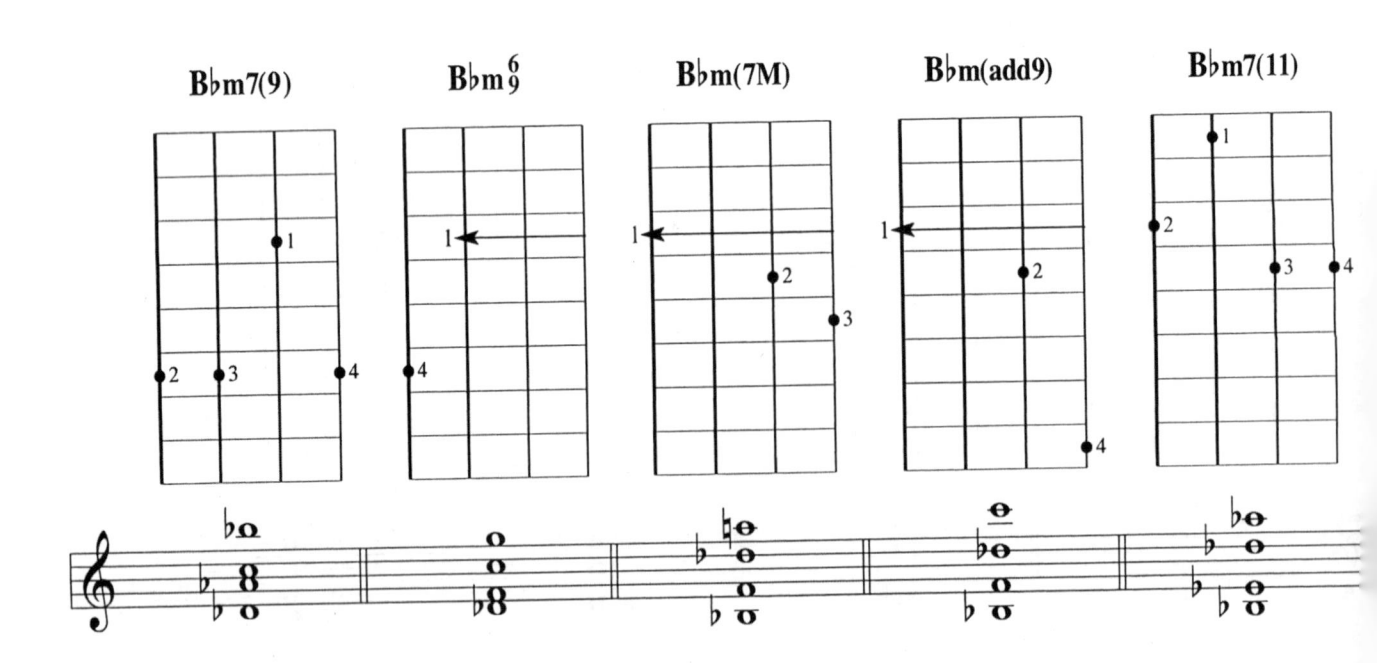

B♭m   B♭m7   B♭m6   B♭m7(♭5)

B♭m7(9)   B♭m6/9   B♭m(7M)   B♭m(add9)   B♭m7(11)

A♯ ou B♭ com sétima

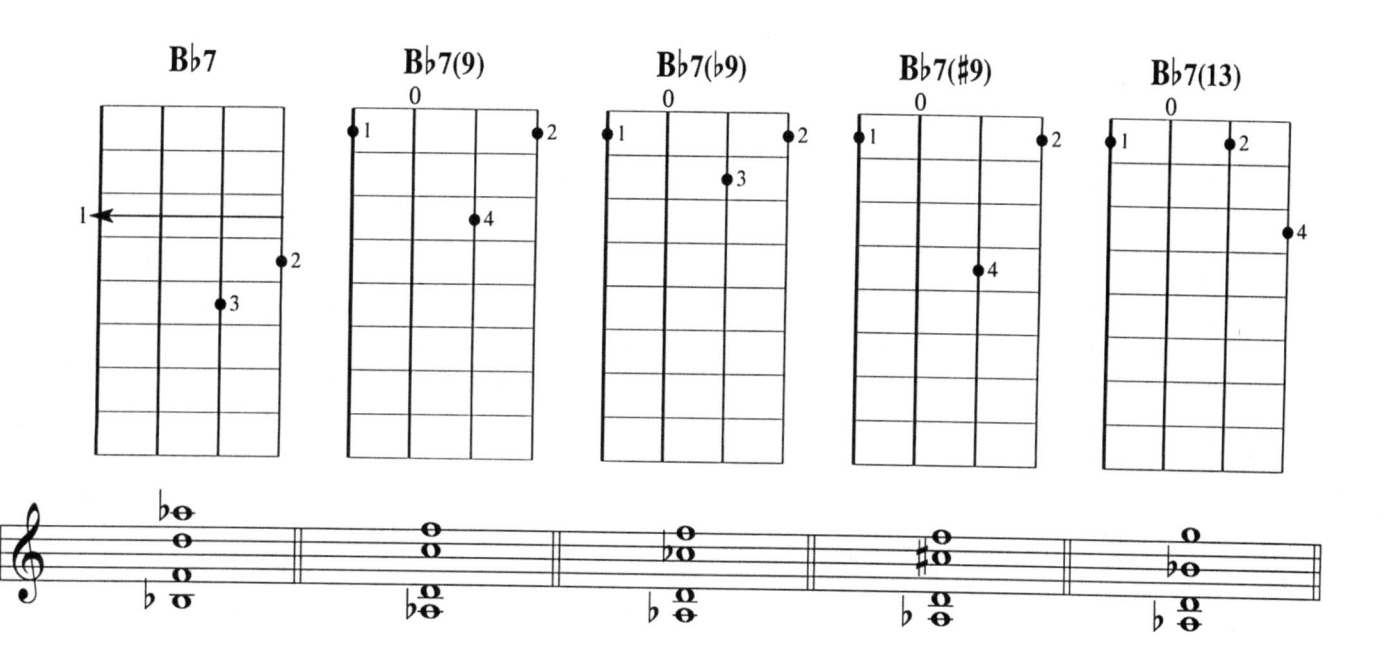

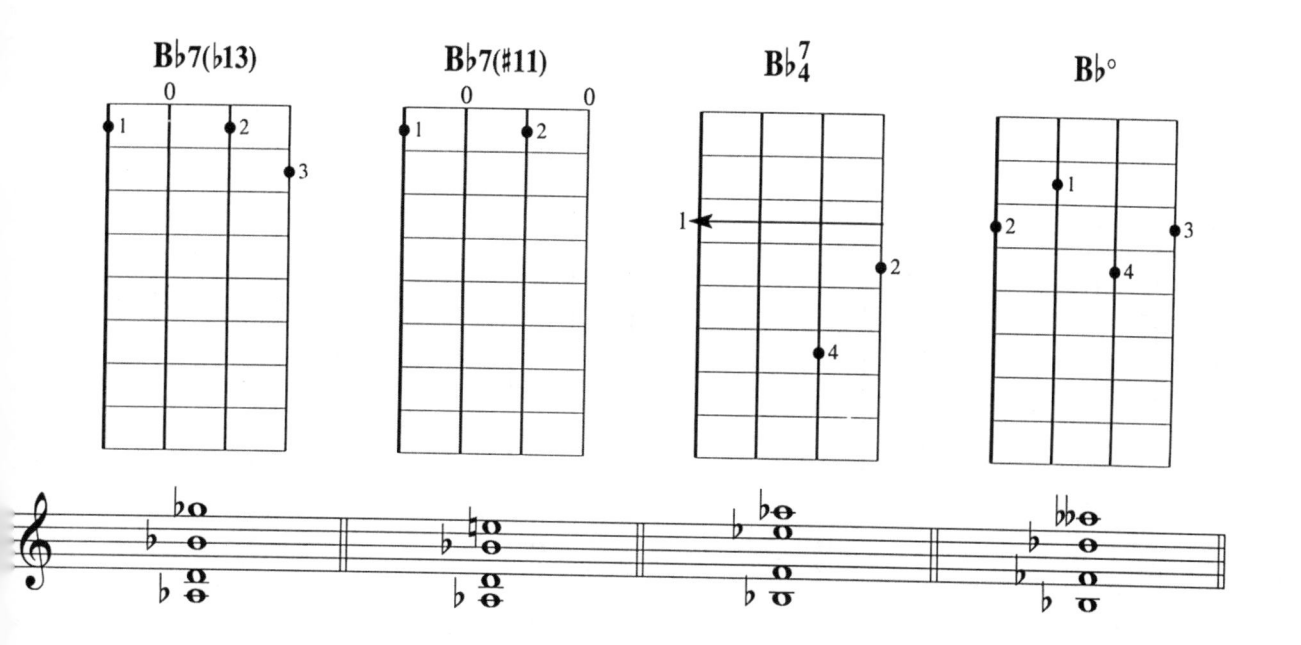

B♭7   **B♭7(9)**   **B♭7(♭9)**   **B♭7(♯9)**   **B♭7(13)**

B♭7(♭13)   **B♭7(♯11)**   **B♭7/4**   **B♭°**

B maiores

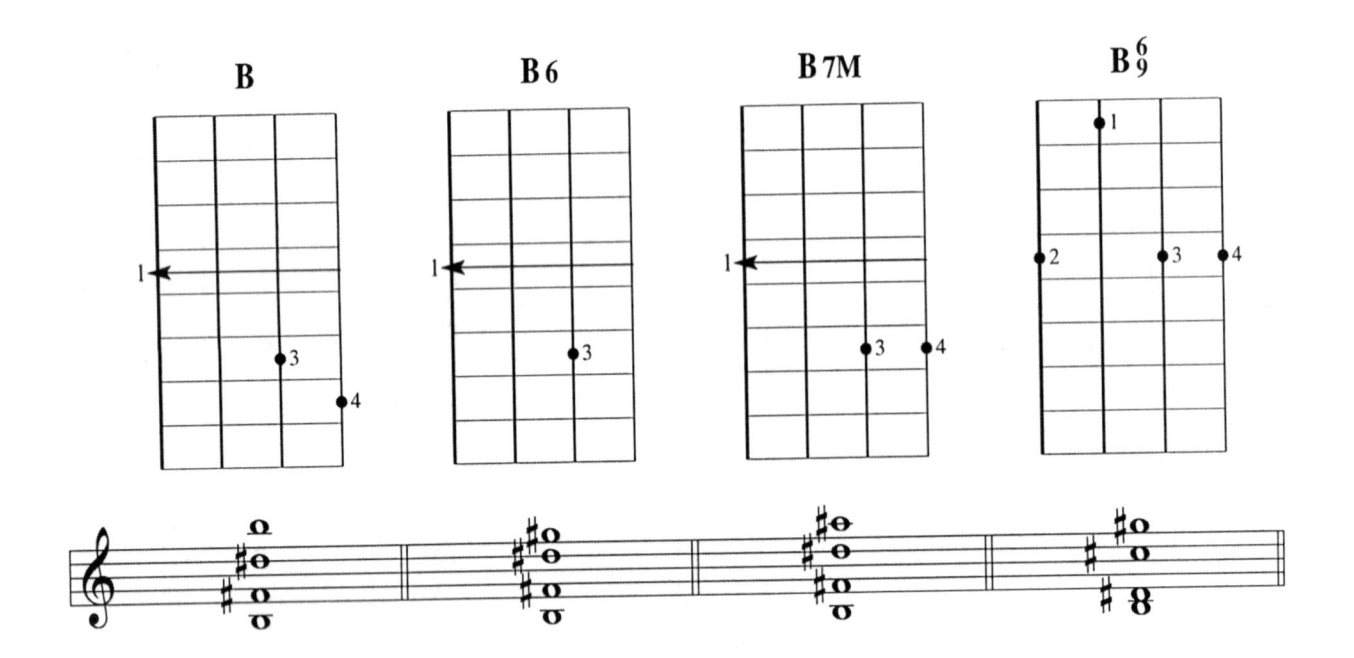

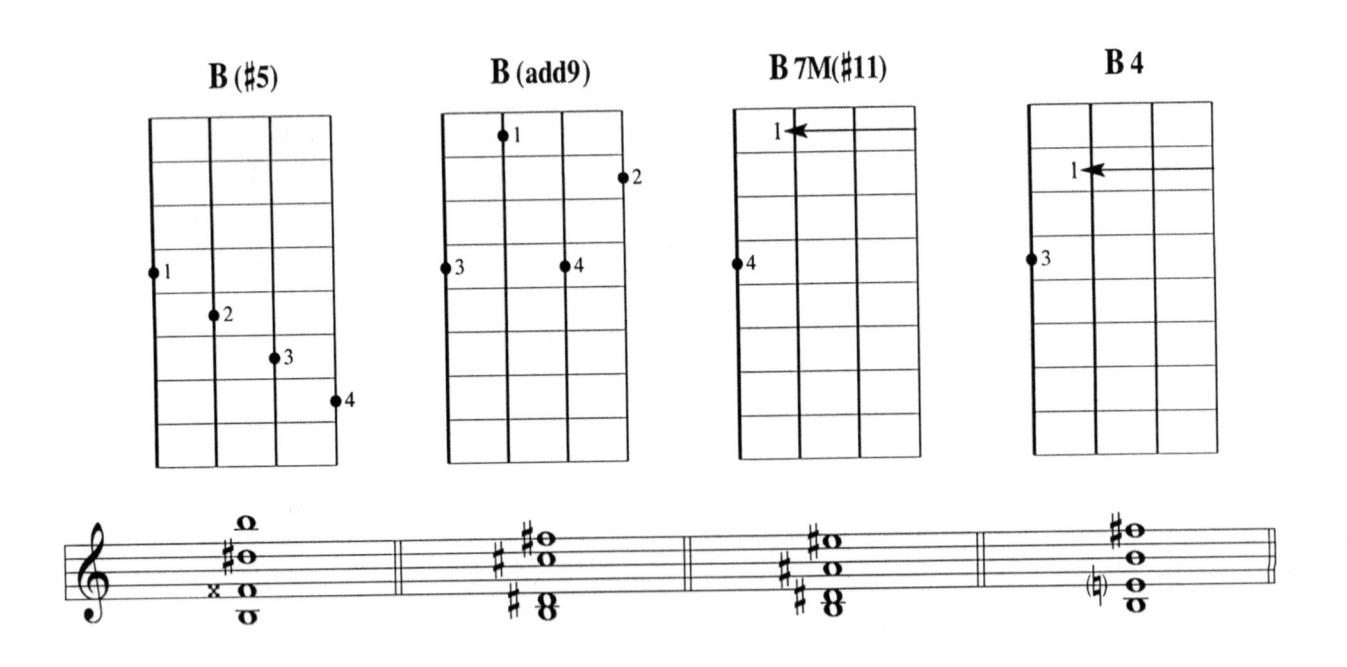

B **B 6** **B 7M** **B $^6_9$**

B (#5) **B (add9)** **B 7M(#11)** **B 4**

B menores

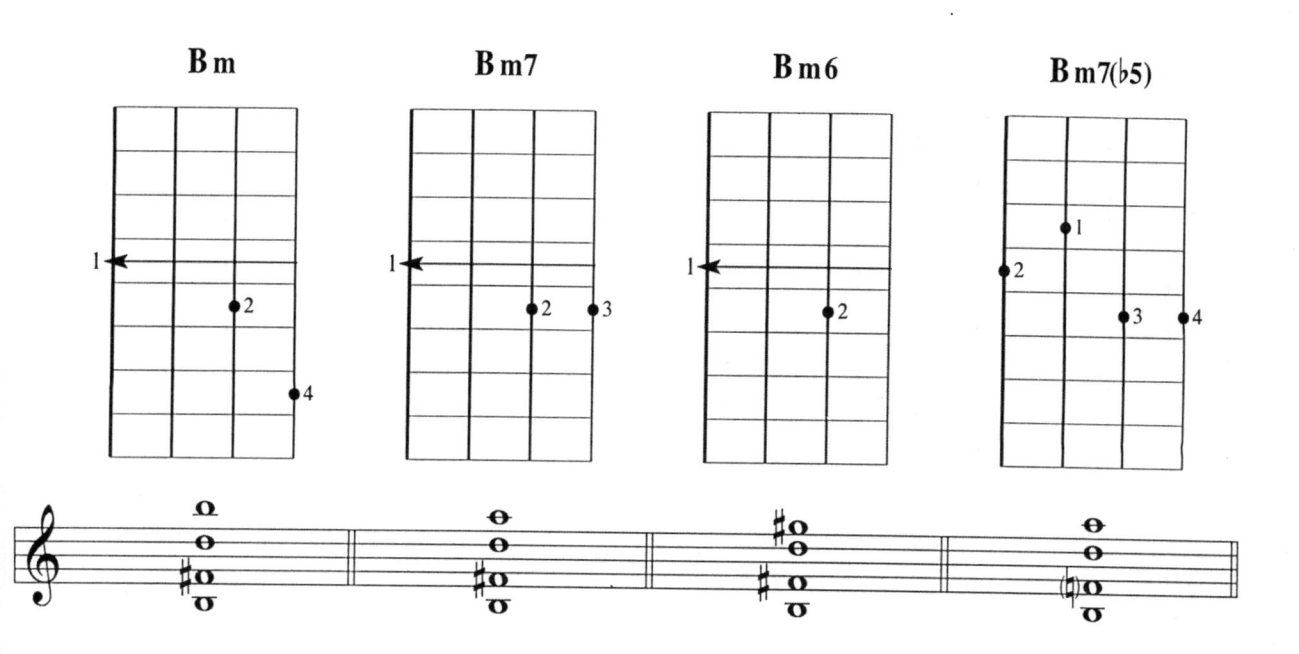

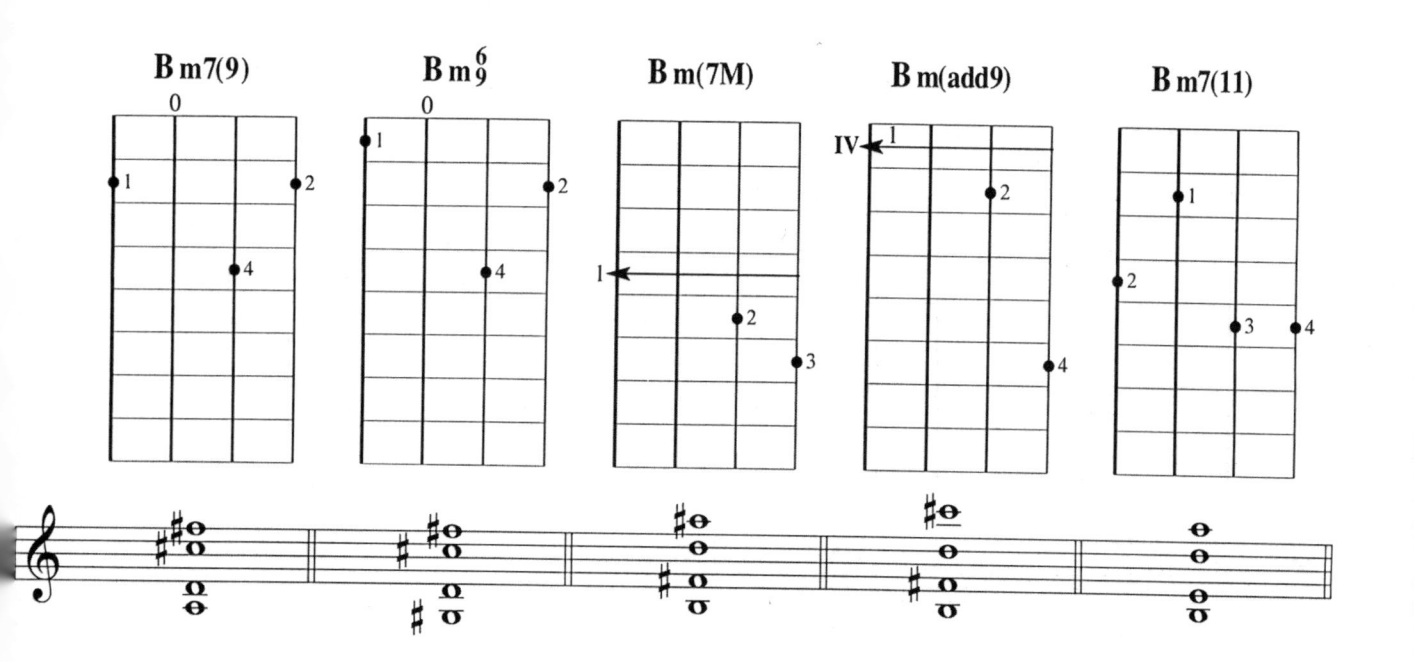

Bm   **Bm7**   **Bm6**   **Bm7(♭5)**

Bm7(9)   **Bm⁶₉**   **Bm(7M)**   **Bm(add9)**   **Bm7(11)**

B com sétima

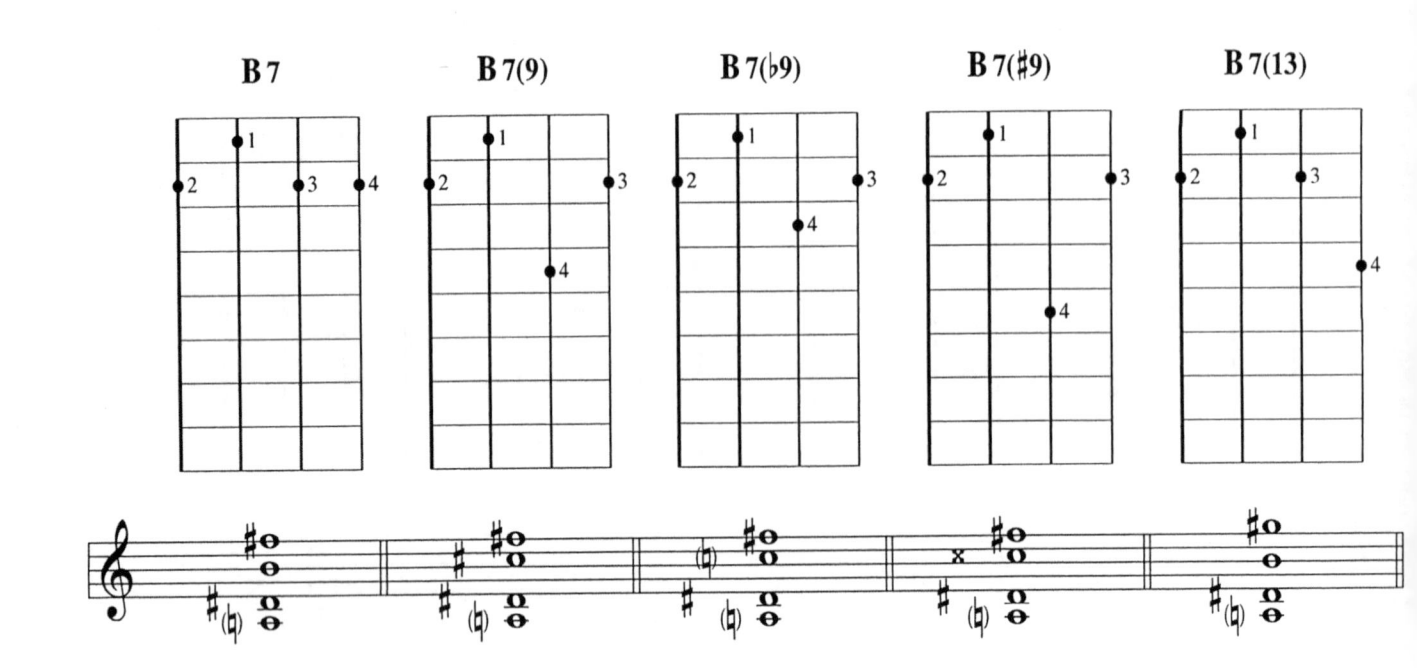

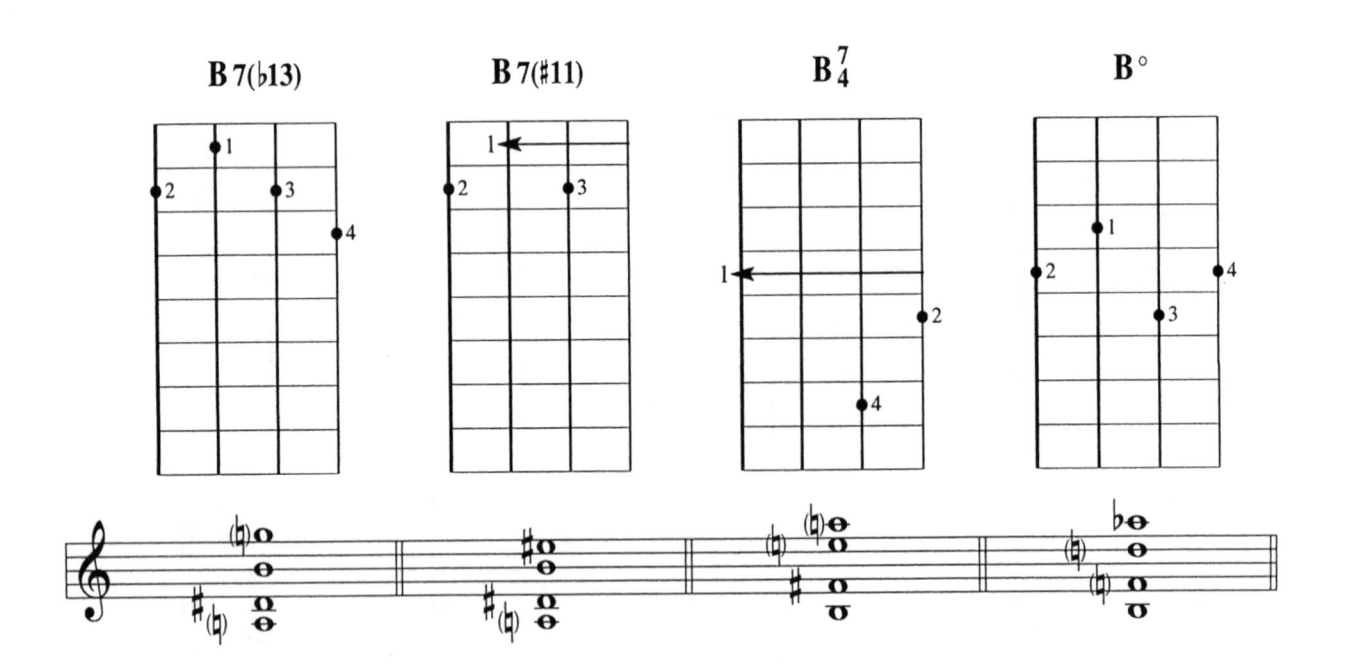

B 7 **B 7(♭9)** **B 7(♭9)** **B 7(♯9)** **B 7(13)**

B 7(♭13) **B 7(♯11)** **B $\frac{7}{4}$** **B°**

PARTE III

IMPLORANDO

Schottisch ♩ = 108

Anacleto de Medeiros

MEDROSA

Polca ♩= 84

Anacleto de Medeiros

LEMBRANÇAS DE RECIFE

Frevo ♩ = 120

Rossini Ferreira

FLOR AMOROSA

Polca ♩= 88

Joaquim Antônio Callado

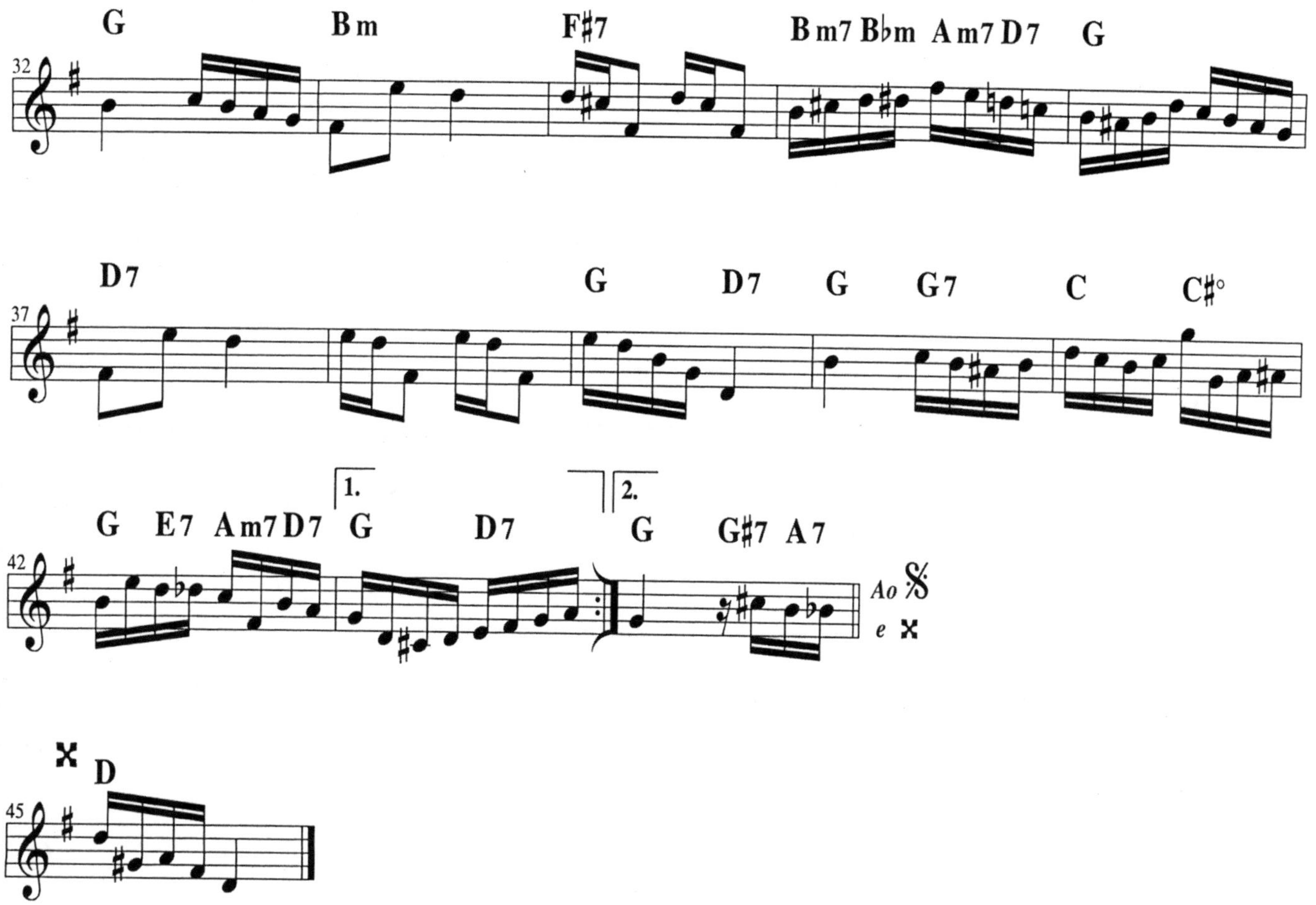
G Bm F♯7 Bm7 B♭m Am7 D7 G
D7 G D7 G G7 C C♯°
1. 2.
G E7 Am7 D7 G D7 G G♯7 A7
Ao e
D

RITINHA

Rancheira ♩ = 168

Rossini Ferreira

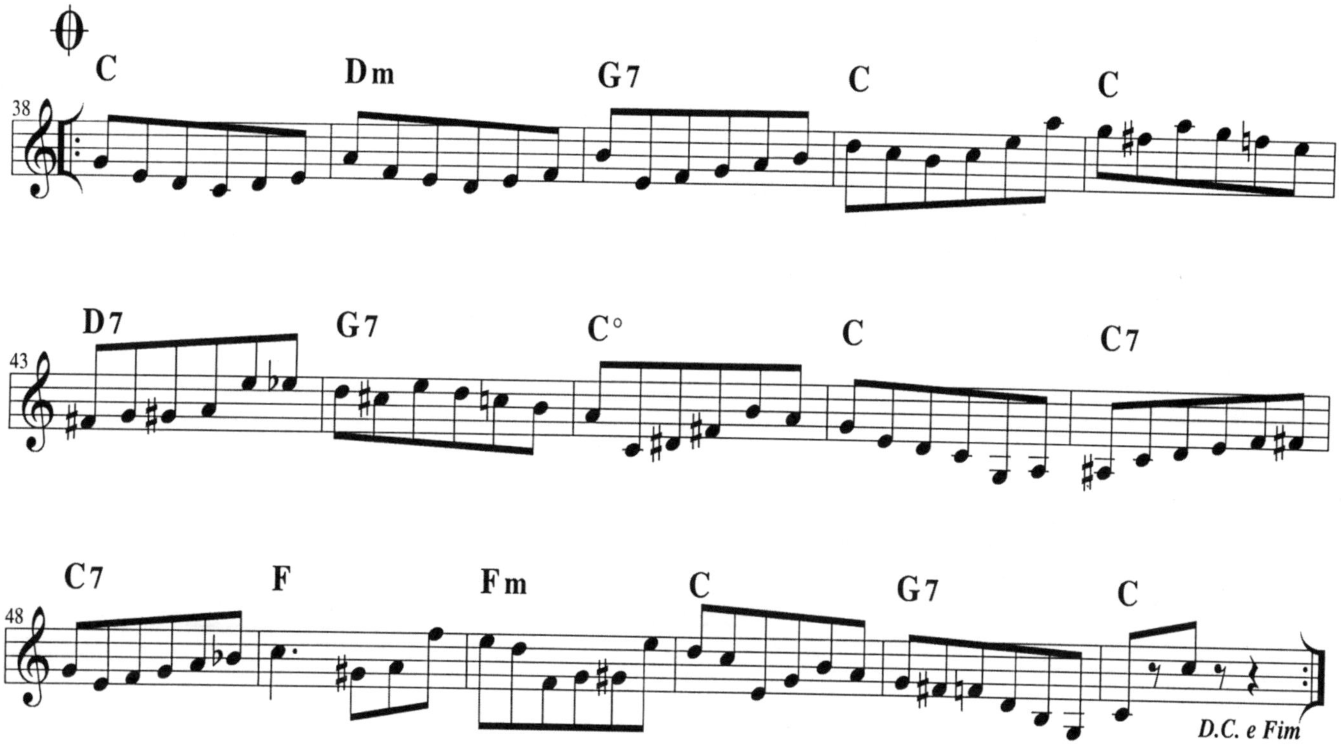
C
Dm
G7
C
C
38
D7
G7
C°
C
C7
43
C7
F
Fm
C
G7
C
48
D.C. e Fim

CHORO LIGADO

Raul Machado

Choro ♩=80

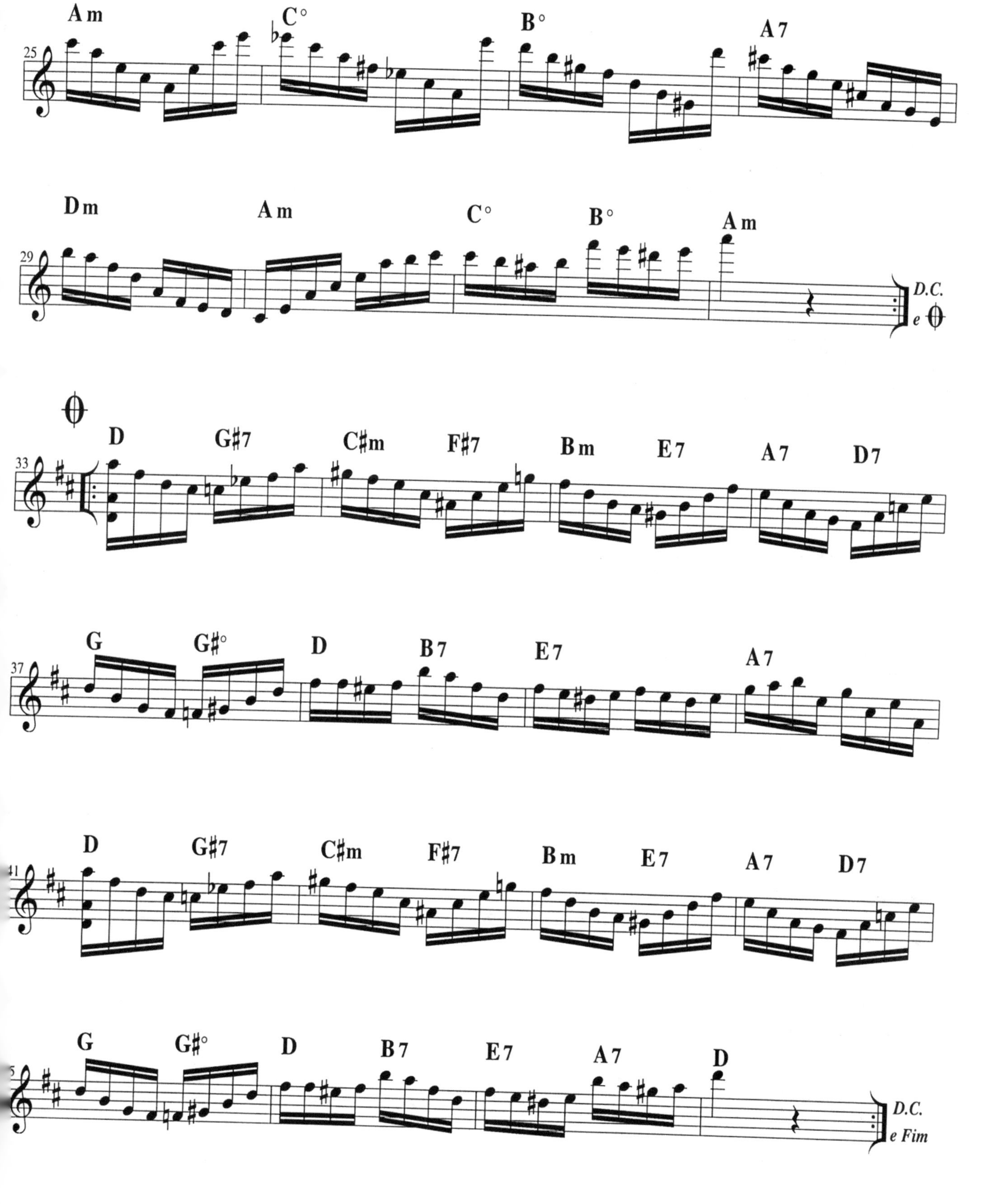
Am
C°
B°
A7
Dm
Am
C°
B°
Am
D.C.
e
D
G♯7
C♯m
F♯7
Bm
E7
A7
D7
G
G♯°
D
B7
E7
A7
D
G♯7
C♯m
F♯7
Bm
E7
A7
D7
G
G♯°
D
B7
E7
A7
D
D.C.
e Fim

ENTÃO CHORA, BANDOLIM

Luiz Otávio Braga

Choro ♩ = 84

A LUA E O CONHAQUE

Choro-canção ♩ = 50

Afonso Machado, Luiz
Moura e Delcio Carvalho

Dedicada a Otavio Machado, 1997

BELÉM DO PARÁ

Samba-choro ♩ = 60

Afonso Machado e Luiz Moura

Dedicado ao pessoal do bar do Gílson em Belém do Pará, outubro de 1995.

DEIXA FALAR

Choro-canção ♩ = 58

Afonso Machado e Luiz Moura

CHORO DO BIP

Choro ♩ = 66

Afonso Machado e Luiz Moura

Choro dedicado ao querido amigo Alfredinho, ilustre personagem do Rio de Janeiro e dono do melhor botequim da cidade (maio de 1999).

CLAUDIONOR

Choro-canção ♩ = 50

Afonso Machado

Choro para bandolim dedicado ao grande músico brasileiro Claudionor Cruz (1993)

DEPOIS DOS ARCOS

Afonso Machado, Luiz Moura e Paulo Cesar Pinheiro

Choro-canção ♩ = 50

Rio, junho de 1979 (gravado por Amélia Rabello e pelo Galo Preto com Chiquinho do Acordeom em 1991).

BOÊMIO (DEPOIS DOS ARCOS II)

Choro-canção ♩ = 100

Afonso Machado, Luiz
Moura e Paulo Cesar Pinheiro

Rio, julho de 1985 (gravado por Amélia Rabello em 1993).

PELA NOITE (DEPOIS DOS ARCOS III)

Afonso Machado, Luiz Moura e Paulo Cesar Pinheiro

Choro-canção ♩ = 100

FOLHA RASGADA (DEPOIS DOS ARCOS IV)

Choro-canção ♩ = 80

Afonso Machado, Luiz Moura e Paulo Cesar Pinheiro

Maio de 1990.

SOMBRA DE MIM (DEPOIS DOS ARCOS V)

Afonso Machado, Luiz
Moura e Paulo Cesar Pinheiro

Choro-canção ♩= 52

DEPOIS DOS ARCOS VI

Choro-canção ♩= 50

Afonso Machado e Luiz Moura

Rio, julho de 1998.

GALO PRETO

Samba ♩ = 100

Luiz Moura

Dedicada ao Galo Preto e gravada por ele em 1991.

JOÃO-TEIMOSO

Polca-choro ♩ = 76

Afonso Machado e Luiz Moura

Dedicada a Raul Machado. Rio, outubro de 1981.

PT SAUDAÇÕES

Samba ♩ = 100

Afonso Machado e Paulo Cesar Pinheiro

Dedicado ao conjunto Água de Moringa e gravado pelo grupo em 1994. Novembro de 1989.

PINHO E FAIA

Valsa ♩ = 92

Afonso Machado e Luiz Moura

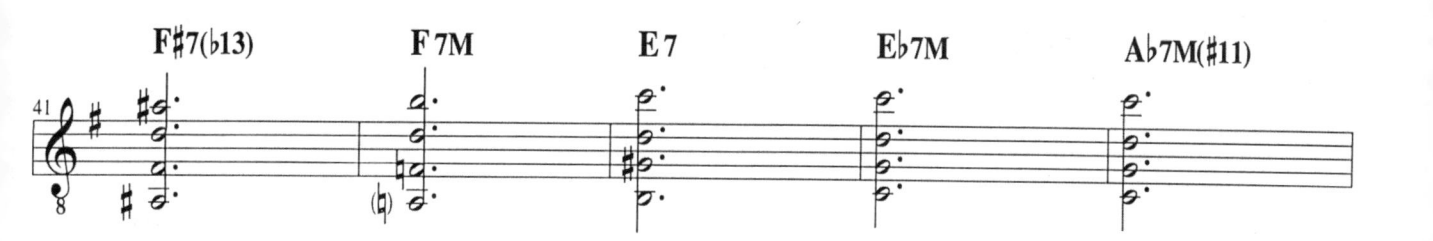

Dedicada a Raul Machado. 1997.

URIAN

Afonso Machado

Samba ♩ = 100

Dedicado ao grande amigo e artista Urian Agria de Souza, o camisa 7 do Galo. Dezembro de 1987.

VALSA PARA LUCIANA

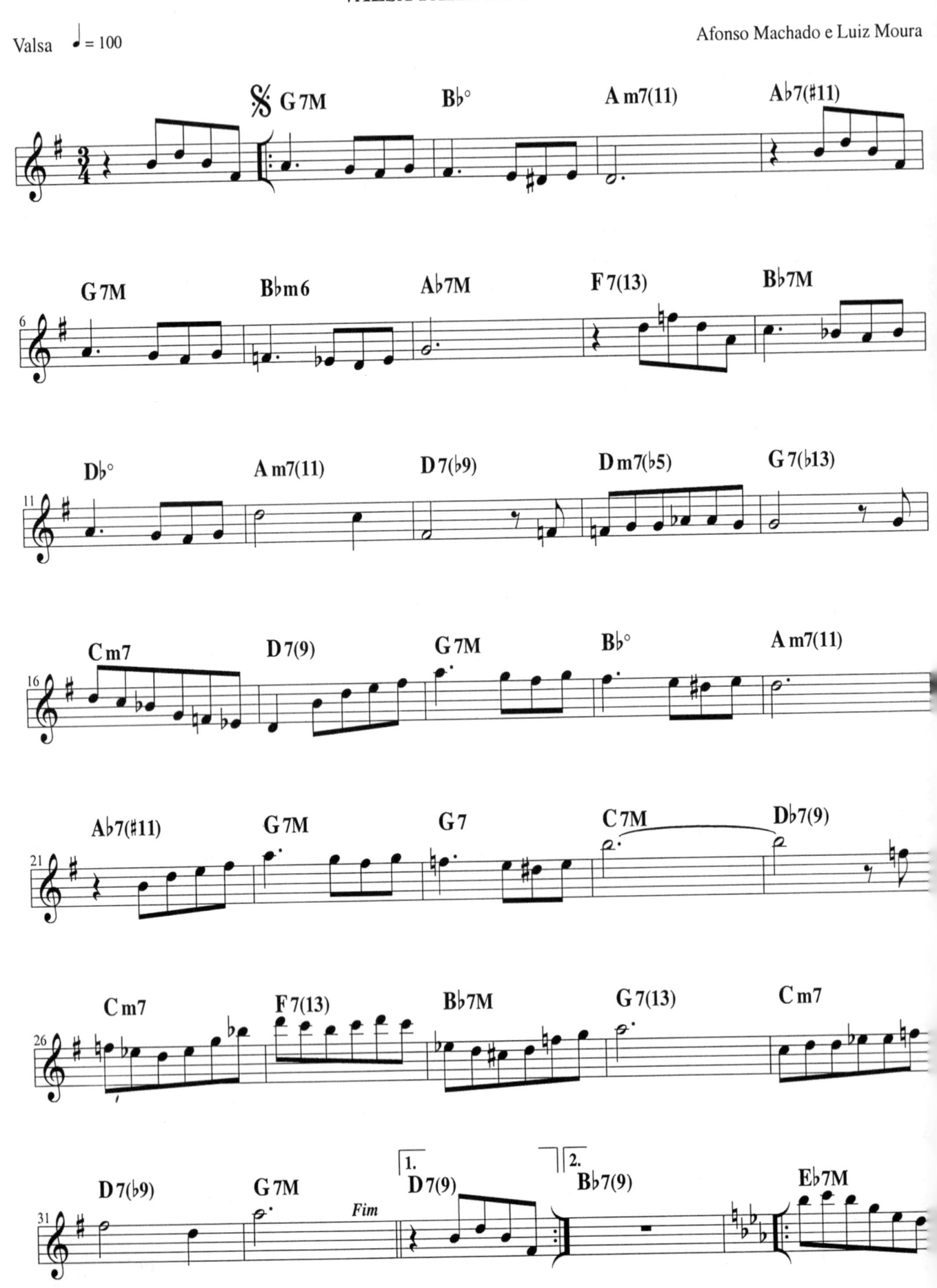

Afonso Machado e Luiz Moura

Valsa ♩ = 100

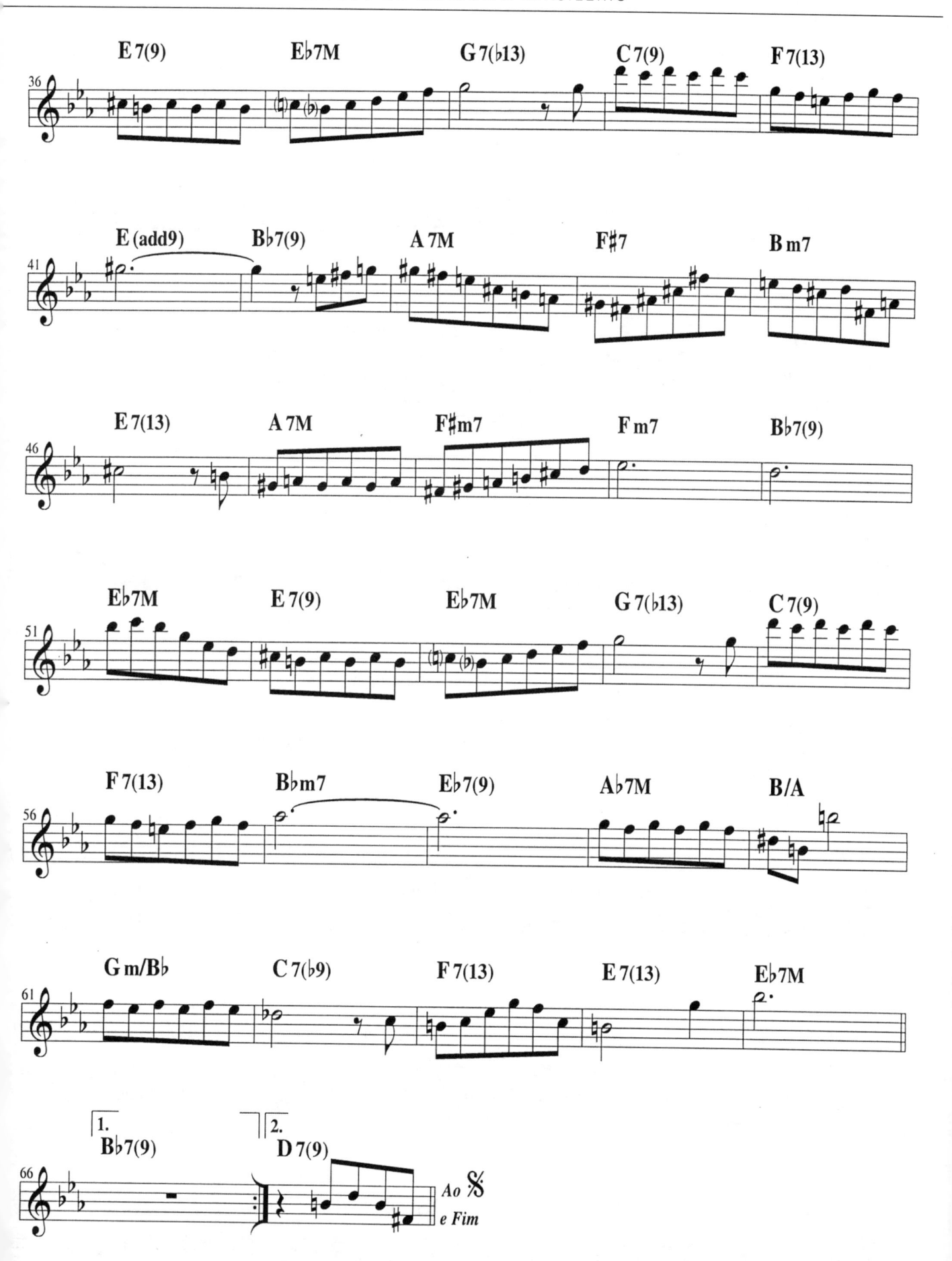

Valsa para cavaquinho dedicada a Luciana Rabello. Setembro de 1995.

VERMELHINHO

Choro ♩ = 100

Elton Medeiros e Afonso Machado

Gravada pelo Galo Preto em 1991.

DEPOIMENTOS

Nos dias de hoje, quem se propõe a estudar bandolim tem, obrigatoriamente, de ter em mão o método de bandolim de Afonso Machado. Músico competente, Afonso criou um método didático, na técnica e na organização. De fácil compreensão, estimula os alunos e desperta o interesse pelo instrumento, valorizando-o. Imprescindível!

Déo Rian

O método de Afonso Machado é uma iniciativa pioneira no ensino da arte de tocar o bandolim brasileiro, com suas características específicas e virtuosismo. Utilizo seu método para lecionar, pois contém importantes dados sobre o instrumento, abordagem sobre técnica e gêneros musicais brasileiros, em especial o choro. O trabalho é de fundamental importância na educação musical da nova geração de bandolinistas brasileiros.

Jorge Cardoso (professor da Escola de Choro Jorge Cardoso, de Brasília)

Há muito tempo sentia falta de um método de bandolim que abrangesse não só uma visão didática, como também uma visão prática da escola do bandolim brasileiro. Todos os problemas de técnica e ritmo estão inseridos nos exercícios e nas músicas muito bem selecionadas. Este método é indispensável tanto para amadores como para profissionais amantes do bandolim.

Marco de Pinna (bandolinista do conjunto Vibrações)

A decisão de aprender a tocar o bandolim brasileiro sempre significou deparar-se com um obstáculo bastante desestimulante: a escassez de material didático específico (os poucos manuais existentes são meras traduções de uma abordagem italiana do instrumento). Nesse cenário, é extremamente valiosa a iniciativa do Afonso em organizar um método que apresente ao iniciante uma abordagem envolvida com a maneira brasileira de pensar o instrumento, resultado da experiência e competência do autor, extremamente engajado com as manifestações mais puras de nossa música popular.

Marcílio Lopes (bandolinista do conjunto Água de Moringa)

A escola do bandolim brasileiro carece de ferramentas metodológicas que contemplem um ensino mais sistemático do instrumento. O método de Afonso Machado vem suprir essa necessidade, contribuindo de forma bastante criteriosa para a formação de novos bandolinistas, sendo portanto de grande importância para alunos e professores de bandolim.

Paulo Sá (professor de bandolim da Escola de Música Villa-Lobos, do Rio de Janeiro)

Conheço o método de bandolim de Afonso Machado. Estudei nele e me foi muito útil para aperfeiçoar minha técnica e conhecimento do instrumento. Recomendo-o a qualquer bandolinista que queira se aprimorar.

Rodrigo Lessa (bandolinista do conjunto Nó em Pingo d'Água)

Considero o *Método do Bandolim Brasileiro* um marco na história do nosso nobre instrumento. O mais completo desde a introdução até a última lição, que é composta por choros de fácil e difícil execução; todas as lições são muito bem explicadas e colocadas dentro da didática do bandolim brasileiro. É show de bandolim!

Hamilton de Holanda

Afonso Machado nos oferece um método que vem facilitar o ensino e o aprendizado deste instrumento, que não tinha, até agora, um trabalho tão completo e bem-cuidado dedicado a ele. Com certeza, vai propiciar a formação e desenvolvimento de outros músicos para enriquecer a nossa cultura. Este é o trabalho de um mestre!

Pedro Amorim

Este pioneirismo só vem a engrandecer pesquisadores, músicos e, em especial, os bandolinistas, que agora podem ampliar conhecimentos e possibilidades com este trabalho específico. Abraços e parabéns!

Ronaldo do Bandolim

Agora os aspirantes a bandolinistas, e até mesmo os bandolinistas mais experientes, podem contar com esta valorosa obra, que estava faltando na literatura musical – o Método do Bandolim Brasileiro. Parabéns, Afonso Machado!

Isaías Bueno de Almeida (bandolinista e compositor)

Finalmente podemos contar com um método prático e eficiente para o bandolim. Aliás, o Método do Bandolim Brasileiro é o primeiro no gênero que eu recomendo a todos aqueles que querem tocar este belíssimo instrumento.

Israel Bueno de Almeida (violonista, compositor e arranjador)